21世纪高职高专规划教材·公共课系列

口才沟通与演讲实用教程

主　编　王光华　赵国宏
副主编　王丽娇　肖红艳　阎　伟
　　　　尹　莹　卢文丰　尹喜艳

中国人民大学出版社
·北京·

前言

口才和演讲是领导力，是一个成功的人必备的才华。良好的口才沟通和演讲能力，不仅在国家、地方、单位的政治、经贸、文化、教育、生活等各个领域有举足轻重的作用，对于和谐人际关系也很重要。对个人来说，这种能力既能帮人建立友善的关系，又能助人在生活、工作上更加顺风远航。日常的恳谈讨论，购物砍价，乃至重大事务谈判等，很大程度上也得益于口才沟通的综合训练和应用。在现代社会，有好口才一定是人才，好的口才沟通能力是决定一个人生活和事业成败的重要因素。在美国，受过高等教育但缺乏口才沟通能力会被认为是一种缺陷。有学者曾指出，即使一个人在专业上的成功，口才沟通能力也比专业技术水平更具有决定性作用。更不用说在专业性不是很强的工作中，人们更是根据一个人口才表达沟通的水平来判断其学识、胆识、修养和实力。

对于口才沟通的重要性，口才沟通行家卞吉说，有口才的人完全清楚面对何人什么时候该说和怎样去说，说话适时、适境、适度和适量，并能说得贴切自然、深刻到位，而且深入人心，感人肺腑，让人心悦诚服。口才训练专家朱华贤也有类似的感言："口才在现实生活中的作用是无法用数量和程度来衡量的。口才实际上是智慧、知识、艺术和技能的总和。没有智慧和知识，就不可能有口才。但口才作为一种才能，又有自己的特殊性，必须植根于具体的对象和环境，必须准确把握对象的心理，还需要一定的艺术和技能。"

口才不是自说自话，口才既是为交际沟通，也是在交际沟通中，因此在交际沟通情境下的口才表达训练包含两层含义：一是交际沟通中的口才训练；二是口才表达是为了交际沟通。只有理解了交际沟通，口才才是口才，口才才展示和显现其魅力。

近年来，我们通过调查发现，无论是就业者还是创业者的大学毕业生，口才沟通能力和演讲能力的重要性在其各项素质中一直排在前两位，而感到不足的占比均在60%以上。为了在读大学生的可持续发展和全面素质的提高，口才沟通类课程已被列入一些专业人才培养方案中，但这类课程内容的优化整合、创新训练理念及方法、教学和训练的效果却存在一些短板。口才沟通素质可通过案例阅读和分析讨论内化，口才沟通能力能够通过实践训练得到提升和突破，只有口才沟通素质和能力齐步，训练具有针对性，才能真正体现教学训练以学生为主体的实际需要性和时效性。

我们认为，口才沟通和演讲训练对大多数即将进入职业生涯的大学生来说，重要的是怎么创新“知行合一”的教学和训练，怎样的教学和训练才最有成效。在强调应用型人才培养的当下，本教材力图改革，重点根据该课程的教学要求和大家在学习、工作、就业过程中对口才沟通和演讲的实际需要，兼顾大学生的语言特点、文化特点及个人特有的心理及个性趋向编写而成。

具体来说，本书摒弃了单纯积累事实性知识的方式，更多地通过对思想方法的领悟、对训练活动的经验感悟、对知识能力的自我组织等活动来实现知识的传授，体现了教学和训练一体化的理念，强调了该课程教学与训练对人发展的作用和意义。本书构建基于对话的教学框架，重视教学双方的互动，强调知识技能是对话的主体，能促进学生对知识技能主体的理解、内化，实现学生和知识技能的双向建构过程，这也包容了中国传统文化意蕴和中国人“行”和“悟”的思维方式。

本教材的针对性和实用性还表现在顶层设计环环相扣，实践训练立竿见影，点评指导一针见血。根据课程要求和学生特点，教授者需要适时激发学生的兴趣和激情、启发学生生活反思的愿望和热情、开发学生训练的智慧和运用的潜能。除教材中提供的案例外，鼓励教师在教学资源上要更多留意积累来自学生口才沟通与演讲训练的素材，学生是教学与训练的主体和目的，也是教学的主要资源，虽然我们在教材中力求尽可能完整地呈现知识点，但实际的教学训练更多地不是按部就班，而是要把书本的既定性和实际教学的即兴性充分结合，从而获得最优的教学效率和效果。这也是本书带有启发性的创意和创新所在。

本书的编写原则和思路如下：

第一，深入贯彻党的二十大精神，全面融入社会主义核心价值观，体现文化素质教育和职业技能训练并举的思路，力求简约、实际，落实在教学理念和训练方法上为“搭建一个阶梯”“导向三个为主”“践行五发思路”。

“搭建一个阶梯”：在“互联网＋”的时代特点、“新生代”的学子特点和日新月异的职业发展特点等叠加背景下，既揣着仰望星空的情怀，又力图在接地气的易于操作层面上下工夫。为此，十二个项目训练及其中的每个任务都按阶梯性排列，每个任务完成典范案例阅读、分析点评、实训导引，由外入内又由内到外形成阶梯性训练。精当的理论知识点和技能点融汇在案例及点评中，让学生“知”和“智”；实训导引让学生“会”和“能”，大多数实训项目和任务需要结合现实、联系现实，在实践中运用和体察。而教学项目和任务按“老师精讲激发，学生敢说；案例与情景评说，学生能说；训练中锤炼，学生巧说”

的步骤展开，这就建构起了每次教学训练的更完整的阶梯式训练。最后的阅读链接，力图提供更多的网站和书刊资源，为个性化的学习训练铺路搭桥。

“导向三个为主”：以激发兴趣和潜能教学为主，以学习者为主，以训练为主，形成“三个为主”的教学导向。

“践行五发思路”：基本知识精要阐发，案例及情景分析讨论激发，以学习者成败的实践反思来启发，以实际训练促进潜能开发，全程指导点拨智慧生发。

基本知识点和技能点不单独空洞地列出，而是简洁地附着于案例阅读及分析点评中，每项素质由外入内，每个技能技巧由内到外，以求立竿见影。

第二，按照该课程的授课实际，设计了十二个训练项目，每个项目下面分具体的任务，前六个项目是口才沟通和演讲训练的基本项目，是大家都必备的，后六个项目是口才沟通和演讲场景训练，可以根据专业和职业的不同进行选择性的教学和训练。全书构成一个较完整的训练体系，从口才沟通基础训练到职业场景训练再到演讲专题训练，保持了口才沟通训练体系前后的阶梯性增长，以使学生学习和训练的兴趣不断增强，信心不断增加，能力不断提高。

第三，实际训练与实践应用相衔接，素质培养和能力提高共进。借助口才沟通与演讲训练搭建的平台、舞台、展台，让学生更深透地认识自己，特别是自己的学业、未来职业和自己与社会的关系，正确认识和把握社会和人生。所以我们常说，口才沟通与演讲训练不仅仅是技巧，还要蕴含着丰厚的人文、社科、哲学、心理等素养。

需要指出的是，教师在使用该书时，进行动态教学训练将会取得更好的训练效果，即根据不同专业、不同年级和未来不同职业等作出相应的教学训练的微调。同时，这个教程也是一部出“彩”的教材，案例后多配有相关的图片，为全书增添了些许的生气和灵气，希望有助于老师的教学，有助于同学们的学习与理解。

该教材由深耕该课程多年的王光华教授、赵国宏副教授、王丽娇副教授、尹喜艳副教授、阎伟老师、尹莹博士、卢文丰副教授、肖红艳老师共同探讨、策划并编写，其中广东科学技术职业学院王光华教授负责总策划、统筹、审定，并编写项目一和项目十一，赵国宏副教授负责书稿的体例设计，并编写项目五，湖北长江职业学院王丽娇副教授负责编写项目二、项目六和项目九，广东农工商职业技术学院尹喜艳副教授编写项目三，广东外语艺术职业学院阎伟老师编写项目四和项目七，浙江义乌工商职业技术学院尹莹博士编写项目八，珠海城市职业技术学院卢文丰副教授编写项目十，广东江门职业技术学院肖红艳老师编写项目十二，配套的 PPT 由沈阳建筑大学管理学院王毓昕同学制作完成，吉林大学珠海学院中文系莫文欣同学进行了全书稿的文字梳理工作。

本教程特邀请深圳华为技术有限公司秘书处处长李婉俊女士进行共同研讨、策划，相关的课程软件开发由深圳国泰安教育技术有限公司负责。教材及相关软件也作为部分校企合作企业员工培训参考资料。

感谢中国人民大学出版社的鼎力支持，感谢广东科学技术职业学院、广东外语艺术职业学院、广东农工商职业技术学院、广东江门职业技术学院、浙江义乌工商职业技术学院、湖北长江职业学院、珠海城市职业技术学院等相关院校热心领导、专家及教授的鼎力支持，在此谨表谢意！本书编写过程中参考了当今有关口才沟通与演讲训练方面的诸多网站、书籍和报刊，在此也表示最真诚的谢意！

由于编写水平和时间所限，书中难免有不妥之处，诚望大家批评、指正。

目录

项目一 口才沟通“四有”基本训练

有句俗语形容当今世界“地球半径缩短，人的舌头延长”。也有人说，“沟通无处不在”，也“无所不能”。西方一些发达国家把口才教学和训练进行了全覆盖，甚至把口才沟通和金钱、互联网并列视为三大武器。而把一般化的口语沟通变成为口才的沟通，使人与人之间的口语交流成为一种才华，一种力量，一种魅力和魔力，需要日积月累，厚积薄发。

人与人之间，无论何种交往都需要沟通，沟通好了，常常在“山重水复疑无路”时会“柳暗花明又一村”，沟通不佳，则会让人陷入浓雾愁云。在现实的人际交往中，确实存在有的人常常话很短，或者无话可说，或者有话说不出，或者别人问什么他才说什么，口才沟通成为阻碍他们更上一层楼的短板。会说话，善沟通，是一种习惯和品质，大多是后天学习、积累、锻炼、熏陶而成，所谓厚积而薄发。

那么能够“巧于沟通”，需要“厚积”什么呢？一是良好的阅历和经历，博览群书而知天下事。孔明躬耕南阳，勤于读书，所以上知天文，下识地理；他还广泛交游，与各路人士纵论天下，所以隐居隆中而名震四野，一席《隆中对》，让刘备有“吾得孔明，如鱼得水”的慨叹；他善于观察，所以才知人善任并布阵有道。二是要有情怀。从政要有造福大众的情怀，经商要有实业报国的情怀，求学要有精益求精而学有所成的情怀，从教要有聚天下英才而教之的情怀，务农要有我为天下苍生的情怀。有情怀，口才沟通才阳光明媚，才感天动地。三是要常有所思。口才沟通中不能总是人云亦云，要在生活、工作、学习经历中提炼自己的思想和智慧，并在沟通中与人分享，启人心智。四是口才沟通必须培养自己善于观察和了解沟通对象的眼光，这样的口才才是才华，才能锦心绣口而不是口无遮拦。

任务一 口才沟通心里有底

口才沟通的最基本的要求是面对不同的人、不同的场景都有话可说。“巧妇难为无米之炊”。自己的经历，自己的阅读视野，自己的观察思考，这些都是沟通表达最好的“料”。

案例阅读1

同学聚会就是汇聚交流

高中毕业后二十年同学们从天南地北赶回来相聚母校，先是同学、老师三三两两地相互交谈和问询近况，其实同学、老师更想知道所有的同学的情况，于是主持人设计了一个“人人说说自己”的环节，一位留在当地工作的同学说道：“我的情况大家都清楚，确实有不清楚的同学我们私聊，我用我最近读到的一句诗表达我与同学和老师相聚的心情：青山在，人未老，同学情正浓；岁月增，水长流，情怀依旧深。”另一位也在本地工作的同学说道：“我的情况也不用多说了，二十年的岁月匆匆，二十年使我们都由青春年少迈向了中年，曾经的班上的男神和班花如今也至少打了七八折，江山同学依旧还帅，但帅得已经有点鬓发稍白，百灵同学依然美丽动人，但也微微有了点富态，还有后面几个二十年，我们的身体容颜也许在走下坡路，但我们的心态和努力依然要走上坡路。”更多在外地工作、少有联系的同学都介绍了自己高中毕业后的经历和现状。其中有位同学说：“大学毕业后，我也曾安于现状，在体制内混了几年，但我的性格大家知道，毕竟有点不安分，所以我开始尝试在工作的当地用自己所学的专业知识研发产品，开办了一个小型的饲料‘中端’加工厂，就是饲料最具科技含量的环节，不是天妒而是人怨，当地不友好的人际氛围，让我最终选择了商业气息很浓厚的上海创业，几年的打拼，现在拥有一个现代化较强的100余人的品牌饲料加工有限公司。”同学们的畅谈令相聚的气氛更加融洽了。

案例点评

同学相聚，也是再造同学情谊，有话可说，说的是自己的阅读经历，分享阅读佳作佳句，如第一位同学所说；也可以说自己的观察所得，世事洞明皆学问，如第二位同学所说。每个人都有自己独特的经历和故事，这是我们在与人沟通中最大的宝藏，只要你“提炼”得好，表达出来，无疑是最好的分享、最佳的“爆料”，如第三位同学那样。口才沟通要做到心里有底，就是自己有较为广博的阅读视野、较为丰富的人生阅历、善于洞察当下和现实的眼光，这样就不怕无话可说。《常回家看看》这首歌中就唱道“生活的烦恼跟妈妈说说，工作的事情向爸爸谈谈”，其实就是向爸爸妈妈说自己的工作的过往经历。

案例阅读2

水镜先生身处江湖之远而心怀天下

《三国演义》中刘备逃离蔡氏兄弟的“鸿门宴”，跃马过檀溪，到南漳水镜庄，得遇水镜先生：玄德视其人，松形鹤骨，器宇不凡。慌忙进前施礼，——衣襟尚湿。——水镜曰：“公今日幸免大难！”玄德惊讶不已。小童曰：“此刘玄德也。”水镜请入草堂，分宾主坐定。玄德见架上满堆书卷，窗外盛栽松竹，横琴于石床之上，清气飘然。水镜问曰：“明公何来？”玄德曰：“偶尔经由此地，因小童相指，得拜尊颜，不胜万幸！”水镜笑曰：“公不必隐讳。公今必逃难至此。”玄德遂以襄阳一事告之。水镜曰：“吾观公气色，已知之矣。”因问玄德曰：“吾久闻明公大名，何故至今犹落魄不偶耶？”玄德曰：“命途多蹇，所以至此。”水镜曰：“不然。盖因将军左右不得其人耳。”玄德曰：“备虽不才，文有孙乾、糜竺、简雍之辈，武有关、张、赵云之流，竭忠辅相，颇赖其力。”水镜曰：“关、张、赵云，皆万人敌，惜无善用之之人。若孙乾、糜竺辈，乃白面书生，非经纶济世之才也。”玄德曰：“备亦尝侧身以求山谷之遗贤，奈未遇其人何！”水镜曰：“岂不闻孔子云：‘十室之邑，必有忠信。’何谓无人？”玄德曰：“备愚昧不识，愿赐指教。”……水镜曰：“今天下之奇才，尽在于此，公当往求之。”玄德急问曰：“奇才安在？果系何人？”水镜曰：“伏龙、凤雏，两人得一，可安天下。”玄德曰：“伏龙、凤雏何人也？”水镜抚掌大笑曰：“好！好！”玄德再问时，水镜曰：“天色已晚，将军可于此暂宿一宵，明日当言之。”……候至天晓，玄德求见水镜，问曰：“昨夜来者是谁？”水镜曰：“此吾友也。”玄德求与相见。水镜曰：“此人欲往投明主，已到他处去了。”玄德请问其姓名。水镜笑曰：“好！好！”玄德再问：“伏龙、凤雏，果系何人？”水镜亦只笑曰：“好！好！”玄德拜请水镜出山相助，同扶汉室。水镜曰：“山野闲散之人，不堪世用。自有胜吾十倍者来助公，公宜访之。”

案例点评

刘备虽胸怀高远，为皇室后裔，但内在的智谋和外在沟通上还是略欠一二。试看他问计司马徽，便略知一二。反过来看司马徽这等真正的高人，虽身处江湖之远，却心怀天下，尽知天下事，话虽不多说，但对天下大事却心里有底，且深知话不在多而在妙言。他和刘备的沟通，处处占据主动，时时引导话语，皆因话有玄机，留有余地，即使他人相求，也只点到为止，关键处让对方自己定夺，不到万一时机不倾泻而出，不指名道姓或言之凿凿，不轻于允诺。司马徽推荐卧龙、凤雏，既对刘备有相助之心，又稳妥地轻轻点染，是真正的沟通妙言。

实训导引

有话可说是口才沟通的底线，也是底气，说说怎样在不同的场合进行口才沟通，如何做到有话可说，并举出自己和他人的一些正面或反面的例子。

1. 略打个腹稿或写个提纲，也可以做个沟通的小场景策划；
2. 面对老师和同学现场表达，或者是作场景表演；
3. 时间不超过 5 分钟。

实训评价表

总分：

<table>
<tr><td>口才内容
（60 分）</td><td></td><td>口才情感
（10 分）</td><td></td><td>口才方式
（10 分）</td><td></td><td>口才逻辑
（10 分）</td><td></td><td>口才智慧
（10 分）</td><td></td></tr>
<tr><td rowspan="3">评语</td><td colspan="2">自我评价</td><td colspan="3"></td><td colspan="4">学生签名</td></tr>
<tr><td colspan="2">同学评价</td><td colspan="3"></td><td colspan="4">同学签名</td></tr>
<tr><td colspan="2">教师评价</td><td colspan="3"></td><td colspan="4">教师签名</td></tr>
</table>

阅读链接

1. 王光华. 实用口才交际训练. 北京：机械工业出版社，2010.
2. 唐树芝. 口才与演讲. 北京：高等教育出版社，2004.
3. 罗贯中. 三国演义. 北京：人民文学出版社，1990.

任务二　口才沟通胸中有情

每个人在自己的人生中的不同时刻都扮演着不同的角色：为人儿女，在话语中要多体贴、关心父母；为人父母，在沟通中要多关切、理解和支持孩子；为人恋人，要多表达宽容、珍惜、细心的情意；身为学生，要多表达积极向上和勤学好问的情感倾向。相反，对不好的人、不当的事，常常表达反对、呵斥之情等。不一般的情感营造不一样的气场。所以，良好的口才沟通往往含着纯情、热情、深情或者痛恨之情、不屑之情、悲愤之情等，在口才沟通中这些情感应尽量避免直接宣泄，尽可能伴随着自己的思路、思考、感悟和感慨自然流泻而出。

案例阅读1

电影《失恋三十三天》沟通片段

（黄小仙打电话给王总）

黄小仙：喂，王总。我今天想请个假。

大老王：请假？你坏了我那么多事还要请假？你不要挑战我的耐心底线啊。

黄小仙：王总，我心情太差了，昨天见客户的时候我都晕倒了。

大老王：你出来，出来跟我吃个饭。不来算你旷工一天。

场景转换：黄小仙来到王总说吃饭的地方。

大老王：真想装作不认识你。

（服务员给黄小仙拉凳子，黄小仙一手甩过去）

黄小仙：不用了。

大老王：尝尝这酒，能喝出巧克力味来。仔细品品。

黄小仙：仔细品，满嘴都是人民币的味。

大老王：这酒配牛肉最好。

黄小仙：咳，王总，我还是先问清楚了再吃吧。你请我在人均消费这么贵的地儿吃饭，是不是想开除我呀。这是散伙饭吗？

大老王：你们这代人不管男的女的，怎么都有被迫害妄想症啊。

黄小仙：那我更害怕了，您不是要开除我呀，那是不是想逗我？

大老王：我逗你？你有病啊。我也有女儿的，我逗你?!

黄小仙：那我就放心了。这么隆重，搞得我很不安嘛。

大老王：最近是不是没怎么好好吃饭啊，没好好休息啊。就因为失恋了。芝麻大点事，什么心理素质？二百五的脑袋加林黛玉的心就是你。现在这小男孩，情意千金不敌胸脯四两，你寻死觅活，至于吗？好意思吗？

黄小仙：谁啊？谁寻死觅活啊？我活这么大了，我就没有一点悲伤的权利呀？我就没有一点质疑人生的权利呀？

大老王：你连人都没生过，你拿什么质疑人生啊？

黄小仙：王总，您也是有女儿的人。您女儿要是失恋了，跑回家找你，你也这么劈头盖脸地骂她一顿，说她是二百五呀？我已经努力让我自己做到最好了。

大老王：我是没机会骂女儿的。她刚出生的时候啊，我就想，女孩一定要富养，要不长大要吃亏。所以就拼命挣钱，家都很少回。就想着，有一天她长大了。失恋了，哭着来找她老爸。我带她去买漂亮衣服，带她吃最好的东西。要什么给什么，失恋有什么大不了的？结果钱是挣着了，可她八岁那年，她妈跟我离了婚。带着孩子去了国外，五年了，我就见过她两面。有一次啊，我打电话问她。我说小公主啊，上初中了，千万不要早恋啊，你猜她怎么回答我？It is not your business（这不关你的事）。

大老王：一口酒，一口肉。我后边那个大提琴，那是我女儿的。送给你了，报一个班，转移一下注意力。回去洗洗澡，收拾一下自己。好好一个适龄女孩，别弄得跟外贸尾单似的。说句俗的啊，时间能治愈一切，虽然我无法告诉你这时间有多长。

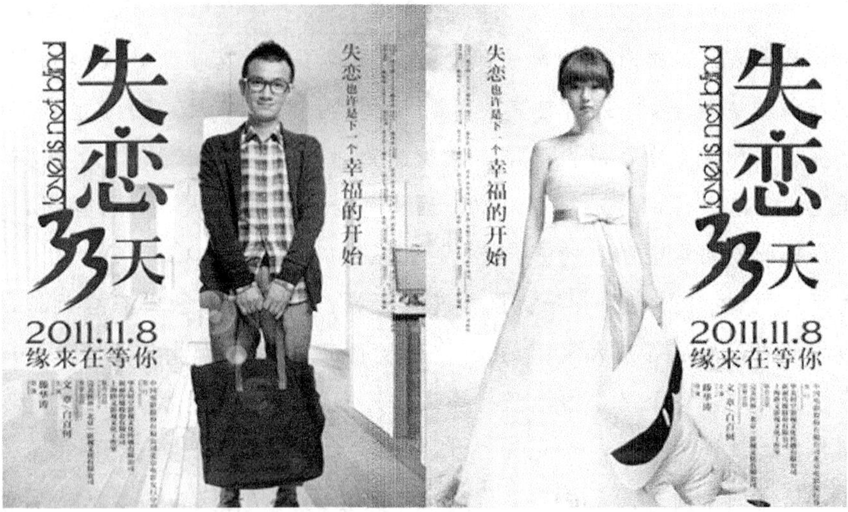

案例点评

上司和下属之间公事公办的事情需要沟通，一般选择在办公室，其表达要求观点鲜明、条理清楚、简洁明了，如同公文写作。但有些沟通不便于在公共场合比如办公室进行，需要选择更适宜沟通话题的场景。《失恋三十三天》中公司上司王总了解到黄小仙失恋的情况后，选择请她在挺有档次的地方吃饭喝酒来进行劝说，这本身就包含了领导对她的重视和关切的情意，批驳看似尖锐却都是为她着想，劝说看似调侃又真情满满，还送一把自己心爱的女儿的大提琴给她，言辞间充满了一个上司、父辈的关爱，这种情感化的沟通常常能使金石为开。

案例阅读2

一“言”即合，便桃园三结义

《三国演义》有流传千古的“桃园三结义”，为何能结义桃园？口才沟通是桥梁和媒介：玄德年已二十八岁矣。当日见了招军榜文，慨然长叹。随后一人厉声言曰："大丈夫不与国家出力，何故长叹？"玄德回视其人，身长八尺，豹头环眼，燕颔虎须，声若巨雷，势如奔马。玄德见他形貌异常，问其姓名。其人曰："某姓张名飞，字翼德。世居涿郡，颇有庄田，卖酒屠猪，专好结交天下豪杰。恰才见公看榜而叹，故此相问。"玄德曰："我本汉室宗亲，姓刘，名备。今闻黄巾倡乱，有志欲破贼安民，恨力不能，故长叹耳。"飞曰："吾颇有资财，当招募乡勇，与公同举大事，如何。"玄德甚喜，遂与同入村店中饮酒。

正饮间，见一大汉，推着一辆车子，到店门首歇了，入店坐下，便唤酒保："快斟酒来吃，我待赶入城去投军。"玄德看其人：身长九尺，髯长二尺；面如重枣，唇若涂脂；丹凤眼，卧蚕眉，相貌堂堂，威风凛凛。玄德就邀他同坐，叩其姓名。其人曰："吾姓关名羽，字长生，后改云长，河东解良人也。因本处势豪倚势凌人，被吾杀了，逃难江湖，五六年矣。今闻此处招军破贼，特来应募。"玄德遂以己志告之，云长大喜。同到张飞庄上，共议大事。飞曰："吾庄后有一桃园，花开正盛；明日当于园中祭告天地，我三人结为兄弟，协力同心，然后可图大事。"玄德、云长齐声应曰："如此甚好。"……

次日，于桃园中，备下乌牛白马祭礼等项，三人焚香再拜而说誓曰："念刘备、关羽、张飞，虽然异姓，既结为兄弟，则同心协力，救困扶危；上报国家，下安黎庶。不求同年同月同日生，只愿同年同月同日死。皇天后土，实鉴此心，背义忘恩，天人共戮！"誓毕，拜玄德为兄，关羽次之，张飞为弟。

案例点评

朋友之间的交际，不仅要说有情有义的话，而且要说同心同德的话，这样才容易产生一见如故、相见恨晚的情意。刘备有志效力国家，必须有志同道合的朋友携手共进，特别是在那个乱世之中。他初识张飞、关云长，和二人既各言自己的志向和身世，又尽可能地引导大家往相同或相通之处说，因言语投机、意气相济，于是桃园结义。古人因共同的价值取向和人生追求而成为生死莫逆之交的故事，不在少数。

实训导引

在每个人的心中都深藏着让自己想起来就有些抱愧的事情，比如对父母的一次倔强任性，对老师的一次顶撞，对同学的一次深深的误解，对其他人的一次爽约，等等。此时，无论你是面对他（她）还是背对他（她），向他（她）说几句真诚致歉的话，这些话语能让人动容并可能得到谅解。

1. 略打个腹稿或写个提纲或者进行一个小策划；
2. 面对老师和同学表达，也可以策划一个面对面的沟通情景；
3. 时间不超过5分钟。

实训评价表

总分：

<table>
<tr><td>口才情感
（60分）</td><td></td><td>口才内容
（10分）</td><td></td><td>口才方式
（10分）</td><td></td><td>口才逻辑
（10分）</td><td></td><td>口才智慧
（10分）</td><td></td></tr>
<tr><td rowspan="3">评语</td><td colspan="2">自我评价</td><td colspan="3"></td><td colspan="4">学生签名</td></tr>
<tr><td colspan="2">同学评价</td><td colspan="3"></td><td colspan="4">同学签名</td></tr>
<tr><td colspan="2">教师评价</td><td colspan="3"></td><td colspan="4">教师签名</td></tr>
</table>

阅读链接

1. http://www.doc88.com/p-778471188527.html.
2. 电影《失恋三十三天》台词.
3. 罗贯中. 三国演义. 北京：人民文学出版社，1990.

任务三 口才沟通脑中有智

口才沟通中的智慧是什么？那就是通过说让对方心悦诚服，心花怒放，豁然开朗，茅塞顿开，就是用智慧、用思想、用方法去巧妙沟通，沟通中有想法能启人心智，有思路能让人看到出路，有逻辑就是理性而不冲动，有针对性而不盲目。

案例阅读1

赵云和孔明的劝说效果

《三国演义》中，刘备顾念桃园结义的情义和誓言，在关羽大意失荆州、败走麦城、命丧东吴之际，欲倾蜀国之兵，违联吴抗曹大计，攻打东吴孙权：却说先主欲起兵东征，赵云谏曰："国贼乃曹操，非孙权也。今曹丕篡汉，神人共怒。陛下可早图关中，屯兵渭河上流，以讨凶逆，则关东义士，必裹粮策马以迎王师；若舍魏以伐吴，兵势一交，岂能骤解。愿陛下察之。"先主曰："孙权害了朕弟；又兼傅士仁、糜芳、潘璋、马忠皆有切齿之仇：啖其肉而灭其族，方雪朕恨！卿何阻耶？"云曰："汉贼之仇，公也；兄弟之仇，私也。愿以天下为重。"先主答曰："朕不为弟报仇，虽有万里江山，何足为贵？"遂不听赵云之谏，下令起兵伐吴……孔明引百官来奏先主曰："陛下初登宝位，若欲北讨汉贼，以伸大义于天下，方可亲统六师；若只欲伐吴，命一上将统军伐之可也，何必亲劳圣驾？"先主见孔明苦谏，心中稍回。

案例点评

孔明对刘备欲行不可为之事的劝谏充满了智慧。刘备在情急之下，决心行不可为之事，作为第一谋臣，孔明的劝谏是必要的，但又必须抓住良机。上司情急之下或有难言之隐的决定，直接指出其不当之处，甚至表达阻挠之意，显然不是良好的口才沟通。在刘备倚重的将军之一赵云直陈利害，而刘备断然不听的情况下，孔明带着百官来奏，以表人心所向。对上司决定做的方向性的事情予以否定，无疑是否定他的心事和梦想，会激起上司的敌意，因此不妥。属下可以在不改变上司的战略和方向的情况下，在战术上予以完善，改变他的一些具体做法，把可能的损失降到最低，即退而求其次。这种劝谏不是仅仅带着意气和真理在握的情绪去劝勉，而是为追求最好结果而进行的劝勉，希望上司慢慢地、一步一步地改变战略和方向。所以，赵云对刘备东征的直谏和孔明的婉言相劝，得到了不同的效果，虽然赵云的劝谏也是观点明确，思路清晰，话语逻辑严丝合缝，但此时的刘备不是“讲理”的刘备。

案例阅读2

小芳的巧妙拒绝

一天，小芳的好友小张打电话来求助：“小芳，有个事儿要拜托你。”“什么事啊?”“唉，我男朋友要给日本客户做批东西，但说明书是日文的，正巧你是学日语的，帮我看看呀。”小芳很清楚，专业说明书的翻译不是个轻松的活儿，更何况这阵子手头工作又多，于是考虑了一会儿，非常客气地说：“并不是我不愿意帮忙，你知道的，产品说明书这种东西很专业，我在学校学的也不是专业翻译，这些年又没接触过，那点知识早还给老师了，凭现在这水平恐难胜任啊。”“别谦虚，你在大学时可是班里最优秀的，我对你很有信心。”“可我对自己没信心啊，要是搁平时还好点儿，这段时间公司经常加班，急着赶一个策划书，我可是奋战了

三天三夜啦，忙得一塌糊涂，现在一看文件就头疼。我想你男朋友的文件一定很重要吧，为了不耽误事儿，我建议还是找翻译公司做比较合适。”小张想了想说：“嗯，也是，专业翻译确实是件棘手的事，那就让他交给翻译公司做好了。你呀，别太累了，要注意休息，保重身体！”

案例点评

面对自己确实难以应对的请求，小芳怎样巧妙推托，才能既能得到小张就此事的谅解，又能维护互相的友谊？首先坦言相告“产品说明书很专业，而自己非专业出身”；其次再摆出客观理由“公司加班，赶策划书”，最后设身处地提出建议“找翻译公司”，说得思路清楚，且非常真诚，收到了良好的拒绝效果。有时面对他人的邀约或请求，直接拒绝显得不近人情，而婉言拒绝又达不到拒绝的效果，这时可以用幽默的语言自我调侃，在调侃中陈述理由，以达到拒绝的目的，也不失为一种智慧。

实训导引

现在有的人喜欢“晒”吃的，“晒”玩的，“晒”自己的颜值，“刷”存在感。即便自媒体上广义上的沟通，也需要具备一定的深度和厚度，说说我们怎样在这种“晒”和“刷”的广义上的人际沟通中，让彼此增加一些思想智慧的启迪。

1. 略打个腹稿或写个提纲或者进行一个小策划；
2. 面对老师和同学表达自己的看法，也可以策划一个面对面沟通的情景；
3. 时间不超过 5 分钟。

实训评价表

总分：

<table>
<tr><td>口才智慧
（60 分）</td><td></td><td>口才情感
（10 分）</td><td></td><td>口才方式
（10 分）</td><td></td><td>口才逻辑
（10 分）</td><td></td><td>口才内容
（10 分）</td><td></td></tr>
<tr><td rowspan="3">评语</td><td>自我评价</td><td></td><td>学生签名</td><td></td></tr>
<tr><td>同学评价</td><td></td><td>同学签名</td><td></td></tr>
<tr><td>教师评价</td><td></td><td>教师签名</td><td></td></tr>
</table>

阅读链接

1. http://b. faloo. com/f/18679. html.
2. 罗贯中. 三国演义. 北京：人民文学出版社，1990.

任务四　口才沟通目中有人

口才沟通是与不同层面、不同性情的人进行沟通，或说服，或鼓励，或接受，或拒绝，等等，必须做到目中有人。比如对不同的对象在不同的情境下自我介绍，就应当用不同的话语。如果在不同的场合不分对象地说同样的话语，有的人觉得你说得很到位，有的人可能就会觉得你是在炫耀。所以口才沟通就是察言观色来说话，做到锦心绣口，而不是不论对象，夸夸其谈，口无遮拦。

案例阅读1

锁和钥匙

有一个寓言故事：一把坚实的大锁挂在大门上，一根铁杆费了九牛二虎之力，还是无法将它撬开。钥匙走来了，他用瘦小的身子钻进锁孔，只轻轻一转，大锁就“啪”的一声打开了。铁杆奇怪地问：“为什么我费了那么大力气也打不开，而你却轻而易举地就把它打开了呢？”钥匙说：“因为我最了解它的心。”

案例点评

成语“对牛弹琴”讥笑接受信息的人弄不懂发送信息的人说的是什么意思，也可以表达“这个人太笨了，与他说这些是白费口舌”的意思。不妨反过来思考，问题其实不在牛，而在弹琴的人。如果你对着牛来弹琴，牛能明白吗？当然不能明白。谁之错？显然是弹琴之人。若想实现对牛弹琴，首先要会讲“牛语”，口才沟通要从对方的角度出发才有效。如果对方听不懂我们所说的话，或者对方有抵触，那么我们所说的话就是没有效果的。人的心就像一扇门一样，有的时候会敞开，有的时候却会关闭甚至锁起来，如果我们的行为和言语能够顺着他人的心理，那么我们就能获得打开他们心扉的钥匙。正如这个寓言故事一样，你用一根铁杆去敲他人心门上的锁时，只会让他们的心门对你关得更紧，但是如果你懂得他们的心理，这个时候他们的心门会自动为你打开。人际沟通就是一种了解对方才说话的奇妙技巧。

案例阅读2

公主的月亮

一个小公主病了，她娇憨地告诉国王，如果她能拥有月亮，病就会好。国王立刻召集全国的聪明人士，要他们想办法找到月亮。

总理大臣说："它远在三万五千里外，比公主的房间还大，而且是由熔化的铜所做成的。"

魔法师说："它有十五万里远，用绿奶酪做的，而且整整是皇宫的两倍大。"

数学家说："月亮远在三万里外，又圆又平像个钱币，有半个王国大，还被粘在天上，不可能有人能拿下它。"

国王又烦又气，只好叫宫廷小丑来弹琴给他解闷。小丑问明一切后，得到了一个结论：如果这些有学问的人说得都对，那么月亮的大小一定和每个人想的一样大、一样远。所以当务之急便是要弄清楚小公主心目中的月亮到底有多大、多远。

于是，小丑到公主房里探望公主，并顺口问公主："月亮有多大？"

"大概比我拇指的指甲小一点吧！因为我只要把拇指的指甲对着月亮就可以把它遮住了。"公主说。

"那么有多远呢？"

"不会比窗外的那棵大树高！因为有时候它会卡在树梢间。"

"用什么做的呢？"

"当然是金子！"公主斩钉截铁地回答。

比拇指指甲还要小、比树还要矮、用金子做的月亮，当然容易找到啦！小丑立刻找金匠打了个小月亮、穿上金链子，给公主当项链，公主非常高兴，第二天病就好了。

资料来源：http://www.tonghua5.com/jingdiantonghua/29643.html.

案例点评

不同位置、不同地域、不同年龄的人对同样的人、事、物、景的理解是不一样的。

良好的口才沟通必须先了解对象的真实需求，完全按照自己的意愿侃侃而谈，不论多么努力，都可能收不到效果，甚至适得其反。那么怎样才能了解对方的需求呢？还是沟通，沟通是掌握对象心理的最好方法。另外，选择好沟通的内容也十分重要，沟通内容选择好了，才能直入主题，简洁高效。

案例阅读3

诸葛亮舌战群儒

《三国演义》中，当曹操一路挥师南下，唯有联吴抗曹才有力挽狂澜的生机。联吴抗曹的总策划师和实施者都是孔明：鲁肃次日至馆驿中见孔明，又嘱曰：“今见我主，切不可言曹操兵多。”孔明笑曰：“亮自见机而变，决不有误。”肃乃引孔明至幕下。早见张昭、顾雍等一班文武二十余人，峨冠博带，整衣端坐。孔明逐一相见，各问姓名。施礼已毕，坐于客位。张昭等见孔明丰神飘洒，器宇轩昂，料到此人必来游说。张昭先以言挑之曰：“昭乃江东微末之士，久闻先生高卧隆中，自比管、乐。此语果有之乎？”孔明曰：“此亮平生小可之比也。”昭曰：“近闻刘豫州三顾先生于草庐之中，幸得先生，以为如鱼得水，思欲席卷荆襄。今一旦以属曹操，未审是何主见？”孔明自思张昭乃孙权手下第一个谋士，若不先难倒他，如何说得孙权，遂答曰：“吾观取汉上之地，易如反掌。我主刘豫州躬行仁义，不忍夺同宗之基业，故力辞之。刘琮孺子，听信佞言，暗自投降，致使曹操得以猖獗。今我主屯兵江夏，别有良图，非等闲可知也。”昭曰：“若此，是先生言行相违也。先生自比管、乐，管仲相桓公，霸诸侯，一匡天下；乐毅扶持微弱之燕，下齐七十余城：此二人者，真济世之才也。先生在草庐之中，但笑傲风月，抱膝危坐。今既从事刘豫州，当为生灵兴利除害，剿灭乱贼。且刘豫州未得先生之前，尚且纵横寰宇，割据城池；今得先生，人皆仰望。虽三尺童蒙，亦谓彪虎生翼，将见汉室复兴，曹氏即灭矣。朝廷旧臣，山林隐士，无不拭目以待：以为拂高天之云翳，仰日月之光辉，拯民于水火之中，措天下于衽席之上，在此时也。何先生自归豫州，曹兵一出，弃甲抛戈，望风而窜；上不能报刘表以安庶民，下不能辅孤子而据疆土；乃弃新野，走樊城，败当阳，奔夏口，无容身之地：是豫州既得先生之后，反不如其初也。管仲、乐毅，果如是乎？愚直之言，幸勿见怪！”孔明听罢，哑然而笑曰：“鹏飞万里，其志岂群鸟能识哉？譬如人染沉疴，当先用糜粥以饮之，和药以服之；待其腑脏调和，形体渐安，然后用肉食以补之，猛药以治之：则病根尽去，人得全生也。若不待气脉和缓，便投以猛药厚味，欲求安保，诚为难矣。吾主刘豫州，向日军败于汝南，寄迹刘表，兵不满千，将止关、张、赵云而已：此正如病势尪羸已极之时也，新野山僻小县，人民稀少，粮食鲜薄，豫州不过暂借以容身，岂真将坐守于此耶？夫以甲兵不完，城郭不固，军不经练，粮不继日，然而博望烧屯，白河用水，使夏侯惇、曹仁辈心惊胆裂：窃谓管仲、乐毅之用兵，未必过此。至于刘琮降操，豫州实出不知；且又不忍乘乱夺同宗之基业，此真大仁大义也。当阳之败，豫州见有数十万赴义之民，扶老携幼相随，不忍弃之，日行十里，不思进取江陵，甘与同败，此亦大仁大义也。寡不敌众，胜负乃其常事。昔高皇数败于项羽，而垓下一战成功，此非韩信之良谋乎？夫信久事高皇，未尝累胜。盖国家大计，社稷安危，是有主谋。非比夸辩之徒，虚誉欺人：坐议立谈，无人可及；临机应变，百无一能。诚为天下笑耳！”这一篇言语，说得张昭并无一言回答。

座上忽一人抗声问曰：“今曹公兵屯百万，将列千员，龙骧虎视，平吞江夏，公以为何如？”孔明视之，乃虞翻也。孔明曰：“曹操收袁绍蚁聚之兵，劫刘表乌合之众，虽数百万不足惧也。”虞翻冷笑曰：“军败于当阳，计穷于夏口，区区求救于人，而犹言‘不惧’，此真大言欺人也！”孔明曰：“刘豫州以数千仁义之师，安能敌百万残暴之众？退守夏口，所以待时也。今江东兵精粮足，且有长江之险，犹欲使其主屈膝降贼，不顾天下耻笑。由此论之，刘豫州真不惧操贼者矣！”虞翻不能对。

座间又一人问曰：“孔明欲效仪、秦之舌，游说东吴耶？”孔明视之，乃步骘也。孔明曰：“步子山以苏秦张仪为辩士，不知苏秦、张仪亦豪杰也。苏秦佩六国相印，张仪两次相秦，皆有匡扶人国之谋，非比畏强凌弱，惧刀避剑之人也。君等闻曹操虚发诈伪之词，便畏惧请降，敢笑苏秦、张仪乎？”步骘默然无语。忽一人问曰：“孔明以曹操何如人也？”孔明视其人，乃薛综也。孔明答曰：“曹操乃汉贼也，又何必问？”综曰：“公言差矣。汉传世至今，天数将终。今曹公已有天下三分之二，人皆归心。刘豫州不识天时，强欲与争，正如以卵击石，安得不败乎？”孔明厉声曰：“薛敬文安得出此无父无君之言乎！夫人生天地间，以忠孝为立身之本。公既为汉臣，则见有不臣之人，当誓共戮之：臣之道也。今曹操祖宗叨食汉禄，不思报效，反怀篡逆之心，天下之所共愤；公乃以天数归之，真无父无君之人也！不足与语！请勿复言！”薛综满面羞惭，不能对答。座上又一人应声问曰：“曹操虽挟天子以令诸侯，犹是相国曹参之后。刘豫州虽云中山靖王苗裔，却无可稽考，眼见只是织席贩屦之夫耳，何足与曹操抗衡哉！”孔明视之，乃陆绩也。孔明笑曰：“公非袁术座间怀桔之陆郎乎？请安坐，听吾一言：曹操既为曹相国之后，则世为汉臣矣；今乃专权肆横，欺凌君父，是不惟无君，亦且蔑祖，不惟汉室之乱臣，亦曹氏之贼子也。刘豫州堂堂帝胄，当今皇帝，按谱赐爵，何云无可稽考？且高祖起身亭长，而终有天下；织席贩屦，又何足为辱乎？公小儿之见，不足与高士共语！”陆绩语塞。

座上一人忽曰：“孔明所言，皆强词夺理，均非正论，不必再言。且请问孔明治何经典？”孔明视之，乃严畯也。孔明曰：“寻章摘句，世之腐儒也，何能兴邦立事？且古耕莘伊尹，钓渭子牙，张良、陈平之流。邓禹、耿弇之辈，皆有匡扶宇宙之才，未审其生平治何经典。岂亦效书生，区区于笔砚之间，数黑论黄，舞文弄墨而已乎?”严畯低头丧气而不能对。

忽又一人大声曰：“公好为大言，未必真有实学，恐适为儒者所笑耳。”孔明视其人，乃汝南程德枢也。孔明答曰：“儒有君子小人之别。君子之儒，忠君爱国，守正恶邪，务使泽及当时，名留后世。若夫小人之儒，惟务雕虫，专工翰墨，青春作赋，皓首穷经；笔下虽有千言，胸中实无一策。且如杨雄以文章名世，而屈身事莽，不免投阁而死，此所谓小人之儒也；虽日赋万言，亦何取哉!”程德枢不能对。众人见孔明对答如流，尽皆失色。时座上张温、骆统二人，又欲问难。忽一人自外而入，厉声言曰：“孔明乃当世奇才，君等以唇舌相难，非敬客之礼也。曹操大军临境，不思退敌之策，乃徒斗口耶!”众视其人，乃零陵人，姓黄，名盖，字公覆，现为东吴粮官。当时黄盖谓孔明曰：“愚闻多言获利，不如默而无言。何不将金石之论为我主言之，乃与众人辩论也?”孔明曰：“诸君不知世务，互相问难，不容不答耳。”于是黄盖与鲁肃引孔明入。

案例点评

刘备一方在生死存亡之际，认识到必须结盟东吴孙权才有喘息之机，于是孔明亲自出使东吴。在说服关键人物孙权和周瑜之前，必须先打破东吴欲投降的阵营。对东吴意见不一的众谋臣，孔明舌战群儒的口才艺术堪称绝佳，在与众谋臣对话沟通时，或针锋相对，或旁敲侧击，或迎头痛击，对象不同，表达的内容和方式也各不一样。按照《三国演义》的叙述，倘若没有孔明的话语周旋和左右逢源的口才外交，难说有三分天下。他的口才几乎改变了汉末三分天下的历史。他的舌战真正做到了针锋相对，不卑不亢，进退适度，攻守犀利、严实而洒脱大度，真乃一场漂亮的各个击破的“舌战”。

实训导引

口才沟通是与人分享的最好途径。说说自己曾经不考虑对象而进行沟通的失误和尴尬的经历，或者很在意对方而进行口才沟通的甜美开心的故事。

1. 略打个腹稿或写个提纲，也可以进行一个“微情景”展示的小策划；
2. 面对老师和同学现场表达，也可以展示一个符合要求的沟通“微情景”；
3. 时间不超过 5 分钟。

实训评价表

总分：

<table>
<tr><td>口才方式
(60 分)</td><td></td><td>口才情感
(10 分)</td><td></td><td>口才内容
(10 分)</td><td></td><td>口才逻辑
(10 分)</td><td></td><td>口才智慧
(10 分)</td><td></td></tr>
<tr><td rowspan="3">评语</td><td colspan="2">自我评价</td><td colspan="3"></td><td colspan="4">学生签名</td></tr>
<tr><td colspan="2">同学评价</td><td colspan="3"></td><td colspan="4">同学签名</td></tr>
<tr><td colspan="2">教师评价</td><td colspan="3"></td><td colspan="4">教师签名</td></tr>
</table>

阅读链接

1. 《演讲与口才》，2015—2016 年各期.
2. 口才自学网视频－51 学吧. http://www.51xue8.com/daxue/mingjiayanjiang/2015-06-05/9877.html.
3. http://b.faloo.com/f/18679.html.

项目二

口才沟通风格魅力训练

在任何交际场合需要表达时，敢于表达自己的思想和感情，这是口才沟通和演讲训练的第一步，只有敢于表达，才能从容、自然、洒脱地表达；只有敢说，才能提升到能说和巧说。在口才表达和交际中要逐渐体现和显示出自己的个性风格和个人魅力，发挥自己在沟通上的优长，避免不足，展现沟通的个人色彩和气场，成为一个令人敬佩和广受欢迎的人，这样就会朋友越来越多，路越走越宽阔。

任务一　口才沟通形象和气度训练

个人形象是个人仪表、仪容和姿态等方面的综合呈现，是个人道德品质、文化修养、教养良知、审美水平等精神内涵的外在表现。成功的沟通能展示自信、尊严和能力，在谈笑间塑造良好的第一印象。

案例阅读1

前央视著名主持人杨澜诉说国外求职经历

1995 年的冬天，如果我再找不到工作，灰溜溜地回国几乎成为唯一的选择。可我真的再一次被拒绝了。想起那个面试官的表情，我非常抓狂。她竟然说我的形象和我的简历不相符而拒绝继续向我提问。我低头看自己的打扮，很明显，因为穿着问题，我被她鄙视了。

我的房东莎琳娜太太是一个很苛刻的中年女人。她规定我必须12点之前熄灯睡觉，规定我必须在10分钟之内从浴室出来，规定我如果不穿戴整齐就不准进入她的客厅，不准我用她的漂亮厨房做中餐，她甚至规定我在她有客人来访的时候必须涂口红！

我非常讨厌莎琳娜这种所谓的英伦女人的尊严。但所有人都说，莎琳娜是最好的寄宿房东。我看不出她好在什么地方。就好比，当我很多次面试失败回来后，厨房里一点吃的都不会有。并且如果我上楼发出声音，她会站在卧室门口很大声地指责我。

我刚刚洗完头发，坐在床上，一边翻看报纸的招聘信息，一边吃我带回来的面包卷。这很是违反了莎琳娜的原则。她冲上前来，一把夺过我的面包和报纸，用英文大吼："你这个毫无素质的中国女孩儿！你滚出我的家！"我于是披散着头发，在睡衣外裹上大衣冲出了门。25年来，我以非常漂亮的成绩和能力一路所向披靡，从来没有人说我没有素质。我家并不贫穷，但25年来我的妈妈一直告诉我，能力才是最重要的。我不能明白以貌取人在这里居然成为一个正义的词语。这简直是对我25年的人生观的侮辱！

我愤怒地冲进一家咖啡馆，天气实在太冷，我也很饿。咖啡馆的人居然很多。侍者以一种奇怪的眼神把我引到一个空座位边，那是咖啡馆里唯一的空位。我的对面是一个英国老太太，她看起来比莎琳娜更加讲究，就像伊丽莎白女王一样尊贵与精致。我下意识地收起自己宽松睡裤下的运动鞋。然后我看到她裙子下着了丝袜和漂亮高跟鞋的腿，以她这样的年纪，却仍然把这样的鞋子穿得非常迷人。

在欧洲的很多高级餐厅里，衣衫不整是被拒绝进入的。我想我能进来的原因大概是因为我穿了价值不菲的大衣。我不由得暂时收起自己的愤怒，说："给我一杯热咖啡，谢谢。"侍者走开后，对面的老太太并不看我，而是从旁边拿了一张便笺写了一行字递给我，是非常漂亮的手写英文：洗手间在你的左后方拐弯。我抬头看她，她正以非常优雅的姿势喝咖啡，没有看我半眼。我的尴尬难以言明，第一次觉得不被尊重是应该的。

我的头发被风吹得非常凌乱，我的鼻子旁边甚至还沾了一点面包屑！虽然我的大衣质地非常好，但我的睡裤被它衬得很老旧。我第一次有点看不起自己。这样的打扮，我有多不尊重自己，以致使别人觉得我也不尊重她们。我想起下午去面试时自己的日常便装，那应该也是对一个高级经理职位的不尊重吧？当我再回到座位的时候，那个老太太已经离开了。那张留在铺了细柔格子餐桌布上的便笺多了另一句漂亮的手写英文：作为女人，你必须精致，这是女人的尊严。

我逃也似的走出了那家咖啡厅。莎琳娜竟然坐在客厅里等我，一见我就对我说，我超过了12点10分钟才回来，所以明天必须去帮她清洗草坪。我答应了她，并向她道歉。我发现莎琳娜教了我许多同样有用的东西：12点之前睡觉能让我第二天精力充足，穿戴整洁美观能让别人首先尊重我，穿高跟鞋和使用口红使我得到了更多绅士的帮助，我开始感觉自己的自信非常充足而有底气，我不再希望别人通过看我的简历来判断我是不是有能力。

我最后一次面试，是一家大牌化妆品公司的市场推广。我得体的着装打扮为我的表现加了分。那个精致干练的女上司对我说：你非常优秀，欢迎你的加入。我没有想到，我的上司居然就是我在咖啡馆里遇到的那位英国老太太。她非常有名，是这个化妆品品牌的销售女皇！

资料来源：http://mt.sohu.com/20150715/n416858051.shtml.

案例点评

美国心理学家奥伯特·麦拉比安研究出的著名的7∶38∶55法则提出：在整体表现上，旁人对你的观感，只有7%取决于你谈话的真正内容；而有38%在于辅助表达这些话的方法，也就是口气、手势等；却有高达55%的比重决定于外表形象。虽然我们不要因为过分关注一个人的外表而忽视了其内在的品质，但也要认识到，一个人的名字，是一个品牌；一个人的形象，是一张名片。衣着得体、外表端庄是对他人的尊重，也是自我成熟的表现。前央视著名主持人杨澜的留学求职经历告诉我们：没有人有义务必须透过连你自己都毫不在意的邋遢外表，去发现你优秀的内在。所以与人沟通，关注自身形象，可以塑造良好的第一印象，也可以将自身内在魅力完美呈现出来，给自己的沟通加分。

案例阅读2

国王的演讲口才显示非凡气度

1925年，艾伯特王子——英国国王乔治五世的第二个儿子，被父王要求在伦敦温布利的大英帝国展览会上致闭幕词。相比于大儿子大卫，国王更喜欢艾伯特，然而遗憾的是，艾伯特患有严重的口吃。当日，场内外都静静期待着艾伯特的初次亮相。可是最终却只听得广播里艾伯特断断续续的声音“……我……有事宣布……我承诺……”，由于结巴，他在二十秒内吐不出一个词。

1934年圣诞节临近，父王乔治五世发表全国广播演讲，演讲后鼓励在一旁的艾伯特试读演讲稿。艾伯特愁眉苦脸，自己厌恶当什么国王，自己也不可能念得了这个。可父王渴望地说："法西斯已剑拔弩张觊觎邻国……国家、家庭都要靠你来支持。趁我还在，你必须做好！"可艾伯特念不出声。父王大失所望。

正沮丧的艾伯特突然想起那天离开时罗格坚持让自己带回的录音唱片。莫扎特激越的音乐中，传来一个男人坚毅流畅的声音："生存还是毁灭，这是个问题。当思想放松，放开胸怀，我们的行动就会变得更为灵敏，让我们更为勇敢！"这是自己的声音么?!

艾伯特心甘情愿地重回诊所。从物理治疗着手系统解决口吃问题。运动、加强呼吸、放松嘴部肌肉、加强舌头力量、绕口令……机械训练进步很快，可心理障碍依然：你平日说得最流利的一句话是什么——"忘记我说过的话！"艾伯特几乎是在吼叫。发声——感觉——跳跃——放松，发声——甩头——吸气——呼气——倾听——就地来回滚动。训练有了效果。圣诞节到了，这次演讲虽然不完满，但进步惊人。

时间到了1939年9月3日，德国军队冲破防线进攻波兰。英法被迫向德国宣战。新任国王艾伯特决定向国民发表演讲。加油！新任海军大臣丘吉尔鼓励国王。我相信你！妻子深情吻国王。国王充满信心。忘记一切！集中精力！灯亮了。国王终于发出了铿锵激昂的声音！乔治六世的演讲极大地鼓舞了人民抗击希特勒的斗志。

资料来源：百度百科，《国王的演讲》剧情介绍。

案例点评

奥斯卡获奖影片《国王的演讲》讲述的真实故事告诉我们，口才沟通要增强自信心，并正确看待失败，保持良好心态。在人际交谈时说了一些"错话"，在公众演说时出现"卡壳"，在调查采访时难以令采访对象开口等，都是言语表达时常见的，也是难免的。言语表达是一个非常复杂的过程，导致表达失败的因素有很多：既有客观的原因，诸如音响效果不好，场地选择不当，对方的水平有限等；也有主观原因，诸如怯场，材料准备不充分，话题选择不当，仪表仪态不得体等，更有像英国国王乔治六世天生口吃。只要分析原因，有针对性地改正和提高，并保持良好的心态，加强技能训练，勇于实践，挖掘自身潜力，就可以展现出不一样的口才风采。

案例阅读3

萧楚女好口才促工作

我国早期无产阶级革命家、演讲家萧楚女，靠着平时的刻苦训练，练就了非凡的口才。萧楚女在重庆国立第二女子师范教书时，除了认真备课外，他每天天刚亮就跑到学校后面的山上，找一处僻静的地方，把一面镜子挂在树枝上，对着镜子开始练习演讲，从镜子中观察自己的表情和动作。经过这样的刻苦训练，他掌握了高超的演讲艺术，他的教学水平也很快提高了。1926 年他 30 岁，就在毛泽东同志主办的广州农民运动讲习所工作，他的演讲至今受到世人的推崇。

案例点评

“冰冻三尺，非一日之寒。”就像许多著名的口才沟通大师一样，萧楚女也不是天生一副好口才，他的口才是经过刻苦磨炼培养出来的，而他的好口才促进了他的教育工作和革命事业。

口才沟通从容自然，有法可循：

1. 呼吸调节法：怯场、情绪紧张时，用长呼和长吸的呼吸方式能稳定情绪，降低紧张感。

2. 转移注意法：在公开场合演讲前可把注意力转移到某种具体的物品、物体上。如对一只杯子或麦克风等细心地“研究”“揣摩”其颜色、质地、产地等，或扫视周围的墙壁、欣赏会场的建筑特点等，以对某一事物产生的新兴趣而使大脑紧张度得以缓解，使情绪逐渐平息下来。

3. 表情调节法：当情绪低落和过度紧张时，可以弯腰伸背，活动全身关节，达到舒筋活血、放松全身肌肉的目的，或轻揉面部，使面部肌肉有放松感，也可以想想自己高兴的事，使自己笑一笑，以减少紧张的感觉。

4. 心境调节法：在参加比较重大、正式的口才表达活动前，如谈判、求职应聘、演讲等，可以听听音乐、读读小画册、讲点幽默故事；或与别人开个玩笑，甚至嚼点口香糖或吃点话梅；或者闭目仰首，在想象中构造一个静谧、优雅的环境；这些手段都有助于冲淡紧张的情绪。

5. 暗示调节法：也就是平常说的自己给自己壮胆。比如若因领导突然召见而情绪紧张，可以给自己暗示：不是去做什么特别的事，而只是合情合理地去例行公事。演讲时情绪紧张可以想：听众都是自己所熟悉的人，没什么可怕的；或者想：我准备得很充分，今天的演讲一定会成功；还可以联想以往自己参加的应对得当的活动。这些暗示可以增强信心，使自己平静下来。

实训导引

模拟情景，进行沟通训练。具体要求如下：

1. 学生自行组成情景小组，自设情景，如问路、购买东西、投诉处理等；
2. 沟通交流时要求语言表达流畅，条理清晰；
3. 要求学生在训练中注重独特的个人形象和气度。

实训评价表

总分：

<table>
<tr><td>表情自然
（20分）</td><td></td><td>仪态得体
（20分）</td><td></td><td>内容清晰
（20分）</td><td></td><td>自信大方
（25分）</td><td></td><td>合作默契
（15分）</td><td></td></tr>
<tr><td rowspan="3">评语</td><td>自我评价</td><td colspan="3"></td><td>学生签名</td><td colspan="4"></td></tr>
<tr><td>同学评价</td><td colspan="3"></td><td>同学签名</td><td colspan="4"></td></tr>
<tr><td>教师评价</td><td colspan="3"></td><td>教师签名</td><td colspan="4"></td></tr>
</table>

阅读链接

3. 苗一梅. 如何与陌生人打交道. 北京：机械工业出版社，2008.

4. 施德爱. 铁嘴秀口走天下. 武汉：湖北长江出版集团，2007.

5. 袁红兰. 演讲与口才. 北京：航空工业出版社，2015.

任务二　口才沟通的个性和风格训练

每个人的性格、气质、个性不同，会形成不同的口才表达风格。所以表达者不仅要有出众的口才，而且要有敢想敢说的勇气和独立自主的真知灼见，这样才能显出表达风格的丰富多彩，妙趣横生，讲出自己的真情实感，表现出个性的风采和魅力。如有人表达慷慨激昂，犹如战鼓催征；有人鞭辟入里，令人警醒；有人娓娓道来，如绵绵细雨，沁人心脾；有人旁征博引，引人深思；有人朴实无华，真实感人……

性格开朗、外向型的人，对生活充满热情，个性鲜明，勇于表现自己，不怕犯错。这些良好的心理素质使他们面对他人时能够镇定自如，在口才表达和交际活动中更从容大方。相反，过于拘谨的性格和内倾型气质的人，由于他们可能不善交际，常会失去很多接触社会的锻炼机会，口才交际中表现得拘谨而不够自然。

当然，性格和气质决定一个人的交际表达风格，但并不决定高下。因为性格和气质没有好坏之分，关键在于说话者本人是否愿意改变自我，接受更多的交际表达的实践锻炼机会。只要能够树立信心，自觉加强训练，最终一定能使自己展现不一样的风格魅力。

案例阅读1

鲁迅先生的说话风格

鲁迅先生出生于绍兴都昌坊口一个封建士大夫家庭，7 岁启蒙，12 岁就读于三味书屋，勤学好问，博闻强记，课余喜读野史笔记及民间文学书籍，对绘画艺术产生了浓厚兴趣，自此打下坚实的文化基础。他不囿于四书五经，多方寻求课外读物，努力掌握历史文化知识。绍兴的悠久历史和灿烂文化，特别是众多古越先贤的道德文章，给鲁迅的思想以很大的影响。鲁迅少年时代，祖父因科场案下狱，父亲病故，家道从此中落。鲁迅由一个封建士大夫大家庭的长房长孙，变成了一个破落户子弟。家庭所遭受的一系列重大变故，使少年鲁迅饱受人间冷暖、世态炎凉，看到了“世人的真面目”，认识到封建社会的腐朽和没落。1902年，鲁迅以优异的成绩毕业，被官派赴日留学。他先入东京弘文学院学习日语，后入仙台医学专门学校习医。因深受资产阶级民主革命浪潮的影响，他积极投身于反清革命的洪流之中，课余“赴会馆，跑书店，往集会，听讲演”，立下了“我以我血荐轩辕”的誓言。1906年，鲁迅在事实面前，有感于国内同胞的愚弱，认识到改变国民性的重要，便毅然弃医从文，迈出了人生道路上具有决定意义的一步，选择了文学艺术，以笔作为自己救国救民的战斗武器。鲁迅擅长于哲理性思考、幽默加犀利的讽刺，他的说话特别是演讲中这种特色尤其明显。

案例点评

个性是一个人所有特质的总和，包括自然特质和社会特质，是一个人在人生的舞台所扮演角色的行为模式中所反映出来的内心活动。在口才沟通中，每个人都有不尽相同的个性特点。有的人说话机智幽默，耐人寻味；有的人说话平实朴素，直截了当；有的人说话激情满怀，思绪奔涌；有的人说话委婉含蓄，意味悠长。凡能言善辩、口才交际超群者无不在表达中表现出自己鲜明的精神个性。比如毛泽东挥洒自如，气势磅礴；闻一多慷慨激昂，风骨刚毅；邓小平朴实无华，坦率真诚；朱镕基诙谐幽默，笑谈风生。案例中鲁迅先生则是深刻犀利而不失诙谐幽默的风格。如果在沟通中能找到自己的个性风格，并能将之运用自如，将增强个人沟通的魅力。

口才沟通个性风格类型一般包括：（1）见解明确，用语简练，表意丰富，语简意赅，明白晓畅，干脆利落，扼要精致。契诃夫称赞：“简洁是天才的姐妹，是智慧的灵魂。”简洁明快的风格体现着高格调、高境界。(2) 繁丰铺排，词彩艳丽，纵横叙说，细致描述，酣畅淋漓，形象生动。这种风格一般适用于说明强调特殊问题。(3) 用语通俗，深入浅出，语句朴实，语气自然，表述明白，情真意切，实事求是，少渲染，少雕饰，却不单调乏味，浅薄呆板，而是清水出芙蓉，天然去雕饰。(4) 庄重典雅，情趣脱俗，词句稳妥，文明优雅，气氛肃穆，态度持重，格调高雅，有强烈的书卷气息，宜于特殊的场合表达。(5) 激昂雄浑，劲健恢弘，气魄宏大，具有阳刚之美，语句遒劲，气势雄伟，感情奔放，内涵丰富，境界开阔，感染力强，令人胸襟开阔，精神激昂。(6) 委婉含蓄，引而不发，欲说还隐，意在言外，弦外有音，深沉曲折。(7) 幽默风趣，寓庄于谐，妙趣横生，轻松愉快，机智诙谐，形象生动，意味深长。

案例阅读2

口齿伶俐的林志玲

一次有个记者直接问林志玲：“孙红雷以前说过不会和你这样的花瓶演戏，现在却还是和你合作了，你有什么感想?”

林志玲很快就回答说：“我只会相信雷哥亲口对我说的，我没听说过的，我不会相信；再说，如果雷哥真的有说过这样的话，他现在与我合作，不就是最好的证明吗？说明我的努力是有回报的。”

还有一次记者问她，听说她被人在网上“喷”演技为零。

她直接大笑说：“是不是因为我名字有玲字!? 不管怎么样，既然说演技，那说明大家都承认我是演员了呀，也是进步哦!”

资料来源：http://fun.youth.cn/2014/1023/482102.shtml.

案例点评

林志玲声音甜美，性格温柔，曾被誉为“台湾第一美女”。在很多场合，她的话语虽然柔柔软软，但是却犹如太极推手，四两拨千斤，以力御力，充分体现美貌与智慧并重的最高境界。

在开始学习口才沟通技巧时，必须有自我的意识，时刻从自己的实际情况出发，把各种技巧和自己的个性特征结合起来，让自己的个性充实自己的口才交际，让自己的口才体现自己的个性特征，展现自己的魅力，成就自己的成功。

实训导引

结合自己的性格特点、声音特点及身份，当众分析适合自己的口才沟通个性及风格，并请大家给自己提出针对性的训练建议。时间为3～5分钟。

实训评价表

总分：

表达清晰（20分）		内容完整（20分）		仪态大方（10分）		自信流畅（20分）		个性风格（30分）	
评语	自我评价		学生签名						
	同学评价		同学签名						
	教师评价		教师签名						

阅读链接

1. 袁红兰. 演讲与口才. 北京：航空工业出版社，2015.
2. 施德爱. 铁嘴秀口走天下. 武汉：湖北长江出版集团，2007.
3. 谢红霞. 沟通技巧. 北京：中国人民大学出版社，2014.
4. 贾鹏. 无微不至的沟通艺术. 北京：企业管理出版社，2012.

项目三 口才沟通语音、用语“声色”训练

口才沟通主要是以声音作为信息载体的，人们在口才沟通的交际表达时，不仅要语音标准、语意准确、情感适度，还要做到轻重适当、停连合适、快慢得当、语调高低有致、语气交错相宜，从而使交际的双方在获得语音动听的美感的同时，实现口语交流心得、传情达意、增进情感的交际功能。语音标准，要求说话人在掌握科学的发声方法的基础上，调节发音气息，做到口齿清晰、字正腔圆；语音准确和情感适度，要求说话人能够恰当地掌握语调的高低升降变化，合理地安排停顿、语速和重音，运用表达语言的各种感情色彩的特殊技巧，准确无误地与人交际。所谓“锣鼓听声，听话听音”不仅仅是看你说什么，还有怎样说的问题。

任务一　语音标准训练

用普通话表达和交际是现代“大交际”的需要，也是一个人文化素养的体现。口才交际中普通话表达要做到语音标准，吐字清晰。语音标准训练，主要目的是使发声方法科学，普通话语音标准，口齿清晰，字正腔圆。尤其是不同方言区的人在沟通交际的过程中，应尽量使用普通话，以促进有效沟通，增强相互理解。对于方音较重的说话人，应注意避免发音含混以及区域方音带来的沟通障碍和歧义。

案例阅读 1

士兵的救命稻草

某士兵被俘虏了，对方的长官答应满足他三个愿望再枪毙他。士兵说："我要和我的马说几句话。"长官答应后，他便在马耳朵旁悄悄地说了几句话。第二天，马带着一位美女回来了。接着，长官对士兵说："你还有两个愿望，你说吧！"士兵说："我要和我的马再说几句话。"长官又同意了。第二天马又带回来一位美女。最后，长官说："你还有最后一个愿望，说吧！"士兵还是说："我还是要和我的马说几句话。"长官感到很奇怪：这家伙，死到临头了，三个愿望难道都是美女？于是他就悄悄地走到马厩旁，想听个究竟。只见这位士兵揪着马耳朵大叫："我是叫你去带一个女（旅）的人来，不是一个女的人！"弄了半天，原来这位士兵的方言存在 n 和 l 不分，也就是鼻音、边音不分的现象，怪不得他会"旅"和"女"不分。

资料来源：http://www.docin.com/p-322662881.html.

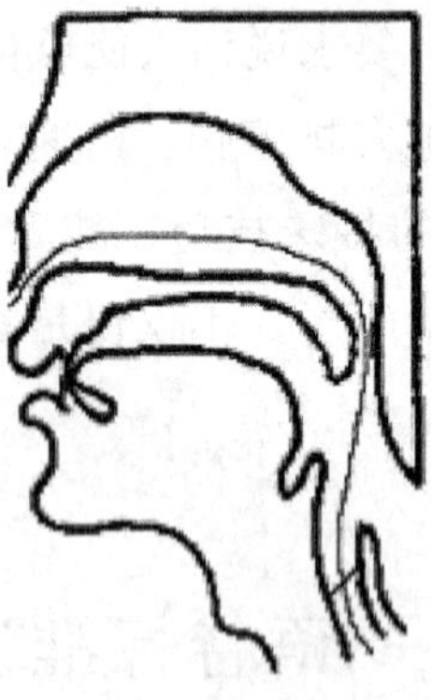

鼻音 n

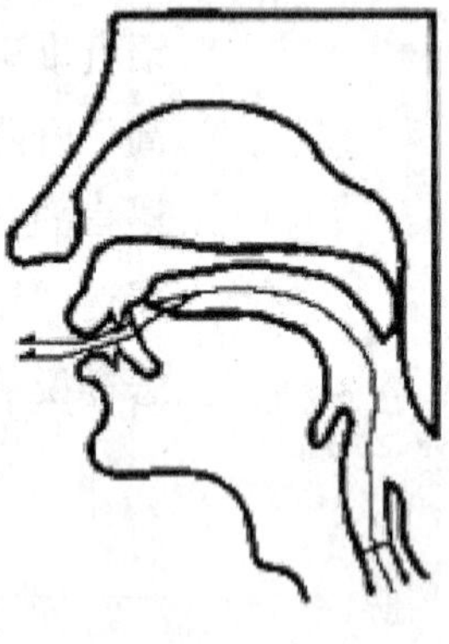

边音 l

案例点评

随着科技的迅猛发展，各地人们因为求学、经商、旅游等交往日益频繁，为了有效避免因为方言差异而带来的沟通障碍甚至无法沟通的现象，普通话的学习尤其是标准普通话语音的学习显得十分必要且十分重要。毫无疑问，在我们日常的学习和生活交际中，普通话已充分发挥了其克服方言隔阂、增进相互沟通交流、促进社会交往的巨大作用。

上面的案例反映了分不清鼻音与边音的现象带来的后果，鼻音、边音不分现象在某些方言区（如湖南、湖北、四川等）较为常见。很多方言区的人除了鼻音、边音分不清以外，普遍还存在后鼻音和前鼻音不分、舌尖后音和舌尖前音不分（如粤方言、闽方言、客家方言）、四声调使用和普通话不对称，有些方言区还存在 j、q、x 与 g、k、h 不分，f 和 h 不分，i 和 ü 不分，等等。训练时可以利用汉字的声旁或韵母类推的方法记住一些代表字，比如哪些字的声母是 zh、ch、sh，哪些字的声母是 z、c、s；还可以借助声韵的配合规律来分辨，例如 ua、uai、uang 三个韵母，在普通话中只跟 zh、ch、sh 拼，不跟 z、c、s 拼。也可以通过字词的对比训练，比如对比辨音练习 an 和 ang（训练方法：读准韵母，再用每个词造句）an—ang：反问—访问；开饭—开放；心烦—心房；铲子—厂子。绕口令训练，比如：柳林镇有个六号楼，刘老六住在六号楼。有一天，来了牛老六，牵了六只猴；来了侯老六，拉了六头牛；来了仇老六，提了六篓油；来了尤老六，背了六匹绸。牛老六、侯老六、仇老六、尤老六住上刘老六的六号楼，半夜里，牛抵猴，猴斗牛，撞倒了仇老六的油，油坏了尤老六的绸。牛老六帮仇老六收起油，侯老六帮尤老六洗掉绸上油，拴好牛，看好猴，一同上楼去喝酒。

案例阅读 2

某生物教师普通话不太标准，有一次上课，他对全班同学说：“同学们，这个细胞是用我们的右眼看不到的……”坐在讲台下的学生心想：“这右眼看不到，难道左眼就能看得到了？这是什么原因呢？”最后，弄了半天才明白，原来这位教师的方言中“右”和“肉”是混淆的，舌尖后音 r 的发音不到位。他想表达的意思是：用肉眼看不到，而不是用右眼看不到。

案例点评

目前，中国北方的方言内部一致性较强，然而南北方言差异巨大，南方方言则更是显现出种类多、差异大的特点。南方方言区的人们在学习普通话的过程中，应注意找准本方言区人学习普通话标准语音的重难点音，并有针对性地加强练习，从而使普通话的学习事半功倍。上面的案例反映了不会发舌尖后音 r 的现象，这在粤语、闽语等方言区较为常见。

案例阅读3

付晓飞和付小费

有两个瑞典留学生想起个中文名字，于是他们的中文老师按照他们的英文名发音和汉语音节、人名的特点，帮他们取了中文名——一个叫“卫凯乐”、一个叫“付晓飞”，还跟他们大致解释了汉语意思，两位瑞典学生感觉还挺自豪的。没想到，第二天，付晓飞来上课时问老师：“为什么我告诉中国朋友我的名字时，他们都笑了？”老师一听，原来这位留学生把“付晓飞”说成了“付小费”。

案例点评

训练标准的普通话，除了分清易混淆的声母和韵母外，声调的学习也不可忽视，尤其是对于一些本国母语没有声调的留学生来说更要注意。中国人学习普通话时，自己的方言声调与普通话有差异时，要把握准确的普通话阴、阳、上、去四声调也不是一件容易的事情。

实训导引

练习以下4首绕口令，分清易混淆的普通话声母。尝试找找自己和自己所在方言区说普通话时，发音中存在声、韵、调的错误有哪些？

1. 黑化肥发灰，灰化肥发黑；黑化肥发灰会挥发；灰化肥挥发会发黑；黑化肥挥发灰会花飞，灰化肥挥发发黑会飞花。

2. 树上结了四十四个涩柿子，树下蹲着四十四头石狮子；树下四十四头石狮子，要吃树上四十四个涩柿子。涩柿子不让石狮子吃涩柿子，石狮子偏要吃涩柿子。

3. 尤大嫂去买肉，冉大妈去买油，尤大嫂买肉不买油，冉大妈买油不买肉。俩人集上碰了头，尤大嫂请冉大妈到家吃炖肉，冉大妈请尤大嫂去她家喝蜂蜜白糖加香油。

4. 七巷一个漆匠，西巷一个锡匠。七巷漆匠偷了西巷锡匠的锡，西巷锡匠拿了七巷漆匠的漆。七巷漆匠气西巷锡匠偷了漆，西巷锡匠讥七巷漆匠拿了锡。请问锡匠和漆匠，谁拿谁的锡？谁拿谁的漆？

实训评价表

总分：

分清 f 和 h （25 分）		分清平翘舌 （25 分）		会发声母 r （25 分）		分清 j、q、x （25 分）	
评语	自我评价		学生签名				
	同学评价		同学签名				
	教师评价		教师签名				

阅读链接

1. 王志刚. 口才艺术与人际沟通. 北京：北京大学出版社，2010.
2. 普通话学习网（http://www.pthxx.com/）。

任务二　用语技巧训练

在日常人际交流中，除了要做到表音清晰，还应做到表意明确，这就需要在使用较标准的普通话进行交流的同时，学会选用准确的语词来表达思想。口语交际不同于书面语，一些语音相同或相近而语意不同的词语，只会给对方带来误解。比如“这次参加考试的学生全部合格”，看书面语往往不会有误解，但转变成口语就容易将“全部”听成“全不”。又如，有人因为把朋友的一句“你做事件件都讲究”听成了“你做事件件都将就”，为此引发了口角。可见，在口语交际的过程中，要做到表意明确，首先就要用准词语，尤其要注意避免使用容易引起误解或存在歧义的一些词语；其次，要想清晰准确地表达个人的思想、生动地传情达意，必要的口语表达技能必不可少。口语表达技能主要有语句的停顿与连贯、语音的轻重、语速的快慢、语调的高低、语气交错的和情感的调度等多个方面。

首先，任何人说话，并把话说到精妙，都不可能一口气连续不停地讲，必然要有语句的停顿与连贯技能的运用。恰当运用停连关系，能够让个人的口才显得参差错落、层次清晰。其次，是语音的轻重，强调在对比之中将需要突出的内容作重或轻的处理，毕竟每个人说出来的每段话，其内容的重要性并不是都一样。再者，是语速的快慢，这既与个人的说话风格、心理状态、说话环境有关，也与说话的内容有很大的关系。说话人如何在与他人交际的过程中做到快慢得体、缓急合适、快而不乱、慢而不滞，这确实需要不断地训练和领悟。

日常交际中，大部分时候都是语调平直的，但这样的平直调容易引起听者的听觉疲劳，在交流的过程中适时地使用高升、曲折、降抑语调，可以大大提升个人说话的感染力与吸引力。还有，同样的一句话，若用不同的语气来表达，可以产生不同的心理感受。我们常常说“有话不会好好说”，这说明在口语沟通中，语气的运用亦非常重要。语气的内容非常丰富多彩，或声硬气足、或声沉气缓、或声急气促……如何结合说话的需要交错使用合适的语气，确实值得说话人深思与揣摩。在口语表达的过程中，语句的停顿与连贯、语音的轻重、语速的快慢、语调的高低、语气交错都要以内在的真情实感为根本，没有内在的真情实感，其他用语技巧的使用就会显得浮华与造作，唯有说话人的真情实感才能换来听众的感同身受。总之，选准用词、提升技巧，恰当抒发个人情感，形成个人所特有的说话的韵律和魅力，最终就可以实现以语言和用语鼓舞人、打动人和说服人的目标。

案例阅读1

会不会修电视机

张大妈家的电视机出毛病了。她想起隔壁的小刘是个电工，就去敲小刘的门。“小刘呀，你会不会修电视机?”

“我不会修电视机。”(重音放在“修”字)

“不会修，敢情是装配过电视机……”

“我不会修电视机。”(重音放在“电视机”三个字)

“我家收录机也坏了，帮我……”

“我不会修电视机。”(重音放在“我”字)

“你们厂的小哥儿多，你帮我找一个……”

小刘急得直抓头，说：“大妈，你怎么总是听不懂我的话呢?”

张大妈问：“我说，你怎么老是把话答岔呢?”

案例点评

张大妈与小刘的对话，为什么小刘“答非所问”？原因就是小刘在语言表达的过程中，不恰当地使用语音的重音。第一次重音在“修”，让张大妈认为他强调不会“修”，但“组装”还是懂的；第二次重音在“电视机”，这让张大妈又认为他强调不会修“电视机”，其实其他机器还行；第三次重音在“我”，又让张大妈认为他同行的朋友能行。还真不是张大妈听不懂，而是小刘表达过程中重音的不当使用，导致了沟通不顺，相互理解有难度。

案例阅读 2

有一次，约翰先生穿着拖鞋走出家门，打算拿邮筒的邮件并给前院的草坪浇浇水，突然一阵大风刮过，门被“砰”的一声关上了。他身上没带钥匙，而这时已是晚上六七点钟。万般无奈，他只好向邻居借电话，请锁匠来开锁。于是，围绕着劳务费——价格问题，约翰先生和锁匠之间进行了对话。约翰说：“你说个价钱吧！”锁匠想了一下，说：“价钱嘛……55 美元。”约翰心想：“糟糕，家里到底有没有这么多现金？搞不好得开车去银行取钱。要不要先跟邻居借一下呢……”正当他还在思索，没想到年轻的锁匠看他不吭声，以为他生气了，马上不好意思地说：“好吧，好吧，50 美元好了。”约翰觉得好惊讶，正不知如何回应。“……哼……现在是晚饭时候了，应该算加班呢……就算你 45 美元好啦。”其实约翰也不知道行情是多少，估计是锁匠心虚自动降价。随后约翰终于开口了：“40 美元！”这时候，锁匠一副如释重负的样子，说道：“好吧，不过你得给我现金。”

资料来源：http://wk.baidu.com/view/ebf369222af90242a995e508.

案例点评

古人云："言而当，知（智）也；默而当，亦知（智）也。"说话的过程中巧妙地使用停顿是说话者高超说话艺术的一种表现。停顿的最直接的表现形式就是沉默做思考状，停顿是一种无声语音，运用得当可以发挥"此时无声胜有声"的作用。案例中的约翰无意中恰当地运用了停顿，也收获到了意想不到的效果。

案例阅读3

朱元璋的赏与罚

明代开国皇帝朱元璋少年时家里很贫苦，常和一些穷孩子放牛砍柴。后来朱元璋做了皇帝，他从前的一些穷朋友还过着很苦的日子，大家听说儿时的伙伴做了皇帝，都想找朱元璋沾点儿光，弄个一官半职。其中有两个与朱元璋小时相处较多的穷朋友结伴而行，来到南京皇宫中见到了朱元璋。第一位穷朋友开口说："还记得我们一起割草的时候吗？有一天，我们在芦苇荡里偷了些蚕豆放到瓦罐里去煮，没等煮熟你就抢豆子吃，把瓦罐都打破了，豆撒了一地，你抓了一把撒在地上的豆就往口里塞，却不小心连草叶子也送进嘴里了，结果一根草棒卡在喉咙里，卡得你直翻白眼，还是我出的主意，弄了一把青菜叶子放在手上一拍，塞到你嘴里叫你硬咽下去，才把草棒子吞了下去，不然，你哪有今天啊！"朱

元璋一听，顿时变了脸，连忙喝叫武士把他推出去斩首。可怜这个穷朋友，官没做成却成了刀下之鬼。朱元璋又问同来的另一位穷朋友：“你有什么说的?”那人连忙答道：“想当年，微臣跟随陛下东征西战，一把刀斩了多少‘草头王’。陛下冲锋在前，抢先打破了‘罐州城’，虽然逃走了‘汤元帅’，但却逮住了‘豆将军’，遇着‘草霸王’挡住了咽喉要道，多亏了‘菜将军’帮忙，不然，哪有今天啊!”朱元璋听了，顿时心花怒放，夸奖道：“这才是寡人的功臣哩!”随即降旨大赏。

案例点评

草根皇帝朱元璋登上帝位之后，身份变化可谓是天壤之别，前为平民、苦僧、乞丐，后则为九五之尊，贵不可言。儿时的发小前往投奔，期待能弄个一官半职。但可怜第一位发小，不知道“到了什么山头唱什么歌”的道理，在皇帝面前说话的内容为揭老底、戳痛处、炫糗事，而且说话带着的语气是对小人得志的藐视，更遑论对天子的尊重与敬畏，最终的后果是龙颜大怒，自己成了刀下鬼。第二位发小，见机行事，懂得今非昔比，儿时的伙伴如今贵为天子，面对朝廷文武百官，他显“主”龙威、扬“主”战功，满足迎合天子当下的需求。同样的一件恩德之事，选择不同的词语、运用不同的语气进行表达，第二位发小得到的则是加官晋爵的不同待遇。两位发小说话的内容、运用的语词、使用的语气很值得口才学习者思考。

实训导引

下面是《雷雨》中鲁侍萍回忆往事、揭露周朴园罪恶的两段话，一段是相认前，一段是相认后，相认前后，鲁侍萍的怨愤之情由克制到逐渐显露，说话的语气和态度也起了变化。试用不同的用语技巧将不同的感情与态度表达出来。

相认之前——

鲁侍萍：“她是个下等人，不很守本分的。听说她跟那时周公馆的少爷有点不清白，生了两个儿子。生了第二个，才过三天，忽然周少爷不要她了。大孩子就放在周公馆，刚生的孩子她抱在怀里，在年三十夜里投河死的。”

相认以后——

鲁侍萍：“哭？哼，我的眼泪早哭干了，我没有委屈，我有的是恨，是悔，是三十年一天一天我自己受的苦。你大概已经忘了你做的事了！三十年前，过年的三十晚上我生下你的第二个儿子才三天，你为了要赶紧娶那位有钱有门第的小姐，你们逼着我冒着大雪出去，要我离开你们周家的门。”

实训评价表

总分：

<table>
<tr><td>感情调度
（20分）</td><td></td><td>轻重控制
（20分）</td><td></td><td>语速控制
（20分）</td><td></td><td>停连把握
（20分）</td><td></td><td>语调把握
（20分）</td><td></td></tr>
<tr><td rowspan="3">评语</td><td colspan="2">自我评价</td><td colspan="3"></td><td colspan="4">学生签名</td></tr>
<tr><td colspan="2">同学评价</td><td colspan="3"></td><td colspan="4">同学签名</td></tr>
<tr><td colspan="2">教师评价</td><td colspan="3"></td><td colspan="4">教师签名</td></tr>
</table>

阅读链接

1. 朗诵网（http://www.lonsoon.com/）。
2. 话剧《雷雨》台词。

任务三　用语文化和文明

关于语言与文化二者的关系，语言既是文化的一个组成部分，又是文化的载体，因此，语言运用中渗透着文化的巨大影响。同时语言与文化相互影响、相互制约。由于任何公共场合的口才沟通都蒙上了浓厚的文化色彩，所以，在一定的时间、空间里，与人的交往实际上就是一种文化的交际。由于文化的差异，己方认为得体合适的话，可能招致对方的捧腹大笑；己方觉得毫无恶意的话，可能引起对方的反感、不悦，甚至是愤怒。比如中国人对狗往往赋予了恶的情感，走狗、狗腿子、狗屎堆、狗皮膏药、狗头军师、落水狗、行同狗彘、画虎不成反类犬，而在西方国家，“lucky dog”（幸运儿），“every dog has his day”（每人皆有得意之日），“love me，love my dog”（爱屋及乌），很多时候西方人对狗都赋予了赞美的情感。不了解这些，就有可能引起误解。曾经一位中国人来到美国人家中，向主人表明自己的名字后，主人笑着回应：“你的名字跟我家的狗名字一样哦。”这位中国客人十分尴尬，觉得受到莫大的污辱，其实美国人对待宠物狗是非常喜爱的，主人的回应丝毫没有污辱客人的意思，只是因为文化差异、用语不同而导致了误会。

“言为心声，语为人镜”，文明用语不仅是对他人的尊重，也是个人修养与素质的体现。“礼到人心暖，无礼讨人嫌”“与人良言，暖于布帛；伤人之言，深于矛戟”“良言一句三冬暖，恶语半句六月寒”，这些都充分地说明了用语文明与礼貌用语的重要性。

事实上，正是由于用语文明化，人们才能愉快地交际，人们的思想才得以沟通，观念才得以碰撞，灵感才得以出现；正是由于有了文明用语，人们的感情才得以表达，情谊才得以培育。要做到用语文明，应注意态度诚恳、措辞谦逊、避开忌讳、把握分寸。

态度诚恳，是文明用语的前提，它有别于虚情假意的客套。措辞谦逊，则要求与他人交际时用好敬语敬辞、谦语谦辞。比如称对方家人“令尊”“令堂”“令郎”“令嫒”“令爱”等，称自家人“家父”“家母”“家严”“家慈”“小婿”等。交际中，要注意忌讳，在一般的交谈或跟关系平常的人交谈，坚持“六不问”原则，即对人的年龄、婚姻、住址、收入、经历和信仰都不要询问，这些都属于个人隐私的问题。言谈中，也不要问及对方的残疾和需要保密的问题。在谈话内容上，一般不要涉及疾病、死亡、灾祸等不愉快的事情，遇到不得不说的情况，以“仙逝”“驾鹤西去”等代替直接说“死”字，以“寿材”“长生板”来代替“棺材”。与人沟通，还要注意亲疏有度、把握分寸，“交浅”不可“言深”。一般来说，善意的、诚恳的、赞许的、礼貌的、谦让的话语应多说；恶意的、虚伪的、贬斥的、无礼的、强迫的话语不应说，因为这样的话语只会造成冲突，破坏关系，伤及感情。当然，有些话虽然出自好意，但措辞用语不当，表达的方式方法不妥，好话也可能导致坏的结果。掌握说话的分寸，才能获得好的效果。

案例阅读1

小狗的不同境遇

我前些日子出差，看到客户的公司门口有一家宠物店，宠物店中有一条小狗，经过一番讨价还价，我把小狗买了下来带回家去。晚上我给二姐打电话，告诉她我买了一条博美，她非常高兴，马上询问狗是什么颜色的，多大了，可不可爱。我们两个人相谈甚欢。晚上，大姐打电话来询问我最近的情况，小狗在我接电话的时候叫起来，大姐在电话里一听到有狗在叫，就问狗是否很脏，咬不咬人，有没有打预防针……我和大姐很快聊完挂了电话。

二姐从小就喜欢各种小动物，所以一听到狗，在她的脑海中出现的肯定是一只可爱的小狗。而大姐的反应却是狗是否会给我带来什么麻烦，在她的脑海中会浮现出一只肮脏凶恶的狗。

资料来源：http://wenku.baidu.com/link?url=NVhaBh_YQwCnQI0uj6DR8Jwkf2MP9OiS_Wn3tJ1bDSqJOhJANnLWZz8GMgI1kHSz3HepLorSXuo5pHSOpGUkR_E8bIK1E6yjV-c_3L5T4-G.

案例点评

同样的一件事物，不同的人对它的认知与理解上所存在的文化心态的区别可能是非常大的。所以用词也大不一样。我们在沟通中，说出一句话来，不能仅仅自己觉得已经表达清楚了就可以了，还要考虑文化心态的接受性。为什么对同样的话语，不同的听众会有不同的反应，正是因为不同听众对其的理解可能是千差万别的，甚至可以理解为相反的意思！不考虑对方的文化心态，会大大影响我们沟通的效率与效果。所以，在进行沟通的时候，需要细心地去体会对方的感受，做到真正用“心”去沟通。

案例阅读2

小郑的“礼”和“理”

某大酒店客房部实习生小郑和往日一样，整理完工作车，便开始了一天的工作。小郑根据情况来到905房间打扫卫生，整理床的时候，听到走廊内有人叫服务员。她便立即放下手中的工作，快步走出房间。906房间门口站着一位先生，手里拎着很多东西。小郑微笑着迎上去问候客人，并询问有什么事需要帮助。站在906房间门口的先生说：“我的一位朋友住在906房间，早上他打电话给我，让我把东西送过来，并在这里等他回来。”“先生，请问你朋友贵姓?”小郑微笑着问客人。“怎么，不信任我!”客人用质疑的语气反问小郑，并把手里提的东西往地毯上一放，从上衣口袋里掏出他的证件，伸到小郑面前，是警官证。小郑明白客人误解了自己的意思，但还是有礼貌地对客人笑着说：“先生，您误会了，首先，我对您肯定是信任的，但是您的朋友住我们的酒店，这个房间目前的所有权归他，如果不经他本人同意，我们是无权为任何人开门的。您想，如果这个房间是您的，而在您不在的情况下，我们服务员……”

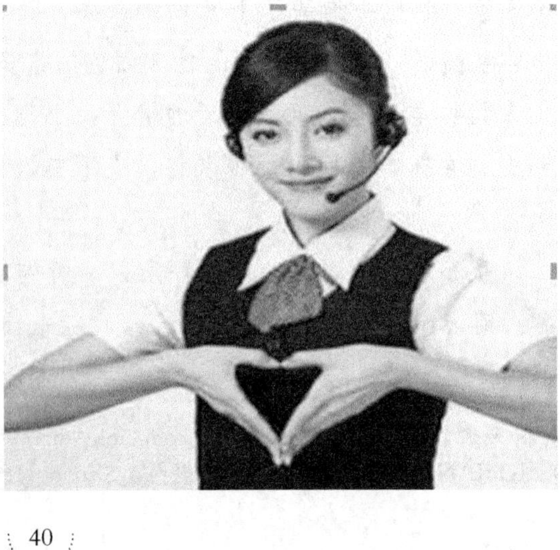

客人听完小郑的一席话后，脸上流露出了温和的笑容。他拿起手机拨通了朋友的电话，讲明情况，又把电话递给了小郑。电话里说：“小姐，谢谢你，我是906房间的客人，叫××，麻烦你把房间门打开，让我的朋友进去，我马上就回来，谢谢！”挂断电话后，小郑对访客说：“先生，对不起，请稍等，我去拿钥匙。”小郑借机打电话到总台，对906房间的情况再次进行了确认，并在最短的时间内来到了客人面前打开房门，帮客人把东西提进房间。放好东西后，小郑礼貌地为客人沏了一杯茶，放到客人面前。来访的先生微笑着对她说：“小姐，你这样对工作认真负责的态度，我的朋友在这里住，还有什么不放心、不满意的，谢谢你！”小郑听到客人的赞赏，心里感到十分高兴，并对客人说：“应该谢的是您，谢谢您对我们工作的支持和理解，耽误了您这么长的时间，实在抱歉，您先休息一下，喝点茶水，如有什么事情，可以拨打电话‘8686’，我们随时为您提供服务。”说完之后，小郑便退出房间，并帮客人带好房门，继续干自己的工作。

资料来源：http://www.docin.com/p-809769560.html。

案例点评

案例展现了用语文明有礼的重要性。在案例中，访客在实习生小郑的耐心解释下，由不高兴到认可，再到最后的赞扬，说明小郑恰如其分地做到了言之有“礼”、言之有“理”。作为楼层服务人员，在某种程度上担负着客人安全保卫的职责，小郑在安全方面有着极高的警惕性，在对客服务过程中很好地做到了这一点。在通过访客电话确认之后，小郑没有立刻拿出钥匙给客人开门，而是以去拿钥匙为理由礼貌地让客人稍等，借机在最短时间内与总台联系，再次对906房间的情况进行确认。试想想此时如果小郑这样回答客人：“我不能确认电话中您朋友的身份与我们登记的信息一致，我得去前台查询核实。”就有可能冒犯来访者，再次引起对方的不悦，小郑的“先生，对不起，请稍等，我去拿钥匙”既做到了尊重对方，又为自己进一步核实信息争取了时间，也给出了令客户满意的答复。“让客人满意”是不少行业服务的宗旨，如何提升个人服务的能力，尤其是服务沟通力，小郑的案例值得借鉴。

案例阅读3

不一样的买报纸

两个人到曼哈顿出差，其中一个看到马路对面有个卖报纸的小摊，就让他的朋友等他一下，他过去买份报纸。接过报纸后，他发现自己没带零钱，只好递过一张10美元的钞票，对卖报纸的小贩说："找钱吧。"谁知小贩一听很不乐意，对他说："先生，我来上班可不是给人找零钱的。"当然，这人就没有买到报纸，只好悻悻地回到了马路对面。这时，他的朋友安慰道："不用急，你在这儿等着，我过去试试。"朋友来到报摊前，递过同样的10美元钞票，对小贩说："先生，对不起，不知您是不是愿意帮我个忙？我是外地来的，想买份报纸，可是身上没有零钱，您看能不能帮我把这10元钱找开。"小贩听了他的话，顺手抓起一份报纸，递给他说："拿去吧，这次不用付钱了，等以后有了零钱，再给我就是了。"

资料来源：http://www.docin.com/p-787590689.html.

案例点评

尊重是人生中的重要一课。尊重他人反映在沟通交际上就是文明用语、礼貌用语。无论是求人办事，还是日常交往，只有懂得尊重他人，懂得用语文明，才能让对方对你怀有好感，才会有利于日常交往的继续。

实训导引

文明用语是一个人良好修养的体现。说说自己因为用语不文明导致的尴尬与受挫的经历，也可以说说自己因为用语文明收获的美好记忆。

1. 个人略打个腹稿或写个提纲，也可以是小组进行一个"微情景"小策划；
2. 面对老师和同学表达自己的经历，也可以展示小组策划的"微情景"；
3. 时间不超过5分钟。

实训评价表

总分：

<table>
<tr><td>口才内容
（60 分）</td><td></td><td>口才情感
（10 分）</td><td></td><td>口才方式
（10 分）</td><td></td><td>口才逻辑
（10 分）</td><td></td><td>口才智慧
（10 分）</td><td></td></tr>
<tr><td rowspan="3">评语</td><td colspan="2">自我评价</td><td colspan="3"></td><td colspan="4">学生签名</td></tr>
<tr><td colspan="2">同学评价</td><td colspan="3"></td><td colspan="4">同学签名</td></tr>
<tr><td colspan="2">教师评价</td><td colspan="3"></td><td colspan="4">教师签名</td></tr>
</table>

阅读链接

1. 武利莉. 实用口才技巧训练. 北京：中国纺织出版社，2015.
2. http://blog.sina.com.cn/s/blog_6d33244c0100qeyp.html.

项目四

口才沟通体态语“姿态”训练

美国著名心理学家艾伯特·赫拉别恩曾提出过一个公式：信息交流的效果＝7％的语言＋38％的语调语速＋55％的表情和动作。可以说，最不会说谎的还是身体。这就是后来在沟通领域鼎鼎有名的“赫拉别恩法则”。

体态语言，亦称“人体示意语言”“身体言语表现”“态势语”“动作语言”等，是交际中一种传情达意的方式。在交际中常见的体态语言主要有：情态语言、身势语言、空间语言。

体态语言是身体语言，是心理语言的外露。一位运动员场上的身影，可展现一个民族的风采；一位商人从事国际贸易，其形体语言中透出母国的实力；一位国家领导人，其体态语言往往流露出那个国家的自信和文明程度。譬如第二次世界大战期间，英国首相丘吉尔在结束演讲时，举起右手，伸出食指和中指，构成“victory”首字母的“V”字形，代表“胜利”，结果引起了全场欢呼。这个手势，沿用至今，人们一直用它来表示鼓舞和增加信心。

其中情态语言是指人脸上各部位动作构成的表情语言，如目光语言、微笑语言等。在人际交往中，目光语言、微笑语言都能传递大量信息。人的面部表情是人的内心世界的“荧光屏”。人的复杂心理活动无不从面部显现出来。嘴的动作是构成面部表情的主要因素，笑是社交中最美好的语言，是人际交往中的润滑剂，具有解决问题的非凡魅力。达·芬奇说“眼睛是心灵的窗户。”心理学家海斯在《暴露真情的眼神》一书中说道，在人类所有的沟通信号中，眼神是最能说明问题、最准确的信号。目光语言的功能体现在复杂的动作上：眼睛生辉，炯炯有神，是人心情愉快、对前途充满信心的反映；急速眨眼，是在掩饰内心恐惧的情感；眼球不停地转动，表示可能在打什么主意；双方对视时，一方突然把视线转移，一般意味着胆怯和退缩。

空间语言，是一种空间范围圈，指的是社交场合中人与人身体之间所保持的距离间隔。空间距离是无声的，但它对人际交往具有潜在的影响和作用，有时甚至决定着人际交往的成败。人们都是用空间语言来表明对他人的态度和与他人的关系的。谈判时双方坐在谈判桌的对面，空间语言透露出剑拔弩张的气氛；心理医生咨询时所坐的座位与患者的座位呈 45 度角，则是用空间语言表明愿意倾听患者的心声。多数人都能接受的四个空间有：亲密空间、个人空间、社交空间、公共空间。

态势语的产生先于有声语言，口语可以包装，态势语较难包装，它往往直接反映一个人的心理活动。在我们学习沟通技巧时，要最大限度地学习如何使用态势语，正确传情达意。

任务一　口才沟通的姿态：体态语

体态语在日常交际和演讲过程中都有着非比寻常的意义。在有声语言产生之前，体态语是人类交流思想感情的唯一途径，并且一直伴随着有声语言的产生和发展。在人们的交流中，有声语言传达的信息只是一小部分，非言语因素传递的信息占了绝大部分。在特殊场合下，有声语言甚至会多余，而态势语却能达到“此时无声胜有声”的效果。

案例阅读 1

尼克松“裁”在镜头前

电视辩论是美国总统大选中一道独特的风景：候选人在镜头前唇枪舌剑，展示政治智慧和个人风采，为自己赢得选票。许多人认为电视辩论是美国总统选举过程中最具观赏性的环节，但对候选人而言，这无异于“面对千万个考官的求职面试”，稍有不慎就会前功尽弃。在过去的半个多世纪里，许多候选人都是因为在这个环节出了差错，最终“倒在白宫门口”。

1960 年 9 月 26 日，在芝加哥哥伦比亚广播公司的一个电视直播间里，总统候选人理查德·尼克松和约翰·肯尼迪站在摄像机和聚光灯前，进行了美国总统竞选历史上第一次电视辩论。

尼克松当时是美国副总统，肯尼迪不过是马萨诸塞州一名资历尚浅的参议员，此前许多人认为这将是一场一边倒的竞赛——经验老到的尼克松肯定会胜出。但电视屏幕改变了一切，当时尼克松刚动过膝盖手术，脸色苍白，身体消瘦，还发着烧，发表政见时将身体倾向一边，用另一只脚支撑身体，同时手靠着讲台；肯尼迪则刚刚参加完加州竞选活动，肤色黝黑，活力四射，辩论时呈现的是开放的、抬头挺胸的姿势以及支持性的手势。第一场辩论之前，两人都拒绝了哥伦比亚广播公司顶级化妆师的服务。经历了多场露天竞选，皮肤呈古铜色的肯尼迪早就为最后一搏做好了准备。而尼克松则面色苍白并脸带胡楂。在辩论前的两周接受沃尔特·克朗凯特采访时，尼克松说："即使我可以在上电视前30秒内刮一遍胡子，出镜时仍然会有胡楂。"在助手们的催促下，尼克松使用了从药店买来的"懒汉剃须"粉试图遮盖胡楂。然而，在录制现场影室灯的照射下，尼克松出了不少汗，脸上的化妆粉开始融化，"懒汉剃须"粉被汗水冲出隐隐约约的沟痕。在着装上，尼克松选择的浅灰色西装对竞选也毫无帮助，这种颜色与台上的背景近乎一致，更凸显了他苍白的肤色。次日，《芝加哥每日新闻》的标题赫然写着："电视化妆师毁了尼克松吗?"尽管在此后的三场辩论中尼克松尽量修复第一场的残局，但为时已晚。

一个半月后，美国人的投票数创下历史纪录。正如有人预测的那样，这是一场势均力敌的较量，肯尼迪以49.7%对49.5%的优势赢得了选举。据民意调查显示，超过一半的选民受到了电视辩论的影响，而6%的人声称是电视辩论使他们作出最后的决定。无论尼克松是否因电视辩论与"第一把交椅"失之交臂，这场辩论的确是1960年竞选的重大转折点。两年后，这场角逐的失败者著书《六次危机》，承认了辩论的重要性以及当年的致命失误："我应谨记，一张图片胜过千言万语。"

案例点评

体态语占口才沟通效果的55%，当总统候选人在电视上开展辩论的时候，辩论的内容固然重要，但是人们觉得从事辩论活动并最终掌舵整个国家的人却更为重要。肯尼迪在镜头中的形象是干净的面庞，黝黑的皮肤，健硕的身材，抬头挺胸，支持性的手势。这样的形象透露出来的信息就是，肯尼迪是一个负责任的、果敢大胆、干净整洁、活力四射的人，与国家形象很符合。反观尼克松，脸色苍白，满脸油汗，身体侧倾。这样的形象透露出来的信息就是，尼克松是一个虚弱疲惫、紧张守旧的人，国民怎么放心让这样的人执掌国家呢？

案例阅读2

赊酒钱的无赖

一天，一个人走进某饭店要了酒菜，吃罢摸摸口袋发现忘了带钱，便对店老板说：“店家，今日忘了带钱，改日送来。”店老板连声说“不碍事，不碍事”，并恭敬地把他送出了门。

这个过程被一个无赖看到了，他也进饭店要了酒菜，吃完后摸了一下口袋，对店老板说：“店家，今日忘了带钱，改日送来。”

谁知店老板脸色一变，揪住他，说若不给钱就剥他的衣服来抵。

无赖不服，说：“为什么刚才那人可以赊账，我却不行？”

店老板说：“人家吃菜，筷子在桌子上摆齐，喝酒一盅盅地筛，斯斯文文，吃罢掏出手绢揩嘴，是个有德行的人，岂能赖我这几个钱。你呢？筷子在胸前乱舞，狼吞虎咽，吃上瘾来，脚踏上条凳，端起酒壶直往嘴里灌，吃罢用袖子揩嘴，分明是个居无定室、食无定餐的无赖之徒，我岂能饶你！”

一席话说得无赖哑口无言，只得留下外衣，狼狈而去。

资料来源：http://wenku.baidu.com/link?url=MVLBqNO6F9W5ebXMBTyeX_sG599MK0qM0OGYOSfMOdmiYpLMZEjz7P1tzgTaVYU21KJpRrahQIJdL9RgaTOZqzEoVsoSs3Ol2WmJfoYejnC.

案例点评

与人交往中，动作姿势是一个人思想感情、文化修养的外在体现。一个品德端正、富有涵养的人，其姿势必然优雅。一个趣味低级、缺乏修养的人，是做不出高雅的姿势来的。在人际交往中，我们必须留意自己的形象，讲究动作与姿势。因为我们的动作姿势是别人了解我们的一面镜子。我们也可以通过别人的动作、姿势来衡量、了解和理解别人。

因此，我们训练自己的身体语言，不仅可以更好地帮助我们表达，更是一个人修养和文明的体现。

案例阅读3

态势语，有魔力

柳永在写到与恋人分别时有“都门帐饮无绪，留恋处，兰舟催发。执手相看泪眼，竟无语凝噎。”因为有态势语的描述，感人至深。苏轼这样写自己羡慕的英雄周瑜：“遥想公瑾当年，小乔初嫁了，羽扇纶巾，谈笑间，樯橹灰飞烟灭。”周瑜的姿态语和有声语言的描绘，活灵活现地展示了雄姿勃发的英雄形象。刘备三顾茅庐更是借助态势语表达了自己求贤若渴的愿望，诸葛亮也由此被感动终生。

案例点评

态势语的作用有：一是传递信息、表达思想。口才沟通中，有些思想、情感和信息单纯依靠有声语言难以尽言，借助态势语就可以得以补充或强调。二是沟通心灵，表达情感。美国的朱利·法思特在《人体语言》一书中指出：“一个懂得人体语言并善于应用人体语言的人，如果能将他所了解的姿势同周围人的感情联系起来，他将永远比对方胜过一筹，处于主动地位。”三是动态视觉，直观形象。交际过程中，虽然有声语言也是动态的，但只作用于听觉。在此基础上再辅之以态势语，就能同时作用于视觉，产生动态的直观形象。有声语言和无声语言的协调统一，所产生的冲击力就远远大于单一的有声语言了。这也正是看电视和听广播的差异。同时，优美的体态语还能获得自我形象的审美价值。自我形象的审美价值越高，与人合作的机会就越多。所以重要的合作和交际往往要亲临现场。案例中文学作品也要借助态势语表达人物形象，传达作者思想和情感。

实训导引

没有态势语的帮助，一个人说话会变得很拘谨，但是过多或不合适的态势语也会让人望而生厌，自然、自信的态势语会帮助我们更加自如地沟通。

1. 学生们两人一组，以“我印象中最深刻的一件事”为话题，进行 2 分钟的交流，一个人说，另一个听。

2. 交流结束后请二人互相说一下对方使用了什么态势语，包括身体动作、表情，问问做出这些动作的同学是有意为之还是无意为之。请倾听者谈谈看到这些态势语的感受。

3. 二人再次进行 2 分钟交流，这次要注意不要使用任何态势语，刚才负责倾听的同学说，负责说的同学听。

4. 交流结束后请同学谈谈不能使用态势语时的感受。

5. 小组内讨论在沟通中应该怎样使用态势语，5 分钟自由交流。

实训评价表

总分：

态势语与内容的协调性（20 分）		态势语与情感、情绪的协调性（20 分）		态势语与对象的协调性（20 分）		态势语与场合的协调性（20 分）		态势语的审美性（20 分）	
评语	自我评价				学生签名				
	同学评价				同学签名				
	教师评价				教师签名				

阅读链接

1. 亚伦·皮斯，芭芭拉·皮斯．身体语言密码．北京：光明日报出版社，2015.

2. 唐·加博尔．5 分钟和陌生人成为朋友．北京：中华工商联合出版社，2011.

任务二　态势语技巧训练

态势语能够反映人们的心理活动，依据这一特点，人们可以对态势语进行训练，从而让自己的身体语言能够帮助自己更好地表情达意。在《5 分钟和陌生人成为朋友》一书中，作者唐·加博尔提出了一个软化他人的身体语言“SOFTEN”法则。

S：Smile，微笑。微笑来自快乐，它带来快乐也创造快乐。在沟通过程中，微微笑一笑，双方都从发自内心的微笑中获得这样的信息：“我是你的朋友”，这样就容易被别人真正地接受。微笑使气氛变得轻松、自然和愉悦，使人在与其交往中自然放松，不知不觉地缩短了心理距离。一个活力四射、随时保持爽朗笑容的人最具有魅力，谁都会想主动亲近他。在沟通过程中，请你时时处处“把笑意写在脸上”。微笑要做到真诚、适度和得体。

O：Open Posture，双臂交叉放在前胸，无论在何种文化中都是一种明显的自我保护暗示，这一姿势提示感到不够确定或者不够安全。这样的防御性姿势也会引发听众的戒备心理，这显然不会让发言者受欢迎。当然，双手交叉在背后会显得比较有信心和气势，不过在东方文化中这种领导讲话式的姿势显得有些不够谦虚谨慎。比较而言，开放性的肢体语言比较放松，容易让人亲近，例如双臂自然下垂或者在适当的时候微屈前臂伸出双手，有谁会拒绝一个接纳的怀抱姿势呢？不过，如果你实在是觉得开放的姿势比较困难，不妨双手交叉在腰以下，但要注意即使天再冷也不要将手搓来搓去，否则同样是不自信的表现。

F：Forward Lean，身体前倾。当与他人交谈时，身体轻微前倾表明你正在听对方讲话，并对其很感兴趣，这对于他人来说通常是一种恭维，他将愿意继续与你交谈。需要注意的是，不要离得太近或前倾得太快，否则会侵犯他人的私人空间。

T：Touch，接触。最容易接受的接触是一个热情的握手，几乎在任何情况下，热情而有力的握手都表示你对见到的人持一种热情而友好的态度。在商务场合，握手在一开始就是彼此位置和权力的最好表达。握手时，如果你的手掌掌心向上，意味着你愿意服从对方，这姿势肯定会讨领导喜欢；而掌心向下的姿势比较适合与下级握手时使用，可迅速树立你的威信；平级的同事之间，手掌垂直的握手方式最有亲切平等的感觉。正确握手的奥秘还在于与对方使用相同的力度。同时，手掌的干燥和温暖也很重要。切记，不要为了凸显女性的温柔而伸出绵软无力的纤纤玉手，在职场这可是缺乏信心和能力的信号。

E：Eye Communication，目光交流。眼睛是心灵的窗口，通过眼神的交流所表达的非语言信息可能是最强烈的。眼神交流应该是自发的，而不是被迫的，或者过于主动的。目光的交流会影响他人对你的信任评价。做眼神交流时，中间最好有一个简短的间隔，目光接触要适度，切记不要一直盯着他人，这样反而会让人感到不适。

N：Nod，点头。点头表示你正在听，并能理解对方所谈的内容。然而点头不一定意味着赞同。

人们有意识地对自己的态势语进行训练，就可以让自己的无声语言与有声语言“言行一致”，让听者更易接受和理解。

案例阅读1

美国研究者对交叉双臂这一动作进行了研究，得出了一些很有价值的结果。研究证明，交叉双臂这一动作对我们倾听的效果有非常明显的危害。

研究者将参与研究的志愿者分为两组，让他们去听同一个讲座，并对两组人的倾听姿势做了规定：第一组人被要求保持双腿和双臂的自然状态，不交叉双臂，也不跷二郎腿，以最轻松、自然的状态听讲座，而第二组人和第一组人在同一地点同一时间听同一场讲座，但是这些人在听讲座的时候要将双臂交叉紧紧抱在胸前，并且跷起二郎腿。

在实验过程中，研究者发现，第二组人对讲座的内容比较挑剔，常常会反驳讲话人的观点，而第一组人的反对意见相对较少。讲座结束后，研究者对两组人的收听效果进行了考察，结果发现，第一组实验者比第二组实验者掌握的讲座内容要多38%，可见保持放松的倾听姿态会有更好的倾听效果。因此，在倾听他人说话的过程中，如果我们想听得更全面，就应当保持自然、开放的姿势。

双臂交叉所传递的信息包括很多，如封闭内心、心情不好、不想与人交流，或是掩饰不满、焦虑等情绪的消极心态。一般来说，交叉着双臂，说明这个人感觉到很不自在，希望能够保护自己，这也有可能意味着这个人正在疏离你。因为当人感觉到不安全的时候，他往往会占据比较少的肢体空间。譬如在约会时，若女孩摆出了双臂交叉的姿势，你就应该马上意识到：她对你的观点不是很认同。做出这样的姿势后，对方即使口头上表示赞同你的观点，她的肢体语言也已经很明确地告诉你，她并不赞成你的话。

案例点评

交叉双臂会给沟通带来如此不悦的体验和感受，因此我们需要学习在交流时打开自己的双臂，并尽量通过沟通让对方打开双臂。要想扭转对方的态度，最根本的方法是找出对方摆出这种姿势的原因，对症下药，尽快使对方改变姿势，转变态度。这里有几个既简单又有效的方法可以帮你轻松打开对方交叉的双臂：一是找一件物品让对方握着，例如一份报纸、一支笔、一张宣传彩页，这样对方就不得不松开他交叉的双臂。二是找一件事情让他做，例如给他一份问卷让他填写，让他没有机会交叉双臂。三是给对方准备有扶手的椅子，这样他就可以把手臂放在椅子的扶手上。四是在交谈过程中，你可以随时让对方看一些需要让他变换坐姿才能看到的资料，例如放在桌子上的一个小物品，或者一些图像、影音资料，这一方面可以引导他变换坐姿，另一方面也可以引起对方的兴趣。五是如果跟你交谈的不是长辈或领导，当他做出交叉双臂的姿势时，你可以通过善意的提醒来打开他交叉的双臂。

案例阅读2

用身体在演讲的帕特里克·亨利

1775年3月23日，美国独立战争时期的自由主义者、著名律师和演讲大师帕特里克·亨利，在弗吉尼亚州议会上以传神的体态表达了要为自由奋战到底、“不自由，毋宁死”的决心。

当天会议上，会议主席中途宣布了刚刚收到的消息，指出英王乔治三世在英国议会的开幕式上发表了一通杀气腾腾的讲话，说北美殖民地发生了“具有刑事性质的暴乱”，并且撂下狠话，要用血与火来回答北美大陆会议的“致英王书”。听到这个消息，会议现场瞬间变得严肃起来，嘈杂声不断。这时亨利再也按捺不住，拍案而起。他三步并作两步走向前，跳上会议大厅中央的一张桌子，抡起一根木棒，用力地敲击着桌子边缘，示意大家安静下来。亨利环顾了一下整个会场，两眼炯炯有神，有一股夺人的英气和锐气，他的面部表情显然是庄重的、稳重的，甚至可说是带有几分森然的、冷峻的。他清了一下嗓子，就凛然开口了，好似有源源不断的喷浆从喉咙里奔涌而出：

“主席先生，没有人比我更钦佩刚刚在会议上发言的先生们的爱国精神与见识才能了。但是，对同一事物的看法往往因人而异，因此，尽管我的观点与他们截然不同，我还是要毫无顾忌、毫无保留地讲出自己的观点，并希望不要因此而被认为是对先生们的不敬。此时不是讲客气话的时候，摆在各位代表面前的是国家存亡的大问题，我认为，这是关系到享受自由还是蒙受奴役的大问题。鉴于它事关重大，我们的辩论应该允许各抒己见。只有这样，我们才有可能搞清事物的真相，才有可能不辱于上帝和祖国所赋予我们的伟大使命。在这种时刻，如果怕冒犯各位的尊严而缄口不语，我将认为自己是对祖国的背叛，是对比世界上任何国君都更为神圣的上帝的不忠。”

在座的代表们目不转睛地望着亨利。亨利的这番开场白，首先肯定了在他之前发言的代表们的良善用心，然后婉转地道出自己与一些代表观点相异，接下来他想要驳斥的，是保守派观点、立场的种种谬误，只听到他继续说道：

“我只有一盏指路明灯，那就是经验之灯。除了过去的经验，我没有什么别的方法可以判断未来。而依据过去的经验，我倒希望知道，十年来英国政府的所作所为，有哪一点足以使各位先生有理由满怀希望，并欣然用来安慰自己和议会？难道就是最近接受我们请愿时所流露出的那种狡诈的微笑吗？不要相信这种微笑，先生们，事实已经证明它是你们脚边的陷阱。不要被人家的亲吻出卖了！请诸位自问，接受我们请愿时的和气亲善与遍布我们海陆疆域的大规模备战如何能够相称？难道出于对我们的爱护与和解，有必要动用战舰和军队吗？难道我们流露过绝不和解的愿望，以至于为了赢回我们的爱，而必须诉诸武力吗？我们不要再欺骗自己了，先生们，这些都是战争和征服的工具，是不列颠国君采取的最后争执手段。”

此刻，他稍稍挑了挑双眉，眼睛里流露出深深的忧虑，进而发出一连串的质问：“主席先生，我要向主张和解的先生请教，这些战争部署究竟意味着什么？如果说其目的不是为了迫使我们屈服的话，那么哪位先生能指出其有其他动机？在我们这块土地上，还有哪些对手值得大不列颠征集如此规模的海陆军队吗？不，先生们，没有其他对手了，一切都是针对我们而来，而不是针对别人。英国政府如此长久地锻造出的锁链要来桎梏我们了。我们应该如何进行抵抗呢？还要靠辩论吗？先生们，我们已经辩论整整十年了，可辩论出什么新的抵御措施了吗？没有。”

他抬高了下颏，同时情不自禁地提高了嗓门，继续发问道：“我们已经从各方面考虑过了，但一切都是枉然。难道我们还要苦苦哀告，卑词乞求吗？难道我们还有什么更好的策略没有使用过吗？先生，我请求你们，千万不要再自欺欺人了。为了阻止这场即将来临的风暴，一切该做的我们都已经做了。我们请愿过，我们抗议过，我们哀求过，我们也曾拜倒在英王的御座前，恳求他出面制止国会和内阁的残暴行径。可是，我们的请愿受到蔑视，我们的抗议反而招致更多的镇压和侮辱，我们的哀求被置之不理，我们被人家轻蔑地从御座边一脚踢开了。事到如今，我们怎么还能沉迷于虚无缥缈的和平希望之中呢？”

这时亨利稍停顿了一下，咽了一口唾液，会场上有人发出低低的轻叹声。众人从亨利的眼中看到一团燃烧的烈火，听到他发出有如狮吼般的几句号召：“没有任何希望的余地了。假如我们仍然渴望得到自由，并维护我们多年以来靠奋斗得来的那些珍贵权利不遭侵犯，假如我们不愿放弃我们长期矢志奋斗的伟大斗争也不愿半途而废，那么，我们就必须战斗！我再重复一遍，先生们，我们必须战斗！我们要诉诸武力，诉诸那万军之主，这才是我们唯一的出路！”

说到这，他下意识地点了点头，眼中开始闪着泪花，然后他用诚挚的、恳求的、充满信心的口吻对着一众代表说道："先生们，只要我们能妥善利用自然之神赐予我们的有利条件，我们就不弱小。一旦我们三百万人民在自己的国土上，为神圣的自由事业而武装起来，那么任何敌人都是无法战胜我们的。此外，先生们，我们并非孤军作战，主宰各民族命运的正义之神，会号召朋友们为我们而战。先生们，战争的胜负不仅仅取决于力量的强弱，胜利永远属于那些机警的、主动的、勇敢的人们。况且，我们已经没有选择余地了。即使我们那样没有骨气，想退出这场战争，也为时晚矣！我们已毫无退路，除非甘愿受屈辱和奴役！囚禁我们的锁链已经铸就，波士顿草原上已经响起镣铐的叮当响声。战争已不可避免——那么就让它来吧！我再重复一遍，就让它来吧！"

突然间他的发言戛然而止，他已经讲完了他想要讲的大部分心里话，然而他还有顶重要的一句话还没说出口，那就是他对自由的热爱。此时此刻，他为自己内心深处的这些想法揪得心一阵紧，脸激动得一阵通红，手臂随之忽上忽下地挥动着，一句句铿锵有力有如电闪雷鸣般的话语就那样从喉咙里势不可遏地喷吐而出："企图使事态得到缓和是徒劳的。各位先生可以高喊：和平！和平！但根本不存在和平，战斗实际上已经打响。从北方刮来的风暴将把武器的铿锵回响传到我们的耳中。我们的弟兄已经奔赴战场！我们为什么还要站在这里袖手旁观呢？先生们想要做什么？想要达到什么目的？难道宝贵的生命，美好的和平，最终要以镣铐和奴役作为代价来获取吗？"

当他说出这番话时，语调低沉而痛苦，声音微弱而嘶哑，他佝偻着身躯，双手捧着胸口，缓慢地走向讲台前沿，似乎被沉重的镣铐压得直不起腰来。他的动作和声音感染了听众，他们似乎也被奴役和屈辱压迫得透不过气来，整个会场鸦雀无声。忽然，帕特里克抬起头，挺起胸膛，站直身子，双手高举向上，仿佛拽下了镣铐，他高喊：

"全能的上帝啊，阻止这一切吧！在这场斗争中，我不知道别人会如何行事，但是对我来说，不自由，毋宁死！"

这一番气贯长虹的演说完毕，整个会场掌声欢呼声响彻屋檐，众人群情激昂，"拿起武器！拿起武器！"的呼喊声在会议大厅里回响着。

资料来源：http://blog.sina.com.cn/s/blog_6ac904c40102v30s.html.

案例点评

为了鼓励和号召大家起来抗争，帕特里克·亨利可以说是将身体语言与演讲内容融合得天衣无缝。他的身体语言毫不夸张，所有的动作和表情都是随着演讲情绪的需要而产生，并为演讲效果做出了显著的积极贡献。在演讲或者沟通中，切忌动作幅度与话语本身不符，情感平淡却用了高手位的动作，或者情绪激烈却毫无动作等。肢体动作不能过多，也不能用力过猛，幅度与多少要视说话时的情绪和内容而定。在日常训练时，可从各方面进行训练，如站姿、欠身、表情、手势等。在表情训练中可以着重训练自己的眼神、微笑，多做面部体操，让面部肌肉运用自如。相应的训练如挑动眉毛、蹙眉、舒展眉毛、转动眼珠、手指牵引视线训练、左右眼交替闭眼训练、在舒缓或欢快音乐中做微笑练习等。

今日英才集团总裁、亚洲演讲教练黄一鸣先生认为，有 15 个方面的肢体语言要注意：不要双手环抱在胸前或者跷二郎腿；保持眼神交流，但是不要盯着别人；人与人之间保持一定距离；双脚不要紧闭，显得有自信；放松你的肩膀；当听别人发表意见的时候，轻微点头表达对讲话者的尊敬；不要作风懒散、弯腰驼背；如果对别人的讲话很感兴趣，上身可以轻轻前倾以表示自己的兴趣；微笑，或讲一些笑话让对话环境更轻松；不要不断地触摸自己的脸，这只会让你觉得紧张；保持目光平视，不要把目光集中在地上，给别人一种不被信任的感觉；放慢说话的速度可以让你冷静，减少压力；不要坐立不安，与其让你的手左右摆动或者触摸自己的脸，不如让你的手加入对话中；不要把手维持在胸前，尽量放在腿的两侧，否则会让听者觉得你显得拘束；最后，一定要保持好的态度。

案例阅读3

曾国藩三千步识人

晚清名臣曾国藩颇有用人之明，曾提拔了左宗棠、李鸿章等名臣。

某次，李鸿章带了三个人请曾国藩任命差遣，当时曾国藩刚吃饱饭正在散步。他有饭后缓行三千步的习惯，所以那三人就在一旁恭候。

散步之后，李鸿章请他接见那三人，曾国藩却说不必了。李鸿章很惊讶，曾国藩说道：“在散步时，那三个人我都看过了，第一个低头不敢仰视，是一个忠厚的人，可以给他保守的工作；第二个喜欢作假，在人面前很恭敬，等我一转身，便左顾右盼，将来必定阳奉阴违，不能任用；第三个人双目注视，始终挺立不动，他的功名将不在你我之下，可委以重任。”

后来三人的发展，果然不出曾氏所料，而第三人就是开发台湾有功的刘铭传。

缓行三千步，不过一小时的光景。就这一小时的光景，显示了三个人的人生。有人也许要说，这曾国藩也太绝对了吧。其实，一个人的品性是可以在很短的时间内从他细微的形态动作中看出来的。曾国藩的高明就在于，他在缓步的过程中不动声色地仔细观察了三个人。这是一场未曾事先通知的考试。因此，三个人的表现也都发乎本性。

资料来源：http://blog.sina.com.cn/s/blog_45db0be201018xs5.html.

案例点评

曾国藩知人善用，一生发掘并栽培贤将无数。他平时留心观察人，并提出著名的“五到”，即“必取遇事体察，身到、心到、手到、口到、眼到者”。其中“眼到”特别强调“着意看人”，“手到”提出“于人之优劣，事之轻重，随手笔记，以备遗忘”。可见曾国藩平时与人接触时不唯听其言，更注意“相人”之表达态势。他在日记中写道：因忆昔年求观人之法，作一口诀。这个口诀就是识人口诀，也可以说是曾国藩对相人术的总结。

邪正看眼鼻，真假看嘴唇。

功名看气概，富贵看精神。

主意看指爪，风波看脚筋。

若要看条理，全在语言中。

我们与人交流时要平视对方，多用开放式动作，大方自然，站要站稳，手势要舒展。我们的站立行蹲、举手投足、服饰妆容都能告诉别人你是一个怎样的人。体态语言不仅要灵活运用在口才沟通和演讲中，更应该是一个人终生内心修为的外化。

实训导引

身体语言可以让人读懂我们的心，我们可以通过训练自己的肢体语言，让肢体动作表达出对他人的尊重和理解。在日常生活中，需要勤观察，多思考，想想什么样的动作受人欢迎，什么样的行为让人生厌。

1. 学生 4～8 人为一组，以“尊重”为情景，进行人体雕塑展示，即学生们通过定格的动作展示一个故事情节，就像街头的人体雕塑一样。

2. 小组课外排练。

3. 小组上台表演，全组准备好后，组长倒数五个数，教师拍照。当听到数字 1 时，本组下场，下一组上场。

4. 老师将每组照片上传到电脑上，同时各小组讨论选出一名同学讲解本组人体雕塑。

5. 各组代表讲解本组人体雕塑。

实训评价表

总分：

服饰语（20 分）		身姿语（20 分）		表情语（20 分）		动作语（20 分）		空间距离（20 分）	
评语	小组自我评价					学生签名			
	他组代表评价					同学签名			
	教师评价					教师签名			

阅读链接

1. 奥巴马演讲视频. http://v. baidu. com/v? ct=301989888&s=25&ie=utf-8&word=%E5%A5%A5%E5%B7%B4%E9%A9%AC%E5%B0%B1%E8%81%8C%E6%BC%94%E8%AE%B2.

2. 米歇尔 2016 年助选演讲视频. http://v. youku. com/v_show/id_XMTY2MDQ1MTM1Ng==. html.

项目五 口才沟通的控场训练

我们常说做人和说话要有气场，良好的口才沟通就需要运用灵活的控场技巧，形成强有力的说话气场，这样才可以充分展示自己，发挥自己的优势和潜力，更好地实现与对方沟通，并真正感染对方、说服对方、打动对方、鼓舞和鼓动对方，获得良好的表达效果和交际成效。在口才沟通中，表达者是主体，对方是受众，交际和表达是在具体的情景下进行，这就形成了控场的主体、受众和场景三要素。控场技巧指的是口才沟通主体对自我状态、表达的内容、语境气氛、场面等进行有效控制的技能和方法。

任务一　口才沟通主体自控

口才沟通中总有双方或者多方，表达意见和感情的一方为主体，接受的一方或多方为受众。当然，从形式上看，主体和受众是相对的，但从目的上说，有时虽然需要认真专注地听对方说，可更主要的是自己把要传达的思想情感等信息准确巧妙地表达出来，以达到口才沟通的目的。主体的口才要在交际中能时时处处充分发挥自己的优势和潜能，善用对方“关注点”调控，使表达的内容、动机、目的及形式与对方的认知、需求、审美相吻合，同时在情绪上可以有悲喜哀乐的自然变化，但不可失控，以免与表达的内容不相称。

案例阅读1

孔明说服孙权

《三国演义》中孔明为了实现联吴抗曹，以“羽扇纶巾”、潇洒飘逸的装束舌战群儒。但最关键的是要说服关键人物——东吴霸主孙权和军事统帅周瑜，他见孙权相貌凛凛，便确定了只可激将不可劝说的沟通策略。

对孙权曰：“向者宇内大乱，故将军起江东，刘豫州收众汉南，与曹操并争天下。今操芟除大难，略已平矣；近又新破荆州，威震海内；纵有英雄，无用武之地：故豫州遁逃至此。愿将军量力而处之：若能以吴、越之众，与中国抗衡，不如早与之绝；若其不能，何不从众谋士之论，按兵束甲，北面而事之？”权未及答。孔明又曰：“将军外托服从之名，内怀疑贰之见，事急而不断，祸至无日矣！”权曰：“诚如君言，刘豫州何不降操？”孔明曰：“昔田横，齐之壮士耳，犹守义不辱。况刘豫州王室之胄，英才盖世，众士仰慕。事之不济，此乃天也。又安能屈处人下乎！”孙权听了孔明此言，不觉勃然变色，拂衣而起，退入后堂。众皆哂笑而散，鲁肃责孔明曰：“先生何故出此言？幸是吾主宽宏大度，不即面责。先生之言，藐视吾主甚矣。”孔明仰面笑曰：“何如此不能容物耶！我自有破曹之计，彼不问我，我故不言。”肃曰：“果有良策，肃当请主公求教。”孔明曰：“吾视曹操百万之众，如群蚁耳！但我一举手，则皆为齑粉矣！”肃闻言，便入后堂见孙权。权怒气未息，顾谓肃曰：“孔明欺吾太甚！”肃曰：“臣亦以此责孔明，孔明反笑主公不能容物。破曹之策，孔明不肯轻言，主公何不求之？”权回嗔作喜。

案例点评

孔明为了激将，让孙权下决心抗曹，充分控制自己沟通的内容、方式、神态、姿态等。先是夸张曹操的强势，再指出孙权犹豫的危险，特别暗示与孙权齐肩的刘备绝不投降的决心。面对孙权的愤怒，众人的哂笑，孔明一如既往地淡定，终于赢得孙权回嗔作喜。

我们在职场中与人沟通，往往不是为了一吐为快，而是为了解决问题，需要感动、感染对方，或打动、说服对方。主体控场，就是“看人下菜”，说合情合理的话，说实时实地的话，说简洁漂亮的话。

人们喜欢与英姿勃发、气质非凡潇洒、感情真挚的人沟通，他们富有思想智慧，给人向上的力量，哪怕被批驳，有时也能欣然接受。如果是随随便便的形神举止，或喜怒哀乐毫无自控的状态，会使人油然感到不舒服，以至于敬而远之。

口才沟通时，尽量不要平铺直叙，同时，可变换形体和手势以使对方保持兴奋，敏锐地注意自己留给别人的印象，避免言语失当和失控，当然也不能由此而显得拘谨。留意他人对自己所说的话和说话方式有什么反应，及时加以调整。

案例阅读2

研发部的梁经理

研发部梁经理初到公司不出一年，工作表现颇受上级主管李副总赞赏，不管是专业能力还是管理绩效，都获得大家肯定。在他的缜密规划之下，研发部一些延宕已久的项目都在积极推行当中。

李副总发现，梁经理到研发部以来，几乎每天加班。他经常第2天来看到梁经理电子邮件的发送时间是前一天晚上10点多，接着甚至又看到当天早上7点多发送的另一封邮件。这个部门总是梁经理最晚下班，上班时第一个到。但是，即使在工作量吃紧的时候，其他同仁似乎都准时走，很少跟着他留下来。

李副总对梁经理怎么和其他同事、部属做沟通工作觉得好奇，开始观察他的沟通方式。原来，梁经理是以电子邮件向部属交代工作的。他的属下除非必要，也都是以电子邮件回复工作进度及提出问题，很少找他当面报告或讨论。对其他同事也是如此，电子邮件似乎被梁经理当作和同事们合作的最佳沟通工具。

李副总还发觉，梁经理的部属对部门逐渐没有了向心力，除了不配合加班，还只执行交办的工作，不太主动提出企划或问题。而其他相关部门的经理也不再像梁经理刚到研发部时那样主动到他房间聊聊，现在大家见了面只是客气地点个头。公司中层开会时的讨论，若涉及梁经理，也都是公事公办的味道居多。

李副总有一次还发现：梁经理和陈经理的办公房间相邻，但他俩竟然是在用电话谈工作。李副总询问陈经理，陈经理笑答，这个电话是梁经理打来的，梁经理似乎比较希望用电话讨论工作，而不是当面沟通。

了解这些情形后，李副总找了梁经理聊聊，梁经理意识到了沟通是人际关系的表现，需要多种多样的场景和情景。

资料来源：http://wenku.baidu.com/link?url=D67Xb2XV68PD3PXlQZBfAiRDg6MTnL9wJbgS9-LykFt64FXm9OqowS742zGCxOasIdVH4wvoU9FmDZzLuNOCr6AHiLtsXIpHkCG4JHurqzm.

案例点评

很多管理者在工作中忽视了沟通的人际关系特性，沟通要针对不同的人、不同的事，选择不同的场景和情景，有的工作需要和同事面谈，这样更具有亲和力；有的工作需要开会讨论，更显得民主公正；有的工作需要在私下先吃饭喝茶做好铺垫，再在办公室公事公办；有的为了追求效率，通过电子邮箱或者qq、微信群发布，不一而足。人际沟通中主体对沟通场景和情景以及方式的选择，也是主体能否控场即“hold”住沟通对象的一个技巧。

案例阅读3

扁鹊见蔡桓公

我国古代春秋战国时期，有一位著名的医生叫扁鹊。有一次，扁鹊谒见蔡桓公，站了一会儿，看看蔡桓公的脸色，然后说：“国君，你的皮肤有病，不治怕是会加重的。”蔡桓公笑着说：“我没有任何病。”扁鹊告辞后，蔡桓公对他的臣下说：“医生就喜欢给没病的人治病，以便显示自己有本事。”

过了十几天，扁鹊又前来拜见蔡桓公，他仔细看看蔡桓公的脸色说：“国君，你的病已到了皮肉之间，不治会加重的。”桓公见他尽说些不着边际的话，气得没有理他。扁鹊走后，桓公还没有消气。

又过了十多天后，扁鹊又来朝见桓公，神色凝重地说：“国君，你的病已入肠胃，再不治就危险了。”桓公气得叫人把他轰走了。

再过十几天，蔡桓公出宫巡视，扁鹊远远地望见桓公，转身就走。桓公很奇怪，派人去追问。扁鹊叹息说："皮肤上的病，用药物熬膏贴上就可以治好；皮肉之间的病，用针灸可以治好；在肠胃之间，服用汤药就可以治好；但是病入骨髓，那么生命已掌握在司命之神的手里了，医生是无能为力了。如今国君的病已深入骨髓，所以我不敢去拜谒了。"蔡桓公听后仍不相信。

五天之后，桓公遍身疼痛，连忙派人去请扁鹊，这时扁鹊已经逃往秦国躲起来了。不久，蔡桓公便病死了。

资料来源：http://www.gushiwen.org/GuShiWen_9ef9a63602.aspx.

案例点评

这个故事叫"讳疾忌医"，其实，从口才沟通角度说，扁鹊沟通的主体控场是不当的，对一国之君的错失，无论他自己认识到还是暂时没有认识到，属下或者其他人提出建议，都要注意言词委婉，充分考虑何时提出、何地提出、提出什么、什么方式提出等主体控场的问题。

如《三国演义》中曹操曾号令部队不得损坏百姓庄稼：官军经过麦田，皆下马以手扶麦，递相传送而过，并不敢践踏。操乘马正行，忽田中惊起一鸠。那马眼生，窜入麦中，践坏了一大块麦田。操随呼行军主簿，拟议自己践麦之罪。主簿曰："丞相岂可议罪?"操曰："吾自制法，吾自犯之，何以服众?"即掣所佩之剑欲自刎。众急救住。郭嘉曰："古者《春秋》之义：法不加于尊。丞相总统大军，岂可自戕?"操沉吟良久，乃曰："既《春秋》有法不加于尊之义，吾姑免死。"乃以剑割自己之发，掷于地曰："割发权代首。"看看曹操手下主簿和郭嘉，面对曹操"严法"的背景和众人"遵纪守法"的情景，都适时适情地表达了曹操有"罪"和犯法的事实，但重点表达的是让曹操有台阶下，他们强调的是罪不当罚和罪不当诛。

扁鹊见到桓公，在众人公共场所这个场景下，不是先旁敲侧击的询问，而是近似诅咒地说桓公有病，不治就会严重。扁鹊看病，医术高超，但缺乏人文情怀。在周围人众多的情境下，如果扁鹊能善用安慰语，多用鼓励话，再寻机私下告诉桓公表皮的病，用热水焐、用药物热敷就能够治愈，蔡桓公应该就不至于病入膏肓。还有，扁鹊没有站在桓公的角度考虑，去充分地理解桓公当时的感受和避讳。显然，这个故事显示了扁鹊这个沟通主体的控场失效。

由此可见，口才交际顺利通畅的进行，要选择适宜的场景，即选择好时间、空间、场地、人数等。再比如，到大厅吃饭交谈和到包厢吃饭交谈，交际表达的效果就不一样；是上午或是下午还是晚上，进行一个座谈感觉也是不同；是在当地还是出去聚会，结果也有差异。“人约黄昏后，月上柳梢头”才会真情倾吐；刘备两次未见到孔明后单选大雪纷飞时节去请孔明出山是为表心诚。但如果总是深夜想找人谈谈，恐怕控场性会大大减弱，节假日召集大家问询一些工作上的问题，大家可能也难以畅所欲言。所以，要想有很好的口才交际表达效果，场景的选择是控场不可忽视的环节。

另外，在口才交际中有时会出现受众反应冷淡、没有兴趣、心不在焉等冷场现象，这时可以采用转换话题，说说对方感兴趣的内容，比如扁鹊可以和蔡桓公先谈谈养生和长寿的话题，或者以幽默的话语、神态、动作、语调调整对方情绪。

在口才沟通中受众就是在交际中处于受控的非主导地位的人，受众也要意识到，沟通一般是双向的，受众有时也可作为控场主体，受众控场的结果是相互融合，化被动为主动。

实训导引

选择一个热点话题，进行20分钟“无领导小组”讨论。

1. 讨论后，各小组成员针对每个发言主体的主动性、自控性、热情度、舒适度、协调度等互相打分和点评，取长补短，时间在10分钟左右；

2. 整体时间控制在30分钟内。

实训评价表

总分：

<table>
<tr><td>主动性（20分）</td><td></td><td>自控性（20分）</td><td></td><td>热情度（20分）</td><td></td><td>舒适度（20分）</td><td></td><td>协调度（20分）</td><td></td></tr>
<tr><td rowspan="3">评语</td><td colspan="2">自我评价</td><td colspan="3"></td><td colspan="4">学生签名</td></tr>
<tr><td colspan="2">同学评价</td><td colspan="3"></td><td colspan="4">同学签名</td></tr>
<tr><td colspan="2">教师评价</td><td colspan="3"></td><td colspan="4">教师签名</td></tr>
</table>

阅读链接

1. http://baike.so.com/doc/1628404-1721496.html.
2. http://b.faloo.com/f/18679.html.

任务二　口才沟通内容和方式控场

口才沟通内容和方式的控场技巧，是指沟通中说什么和怎么说，让对方听起来既有“料”（材料）、有效（效果）又有“范”（范式）和有“标”（标准）。

案例阅读1

选美小姐的意外回答

现在的选美大赛，越来越趋向摒弃单纯的看颜值，还要考查气质和学识。在某次选美大赛中，有个问答环节，主持人问：“这位小姐，假如要求你在下面的两个人中必须选择一个人作为你的配偶，你会选择谁呢？这两个人一个是肖邦，一个是希特勒！”“选择肖邦”显然落入俗套，没有新意，受众没有心理期待，控场性不强。稍许，那位小姐作出了不同凡响、能够让人产生心理期待的回答：“我会选择希特勒！”她紧接着说：“我希望用自己的美丽和智慧感化希特勒，并劝告、说服他弃恶从良，也许第二次世界大战就不会发生，许多无辜的生命特别是犹太人生命就不会丧失。”

案例点评

好的口才沟通一定要有“料”（材料），否则容易形成一席废话，让人毫无收获。那么什么样的话题和话语内容才算是“干货”呢？

(1) 表达实有其事的材料。材料真实准确、实事求是、诚恳有据，在表达中才显得出说服力和逻辑力量。同时，语言运用要准确，否则倘若内容材料受到对方的怀疑，语言运用又让人不能接受，就难以控场。

(2) 表达富有新意和新信息的材料。交际中的口才表达要尽可能地有不同凡响、超越一般的内容、见解和感受，这样口才交际就会更具有生命力，更易吸引受众的注意力，控场效果就更好。

上述案例中，那位小姐展示的是颜值美，而沟通显示了心灵美。把希特勒、二战、犹太人、种族、生命等历史、人文信息都包含在了自己简洁的话语“囊”中，不平常的回答，给人意外的收获。

《邹忌讽齐王纳谏》中邹忌之所以进谏齐王成功，也是采用了对比的方法。再如某年中国电影“金鸡奖”与“百花奖”的颁奖典礼上，李雪健因为演《焦裕禄》的主角焦裕禄而获得两个“最佳男主角”奖。他在致答谢词时说：“苦和累都让一个好人——焦裕禄受了，名和利都让一个傻小子——李雪健得了……”恰如其分的两句对比的话，既歌颂了焦裕禄的高尚品质，又表达了自己受之有愧的心情，自然形成了幽默感。适时使用幽默诙谐的内容和表达方式可以在沟通中消除和听众间的距离感，委婉表达出自己的意见和看法。

案例阅读2

“中国古典式爱情”副题

台湾国学名师沈谦教授应邀到台中静宜大学演讲，题目是“中国古典式爱情”。到达现场休息室，有同学告诉他，两周前余光中教授在这里做过同题演讲。情况突变，必须改变讲法，尤其要改变开场白。调整思路后，他讲道：

“听说前两个礼拜，余光中教授也在这里讲跟我一样的题目，不过，他讲的正题，是我今天的副题。”

“余光中教授是研究西洋文学的，他来讲中国古典式爱情，绝对是个外行。不过，他的学问很好，一定讲得很内行。而我是学中国古典文学的，我来讲中国古典式的爱情，绝对

是内行。不过我的学问差一点，也许讲出来有点外行……而且，余光中是诗人，他往台上一站，大家都‘醉’了，陶醉在诗人的风采里；我是教书匠，往台上一站，大家都‘睡’了……

“还好，我没有跟余光中先生一起登台演讲，否则在座的各位，一个个都要‘醉生梦死’了！”

案例点评

在人际口才沟通和演讲中，开头匠心独运，就会马上“hold”住受众，控场效果立竿见影，也会激发接下来沟通的热情和机智。

交际中好的开头方式很多，关键是要结合具体场合灵活开场。可用故事开头法控制场面，可以开门见山进入主题，可用悬念法吸引听众，可用对比法引起人们的注意，还可用提问法活跃与对方沟通的气氛。案例中沈谦教授开场的诙谐幽默中，机巧地把两场同题演讲作了衔接，营造了极为轻松的热烈的现场气氛，收到了良好的控场效果。

案例阅读3

话要控场不喜平

多年后，同学们欢聚一堂。一位男同学看几位女同学正在谈论男女不同，便说：“其实男人啊，像大拇指（做手势）；女人呢，像小指头……”女同学们皆哗然，指责他“藐视”女性的比方，他话锋一转，马上补充说：“美女同学们，你们想想，人的大拇指粗壮有力，而小指头却纤细、灵巧、可爱，不知哪位美女愿意颠倒过来?”大家一听，相视而笑。

案例点评

案例中男同学巧用修辞、悬念、形象描述的技巧控场，让女同学们一惊一喜，营造了同学聚会的一个良好的沟通效果。沟通中巧用比喻、排比、夸张等修辞方式表达，并适时用形象的描绘，可以达到以具体表达抽象，用生动修辞取代烦琐的论证的效果。表达者若能绘声绘色，听者必能心领神会。

案例阅读4

老舍讲话的“第六个问题”

老舍先生生前曾被邀请到某城市作学术报告，报告开始时，他宣布：“我今天给大家谈六个问题”，然后就第一、第二、第三、第四、第五有条不紊地讲着。讲完第五个问题时，他发现还有几分钟就到点了，于是提高了嗓门，一本正经地说：“第六，散会。”

案例点评

老舍视当时的时间而收尾，出乎听众的意料，给听众幽默、简洁而又深刻的回味。口才交际中话语结尾不是为了画蛇添足，而是为了画龙点睛。这一控场的方法在一次全国写作协会上收到了异曲同工之妙。开幕式上，省市各级到会的相关领导逐一发言，台下有些年轻的与会者有点坐不住了。轮到所在区某领导最后发言，他洞察了这一情况，说：“首先，我代表区委区政府，对各位专家学者表示热烈的欢迎。”掌声过后，他响亮地说：“最后，我预祝大会圆满成功。我的话讲完了。”该领导出人意料的结束话题，灵活收尾，控场效果自然绝妙，与会者精神为之一振。

《沟通技巧》的作者、演讲培训师易书波曾总结说：开场白要有吸引力，叫凤头，短小美丽；中间内容一定要饱满，为猪肚，80%～90%要说的内容和内涵在中间，要体现知识性、系统性，通过内容让大家有收获，条理非常清楚；结尾要干净利落，是豹尾，短小精悍。

案例阅读5

白岩松的乘势取材

中央台主持人白岩松善用真挚、坦诚的感情调动听众，更善于利用激情表达抓住听众的心。他曾参加过一场演讲比赛，在他之前演讲的是《西藏日报》的记者白娟。她真挚质朴地向大家讲述了自己作为一个驻藏记者的自豪和作为母亲的心酸。她常年战斗在雪域高原，与儿子在一起的时间每年只有三个月，每次都是和儿子刚混熟又不得不分手。其讲述情真意切，令人动容。白岩松上场便把这种情意进行了激情表达：

“我是一个两岁孩子的父亲，我知道，在一个孩子一岁半到两岁之间，没有母亲在身边，对于母亲来说是怎样的一种疼痛，我愿意把我心中所有的掌声，都献给前面的选手。”

案例点评

口才交际不仅在内容上要向对方晓之以理，同时话语要满含感情，动之以情，以求达到最好的控场效果。古人云：“动人心者莫先于情。”真诚、真情是打动他人心灵的一把钥匙，说话人的感情直接影响说话的效果，也影响听话人的理解和接受。用感情、情绪影响受众，让受众与说话者一起或喜或悲、或怨或怒，才能缩短相互间的距离，沟通彼此的心灵，更好地让对方接受自己的观点和主张。此所谓“激人以怒，哀人以怜，动人以情”。例如，“洪荒之力”在2016年里约奥运会期间成为网络热词，是因为获得铜牌的傅园慧一脸真诚的“表情包”和一席真挚的平常话。

特别的场合和情景，一般的真挚情感不足以调动和满足受众的激扬的心情，需要满含激情去表达。白岩松就地取前位选手之材，乘势推波助澜，激情表达出的真诚美好的敬意，顺应了受众的心理需求，也不露痕迹地表现了自己的机巧——把掌声献给别人的同时，也为自己赢得了掌声。

案例阅读6

郭嘉以理完胜众谋士，话语兴奋点句句点到“穴位”

在《三国演义》中郭嘉是曹操特别倚重的谋臣，年轻多才，以至于后来郭嘉英年早逝，曹操深为痛惜。“官渡之战”是我国历史上少有的以少胜多的战例，此前曹操和众多谋士多次讨论了该场战争的得与失，但曹操一直心神不定。试看战前曹操和郭嘉的沟通：

郭嘉入，操曰：“公来何事也?”嘉袖出一书，白操曰：“袁绍使人致书丞相，言欲出兵攻公孙瓒，特来借粮借兵。”操曰：“吾闻绍欲图许都，今见吾归，又别生他议。”遂拆书观之。见其词意骄慢，乃问嘉曰：“袁绍如此无状，吾欲讨之，恨力不及，如何?”嘉曰：“刘、项之不敌，公所知也。高祖惟智胜，项羽虽强，终为所擒。今绍有十败，公有十胜，绍兵虽盛，不足惧也：绍繁礼多仪，公体任自然，此道胜也；绍以逆动，公以顺率，此义胜也；桓、灵以来，政失于宽，绍以宽济，公以猛纠，此治胜也；绍外宽内忌，所任多亲戚，公外简内明，用人惟才，此度胜也；绍多谋少决，公得策辄行，此谋胜也；绍专收名誉，公以至诚待人，此德胜也；绍恤近忽远，公虑无不周，此仁胜也；绍听谗惑乱，公浸润不行，此明胜也；绍是非混淆，公法度严明，此文胜也；绍好为虚势，不知兵要，公以少克众，用兵如神，此武胜也。公有此十胜，于是败绍无难矣。”操笑曰：“如公所言，孤何足以当之!”荀彧曰：“郭奉孝十胜十败之说，正与愚见相合。绍兵虽众，何足惧耶!”嘉曰：“徐州吕布，实心腹大患。今绍北征公孙瓒，我当乘其远出，先取吕布，扫除东南，然后图绍，乃为上计；否则我方攻绍，布必乘虚来犯许都，为害不浅也。”操然其言，遂议东征吕布。荀彧曰：“可先使人往约刘备，待其回报，方可动兵。”操从之，一面发书与玄德，一面厚遣绍使，奏封绍为大将军、太尉，兼都督冀、青、幽、并四州，密书答之云：“公可讨公孙瓒。吾当相助。”绍得书大喜，便进兵攻公孙瓒。

案例点评

曹操欲讨伐袁绍，却恨力不及，便以此事问郭嘉，郭嘉意识到这是个战略大方向性问题，于是极有针对性地作答：先举出刘邦、项羽例证，然后用“十胜十败”简要对比分析，这种深谋远虑且深思熟虑的特别有层次的表达，充满了理性和逻辑，完胜其他众多谋臣，话语中暗含的对自己领导巧妙地真诚赞美，对袁绍的不屑，在情感上又胜一筹。因此郭嘉在战略方向上解决了曹操当时的疑虑和困惑，在感情上也让曹操心里甘甜无比，反愁为笑。

因为曹操还没有讨论战术问题，所以郭嘉对此仅仅三言两语提醒曹操考虑考虑战术问题。尤其值得肯定的是，郭嘉向曹操和其他众谋臣发表的是高见，但一点儿也不高谈阔论，自信满满但毫无自夸炫耀之情。郭嘉沟通时了解对方内心，说急人所急的话，善于运用沟通语言的兴奋点，比如十败十胜的战略结论，先除掉吕布的战术建议，都点到了曹操的“心穴”，自然能唤起对方共鸣。

所谓话语兴奋点，是指表达的话语能使沟通对象产生激情、刺激和强烈共鸣的感受。在口才沟通中，能够引起受众兴趣的话题和热切关注的事例、名言、佳句、网络热词以及精辟独到的见解都属语言兴奋点。有计划、有目的地选取一些兴奋语言，拉近表达者和受众的心理距离，以满足对方的心理需要。当然，设置话语兴奋点要像郭嘉那样为了急人所急，为了解决问题，顺理成章、水到渠成，不可故弄玄虚、刻意为之。

设置话语兴奋点，用语言力度提高“刺激”强度，主要取决于表达者对表达内容的熟悉程度、对所说话题的感悟程度、对问题分析的透彻程度和对现实立场的鲜明程度。当然，口才沟通无论激情多么慷慨，无论话语兴奋点多么激昂，也不能脸红脖子粗，兴奋时手舞足蹈，自己笑得前仰后合；伤心便放声大哭或泣不成声；即便场景不安静，也要用一定的沟通智慧和技巧平静之，而不能声嘶力竭，或者乱发脾气。

实训导引

实训任务：各个小组派一名代表，其他成员作为代表的“亲友团”给予支持，就“怎样构建一个良好的团队”进行无组织讨论。

1. 各个小组代表在发言时，旁听的各组选择一个本组代表以外的某个同学进行观察，并记录发言者在整个交流过程中表达的控场性，具体包括：在表达上是否一针见血，说话的开头、中间和结尾的话语处理，所说内容材料是否有控场性，是否有感情和激情控场，表达是否有理性和层次，神态和姿态是否恰当，表达是否使用了恰当的修辞技巧、发言中是否设置适当的话语兴奋点。无组织讨论 20 分钟后，各个小组对自己观察的发言同学自由点评，各小组点评时间为5分钟以内。全部交流点评时间控制在40分钟。

2. 本组成员给无组织讨论活动中本组代表打出平时成绩。

实训评价表

总分：

<table>
<tr><td>主题和材料
（20分）</td><td></td><td>感情和逻辑
（20分）</td><td></td><td>神态和姿态
（20分）</td><td></td><td>修辞技巧
（20分）</td><td></td><td>话语兴奋点
（20分）</td><td></td></tr>
<tr><td rowspan="3">评语</td><td colspan="2">自我评价</td><td colspan="3"></td><td colspan="4">学生签名</td></tr>
<tr><td colspan="2">同学评价</td><td colspan="3"></td><td colspan="4">同学签名</td></tr>
<tr><td colspan="2">教师评价</td><td colspan="3"></td><td colspan="4">教师签名</td></tr>
</table>

阅读链接

1. http://b. faloo. com/f/18679. html.
2. 王光华. 实用口才训练教程. 北京：机械工业出版社，2011.

任务三　场景选择控场

口才沟通的场景选择是指根据沟通的人和沟通的话题选择恰如其分的时间和地点。场景可以是人造的，也可以是天然的；可以是普通的场地，也可以是富有意义的景点；可以是清晨清茶清谈，也可以人约黄昏后推杯换盏；可以会谈于办公室中，也可以拜访于家中。沟通场景的选择决定于所沟通的人、所谈及的事、所做出的决策等，它常常能决定沟通的悲欢成败。

案例阅读1

曹刿特殊场景之论战

十年春，齐师伐我。公将战。曹刿请见。其乡人曰："肉食者谋之，又何间焉？"刿曰："肉食者鄙，未能远谋。"乃入见。问："何以战？"公曰："衣食所安，弗敢专也，必以分人。"对曰："小惠未徧，民弗从也。"公曰："牺牲玉帛，弗敢加也，必以信。"对曰："小信未孚，神弗福也。"公曰："小大之狱，虽不能察，必以情。"对曰："忠之属也。可以一战。战则请从。"

公与之乘。战于长勺。公将鼓之。刿曰："未可。"齐人三鼓。刿曰："可矣。"齐师败绩。公将驰之。刿曰："未可。"下视其辙，登轼而望之，曰："可矣。"遂逐齐师。

既克，公问其故。对曰："夫战，勇气也。一鼓作气，再而衰，三而竭。彼竭我盈，故克之，夫大国，难测也，惧有伏焉。吾视其辙乱，望其旗靡，故逐之。"

案例点评

在齐国将要进攻鲁国之际，曹刿肩负着"国家兴亡，匹夫有责"的使命感，摒弃"肉食者谋之"的乡人的积习，抓住这一历史机遇和情景，先质问鲁庄公战争的资本，鲁庄公如实回答了对民的恩惠和对上天的敬畏，曹刿都给予了否定，直到鲁庄公说"小大之狱，虽不能察，必以情"，曹刿这才肯定他尽了国君的本分，是鲁国抗敌作战的资本，并请求随同作战。这场战前的"答辩"是在鲁庄公的庙堂之上。

曹刿和鲁庄公一君与一民之间的沟通，直截了当，曹刿与鲁庄公论战犹如"主考"与"考生"的答辩，除了种种的历史情境和文学手法外，关键是在国难当头（场景），为国担当的勇气和智慧（主体），让鲁庄公（受众）不得不敬他三分。这个情境之下，如果鲁庄公拘泥于君民之间的地位、尊严，那他会处于十分被动的地步，也就没有后面曹刿请求出战，一鼓作气，大败齐国。曹刿论战中"坦荡荡"的沟通表达是在江湖之远的现场。

《三国演义》中这样利用场景控场的例子比比皆是：当初刘备以不惑之年并且是皇叔的身份"三顾茅庐"，以师礼静待和问询年方二十多岁没有任何业绩的诸葛亮，盖因孔明响亮的江湖名声和刘备居无定所的处境；"官渡之战"僵持之际，曹操不拘自己贵为丞相的身份，"跑迎"和跪拜身无官职且不得志的"旧友"许攸，并向他讨问破敌之策，终得许攸为之效力，因为曹操也是非常善于利用场景进行巧妙沟通的高手。场景控场就是要针对不同的时间、空间、场地、人数等做适宜的沟通。反过来，不同的沟通话题要主动选择适宜的场景，以便主体、受众、场景形成融洽一致的氛围。

案例阅读2

中国有18元8角8分

新中国成立初期，一次，在记者招待会上，一位外国记者故意向周恩来总理提问："请问，中国人民银行有多少资金?"这不仅关系到国家面子，也涉及国家机密，不可能直言相告。于是，周总理说："中国人民银行货币资金嘛，有18元8角8分。""中国人民银行发行面额为10元、5元、2元、1元、5角、2角、1角、5分、2分、1分，共10种主辅人民币，合计为18元8角8分。中国人民银行是中国人民当家做主的金融机构，有全国人民作后盾，信用卓著，实力雄厚，它所发行的货币，是世界上最有信誉的一种货币，在国际上享有盛誉。"这个机智巧妙的回答，以"总面额"代替了"总金额"，既没有泄露秘密，又不致损害招待会和谐的气氛。

案例点评

在交际中，遇到不便或不必作答的问题场景，有时关乎政治、经济、军事、文化乃至个人相互之间的进退关系，该如何控场呢？回避？顾左右而言他？针锋相对？反唇相讥？这是一个需要经验、智慧和技巧来应对的挑战！要根据时间、地点、情景作出机智的控场反应。就控场的技巧来说，一般可以采用"偷换概念"和故意曲解对方所提出问题的意愿去应变。这就是移花接木、李代桃僵的方法，诙谐趣答脱窘境。当然，这要具备耐心和细心的心理素质。受众在通常情况下受到交际对方的明显制约，其言语的回应要建立在耐心、细心倾听对方话语并揣摩对方意图的基础之上，否则可能导致说话不得体。机智灵活地回避正面回答，但又紧承话题而展开，这种妙招正如中国的太极文化。

周恩来式的"妙对"，诗人陈梦家教授也曾巧用过：他在讲授《论语》时，向学生诵读"暮春者，春服既成，冠者五六人，童子六七人，浴于沂，风乎舞雩，咏而归。"当他沉浸在文学审美中时，有学生问："老师，请问孔子七十二贤人，有几个人结了婚，有几个人没有结婚呢?"无厘头的问题，好尴尬！陈梦家将思绪拉回到课堂，灵机一动，"戏"解道："冠者五六人，五六三十，故而三十人结了婚；童子六七人，六七四十二，四十二人没有结婚。"同学们对陈教授的赞赏和钦佩油然而生。

案例阅读3

梁晓声的问和答

我国知名作家梁晓声在接受欧洲一位记者采访时，这位记者问："没有'文化大革命'，可能也不会产生你们这一代作家，那么'文化大革命'在你看来是好还是坏呢？"梁晓声立即作答："没有第二次世界大战，就没有反映第二次世界大战而著名的作家，那么您认为第二次世界大战是好还是坏呢？"

案例点评

在人际沟通中，如果遇到故意刁难的问题场景怎么办？除了太极手法，还可用以子之矛攻子之盾的方法应答，用类比的问题把"球"抛回对方。

实训导引

1. 实训任务：学生代表和对应行业职场达人座谈会。

2. 实训目标：通过组织座谈，体现和展示组员的人际口才沟通的控场能力，同时，了解对应行业相关问题，以达到小组收集行业第一手相关资料和对专业对应行业一些问题进行思考和研讨的目的。小组合作以 PPT（可插入一定的自制组织座谈会过程的视频或照片）向大家展示任务设计、过程、结果。

3. 实训步骤：

（1）某一个小组（4～8 人）接受该实训任务。

（2）小组自主联系行业职场达人，按照口才沟通控场的技能要求确定座谈的时间、地点、主题、问题。（必要时老师可协助完成）

（3）小组代表基本分工：统筹策划人（可兼做）、公关联络人、座谈主持人、记录人、现场拍照或拍摄人、PPT（包括视频）制作人、展示分享人、小组评分人（可兼）。

（4）小组就项目任务进行相关咨询和答辩。

（5）下次课老师开讲前任务小组进行展示分享。

4．实训时间地点：该任务课外完成，课内展示分享，展示时间控制在15～20分钟，评价反思在10分钟以内，所拍摄的视频材料需要相关实训室或校内外相关场地的，任课老师协助申请。

5．实训评价和反思：

任务单

组名		姓名	
工作程序指引及记录内容		完成打“√”	
1．确定本次小组长	小组长姓名：		
2．明确任务	/		
3．组员任务分配	/		
4．小组公关联络相应职场达人情况	/		
5．设计PPT及视频	/		
6．根据小组分工，完成自己分内的任务	/		
7．班级交流	展示人：		
8．小组自我评价及反馈			
9．个人加分点	/	/	
写给老师的话			
指导教师评语		签名	

任务评价表

课程名称	
实训任务名称	

<table>
<tr><th colspan="6">三方评价成绩</th></tr>
<tr><th>评分项目</th><th>评分内容</th><th>配分</th><th>自评</th><th>小组评分</th><th>教师确认</th></tr>
<tr><td>明确任务重点</td><td>能利用各种关系进行公关沟通，明确完成座谈会的工作要点，确保座谈会各项工作能通过沟通获得有效突破。</td><td>20</td><td></td><td></td><td></td></tr>
<tr><td>感知任务制定计划</td><td>是否熟悉你的任务所在，认同工作价值；是否具有执行力；小组计划制定是否合理，具可操作性。</td><td>10</td><td></td><td></td><td></td></tr>
<tr><td rowspan="3">实施任务</td><td>与教师、行业达人、组员之间是否相互尊重、理解、平等；与教师、行业达人、组员之间是否能够保持多向、丰富、适宜的信息交流。</td><td>10</td><td></td><td></td><td></td></tr>
<tr><td>探究学习、自主学习不流于形式，处理好合作学习和独立思考的关系，做到有效训练；能提出有意义的问题或能发表个人见解；能按要求正确操作；能够倾听、协作分享。</td><td>10</td><td></td><td></td><td></td></tr>
<tr><td>遵守实训任务要求，实训过程符合目标；训练过程出勤情况和完成工作任务情况；善于多角度思考问题，能主动发现、提出有价值的问题。</td><td>10</td><td></td><td></td><td></td></tr>
<tr><td rowspan="2">展示成果</td><td>在展示成果中考核小组工作计划、训练技能是否符合目标与要求；是否获得了进一步发展的能力和创新能力；是否有良好的口才沟通控场能力。</td><td>10</td><td></td><td></td><td></td></tr>
<tr><td>在展示成果中发现学习者是否有发现问题、提出问题、分析问题、解决问题、创新问题的能力。</td><td>15</td><td></td><td></td><td></td></tr>
<tr><td>评定反馈</td><td>按时按质完成实训任务；较好地掌握了口才沟通控场知识点；具有较强的沟通控场能力。</td><td>15</td><td></td><td></td><td></td></tr>
<tr><td colspan="2">总分（100）</td><td></td><td></td><td></td><td></td></tr>
</table>

<table>
<tr><td rowspan="3">评语</td><td>自我整体评价</td><td></td><td>学生签名：</td></tr>
<tr><td>小组整体评价</td><td></td><td>组长签名：</td></tr>
<tr><td>教师整体评价</td><td></td><td>教师签名：</td></tr>
</table>

阅读链接

1. 方位津．实用口才训练教程．北京：首都经济贸易大学出版社，2005.

2. 王光华．实用口才交际训练．北京：机械工业出版社，2010.

项目六 口才沟通的表达方式与技巧

社会交往是人的生存及心理需要，现代社会，人际沟通更加便捷，人们交际更加必需、必要和频繁，可以说，几乎没有一天我们不在或多或少地和其他人进行沟通表达。许多社交场合，小到聊天、议论、咨询，大到拜访、接待、介绍、求助等，都需要出色得体的口才交际能力和技巧，才能成功实现交际目的，建立和谐的人际关系。良好的口才沟通能力能够顺畅地表情达意、沟通信息、建立友谊，成功地开拓人脉，还为自己展示个人魅力、创造机遇提供有力的帮助。口才交际表达中一要注意选择叙述、说理、状物、抒情等表达方式，二要巧妙选择话题，并遵从集中、连贯、得体的技巧，因人因事、因时因地应变表述和作答。

任务一　口才沟通表达方式训练

口才沟通和书面语言一样包括叙述、说理、状物、抒情等方式。

口才沟通中的叙述是指运用口才讲述事态的基本过程和人物的基本经历。所讲述的可以是自己的亲身经历，也可以是所见所闻，还可以是书籍报刊上报道的文字材料。而且，由于受口才交际的目的、对象、场所的制约，可以简略讲述，也可以详细讲述；可以只讲大概，也可以绘声绘色、讲得活灵活现。

叙述可以及时传播信息，还可以为说理提供依据。说理要想通俗明白、深入浅出，具有一定的可感性，就需要在说理的过程中融理于事、融理于景，或者由事生理、事理结合。

说理就是讲道理，就是运用概念、判断进行推理的过程，用于揭示事物的本质特征及本质规律。在论辩、学术性发言、论说性演讲、辩护、谈判以及一些社交谈话等中，一般都需要说理。

与书面说理不同的是，口才交际说理比书面说理更简洁明快，更通俗易懂，这是由口语不具备保存性所决定的；口才交际说理的针对性比书面说理更强，这是由口语交际特定的对象、特定的场所、特定的交际目的所决定的；口才交际说理的形式没有书面说理那么完整、严密，这是由口才交际特定的语境所决定的。

状物是具体形象地描绘人物和事物的状貌的一种表达方式，是“情景再现”，能给对方如见其人、如闻其声、如临其境的逼真感。状物的基本特点是形象性，描述的客观对象主要是人物和事物的外部状态，在口才交际表达中常与叙事一起运用。其难度在于绘声绘色、恰到好处地描述所见所闻的人与事。

恰当的状物能加深对方对其人、其景、其事的印象；也可以对叙事进行补充，将人和事情的细节进行渲染强化；还可以直接塑造审美形象，如描摹出一幅幅意境深邃的生活图画，口述出一个个栩栩如生的人物形象，活灵活现地再现生活中的各种场景。

案例阅读1

乔·吉拉德让顾客叙述的推销术

世界上卖出汽车最多的业务员乔·吉拉德有一套很不平凡的推销本事。

他初次见到那些看上去有一些腼腆的看车人时，往往会主动地对他们说：“我有一项特殊的本领，我能看出一个人的职业来。”这时候，看车人会感兴趣地搭话。如果对方不搭话，吉拉德就接着进攻：“哦，我敢打赌，您是一位律师。”在美国，律师是受人尊重的高薪职业，这位看车人并不恰好就是律师，但这么说就算错了，看车人也不会生气，因为他觉得在吉拉德眼里他是受人尊敬的人物。

“不，不是。”看车人说。

“那么，您是做什么的呢？”

“你不会相信的，我是一位屠夫，”这时，看车人脸上会露出一丝羞涩，“我每天都在宰牛。”

“哇，太棒了！”吉拉德激动地说，整个人看起来相当兴奋，“长期以来，我都在想，我们吃的牛肉到底是怎么来的。如果你方便的话，可以带我去你那里看看吗？”

吉拉德说的时候，是真的想去看，并不是敷衍客户。于是他们热烈地讨论起参观杀牛的大概事情，而屠夫兴致勃勃地详细叙述起了让他难忘的一些屠宰细节。20分钟后，看车人完全被吉拉德交流的热情感染，自然就买下了车子。

案例点评

乔·吉拉德成功推销的方法其实很简单，就是巧妙地抓住对方的兴趣点，然后突破，最后顺利打开对方的心扉，让对方有机会叙述自己的引以为豪的经历和故事。陌生人之间的沟通，发掘对方的兴趣点非常重要，因为两个陌生人之间的交往热情并不能保持很长时间，如果你善于发掘兴趣点并掌握谈话方向，多让对方在你这里通过叙述找到自己的“位置”，你将很容易与对方拉近关系，甚至通过一面之缘将对方变成你的合作伙伴。你要发掘兴趣点并掌握谈话方向，常常可以采用概括叙述。概括叙述就是用概括的言语，对事件的过程作粗轮廓的叙说，只着眼于事件的全貌，省略事件的局部和细节，而让对方（虚拟行家）详细叙述，不仅把事件的过程说得很清楚，而且还把事件的某些细节说得很真切。

口才交际中叙述是表达的基础，应用非常广泛，所以叙述一要清晰，把时间、地点、人物、事件、原因交代清楚，做到有头有尾、有过程、有线索，并要注意叙述的人称及视角的运用和变换。二要详略得当，张弛有度。详略的取舍要以口才交际目的、对象、环境为标准，要避免平铺直叙，或倒叙，或制造悬念，或断或续，使叙述张弛有度，产生吸引力。三要注意叙述语言要简洁明快，适合交际表达的需要。

案例阅读 2

神奇的数字 7±2 规律

口才沟通的条理性很大程度上取决于人对信息块的组织能力。

“信息块”是我们不熟悉的、较小的信息单元（如字母、词语）组合起来形成的我们熟悉的、具有意义的较大的信息单元。每个信息块中的容量是不同的，心理学家默多克在 1961 年用实验验证了这一点。

他准备了三组试听材料：第一组是普通的三个英文字母，如 PTK；第二组是由三个英文字母组成的单词，如 HAT（帽子）；第三组是三个英文单词，如 EAR（耳朵）、MAN（男人）、BED（床），然后让试听人员回忆。

结果发现：第二组的回忆成绩要明显好于其他两组。第一组和第三组被试的回忆成绩差不多，原因在于第二组被试记忆的只是一个信息块，而第一组和第三组被试记忆的都是三个信息块。

由于人的知识经验不同，对同一材料组成的信息块的归结、定位也可能不同。比如，“产品项目管理”，对于刚识字的小学生来说，它可能是 6 个信息块，每个字是一个信息块；对于一般的成人来讲，它可能是两个信息块——“产品项目”和“管理”；对于从事管理等相关职业的人来说，它仅仅是一个信息块——“产品项目管理”。

这个规律被发现后不久，著名心理学家米勒就做了这样一个实验：在一个关于数字广度的研究中，让被试者听到的数字是“2、7、8、3、6、5、9”顺序呈现的 7 个数字，几乎所有的被试者都可以准确无误地把它们按照这一顺序复述出来。但是，当复述的数字增加到 7 个以上时，被试者复述出来的数字并没有超过 7 个。

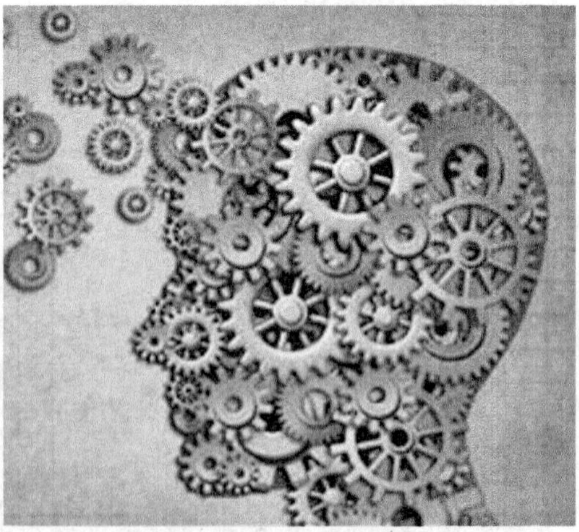

通过一系列实验的验证，米勒在 1956 年发表了著名的论文《神奇的数字 7±2：我们信息加工能力的限制》，米勒认为，大脑在短期的记忆中很难一次接纳 7 个以上的“信息块”，这是对人类能力的研究得到的结果。

案例来源：苗一梅. 如何与陌生人打交道. 北京：机械工业出版社，2008.

案例点评

这个数字7±2规律告诉我们：在与人交流沟通时，无论叙述还是说理，要尽量将自己话语中的信息块控制在7±2的范围内，并力求构造最大的信息块；同时要注意将最重要的信息放在最前面，以给对方留下深刻的印象；最后，在沟通表达时，要将自己的信息块进行整理，做到主次分明、条理清晰，形成叙述或描述或说理的逻辑线，这样进行表达才能最大限度地提高口才沟通的有效性。

案例阅读3

生动的俄罗斯总统普京

俄罗斯总统普京初当选时人们普遍对他抱有疑虑，但出人意料的是，普京在很短的时间内就用自己的行动改变了人们的看法。他以铁腕政策对付车臣问题，提高了自己的威望；尤其重要的是，他很会和各种人打交道，没有明显的意识形态，办事务实，从而赢得了各派的支持。他经常走出去跟普通人打交道，比如，穿柔道服摔跤，穿海员服出海，穿滑雪服滑雪，更让人惊讶的是，他还亲自驾驶战斗机上天。他的口才也得到了很大的提高，在许多场合，他的幽默常常引人捧腹大笑，而在另一些场合，他的言语则显得很犀利。比如他的强硬语录："领土争端没有谈判，只有战争"；"俄罗斯国土虽大，却没有一寸是多余的"；"俄罗斯只有两个盟友——陆军和海军"；"俄将提升军事能力，坚决不允许'伸着湿乎乎鼻子'的外部势力干涉内政"；"美国这次的动机和他们任何其他的动机没啥不同：把你的房子点了煮鸡蛋！"这些形象生动又具备一定哲理的话语，让很多人渐渐开始喜欢上这位生动的总统。

案例来源：苗一梅. 如何与陌生人打交道. 北京：机械工业出版社，2008.

案例点评

普京总统之所以能够成功赢得俄罗斯民众的心，关键在于他改变了自己呆板无趣的形象，用自己简短有力且富有一定哲理的议论话语，或者干脆利落的描述话语，把自己“包装”得生动、亲切而坚定有力。生动的话语和生动的肢体语言，都是打动他人的沟通利器。

普京所用的口语描述，与书面描写有些不同。口语描述一般不加过多的修饰语，直接着眼于事物的形态特征，用语简洁明快；描述的目标明确，描述的对象不同、场合不同，作用也会不同，要从说话的全局进行考虑，从表现的主题、希望营造的氛围进行考虑；还要注意通过肢体语言、语音、表情向听众传达所要表达的感情。

案例阅读 4

不仅是记住别人的名字

吉姆·法里没有进过一所中学，一直没有受过多少教育，但他培养了自己一种记住人名的惊人能力，让人不由得喜欢他。就靠这种能力，在他 46 岁的时候，有四所学院授予他不同的荣誉学位，他成为民主党全国委员会主席、美国邮政总局局长。当有人问他成功的秘诀时，他说：“我能叫出 5 万人的名字。”不要小看了这一点，他的这项能力使他帮助富兰克林·罗斯福入主白宫。

在罗斯福竞选总统活动开始几个月前，法里每天都写好几百封信，给遍布西部和西北部的人们。然后，他跳上火车，在 19 天内足迹踏遍了 20 个州。他以马车、火车、汽车和小船代步，走完了 12 000 英里的路程。每到一个市镇，他就跟所认识的人一起吃早餐或午餐，跟他们说明自己的肺腑之言，描述罗斯福其人其事，讲清罗斯福竞选的主张。他的话让听过的人不仅印象深刻，而且深信不疑，并自然而然地传播。然后法里又继续他的下一站。等他回到东部，他就写信给他到过的每一个市镇上谈过话的人，索取一份这些人又谈过话的人的名单，然后加以整理，这样他就有了成千上万个人的名字了。

这份名单上的每个人都会收到法里的一封私函，那些私函都以“亲爱的比尔”“亲爱的杰克”等开头，结尾总是签上“吉姆·法里”，这些做法使罗斯福的影响逐渐扩大，法里也因此而成功。

资料来源：http://wenku.baidu.com/view/0ee16cddce2f0066f53322ed.html? from=search.

案例点评

卡内基强调：“如果你不重视别人的名字，又有谁来重视你的名字呢？如果有一天你把人们的名字全忘掉了，那么你也会很快被人们遗忘。”例如，法里向人们细致地描述和宣传罗斯福，大家都记住了他的名字，他也根据自己不一样的宣传记住了听他宣传者的名字。一位心理学家曾表示，唯有自己的名字是最美好、最动听的语言。通过生动的方式沟通，那么一个具体的人和他似乎抽象的名字紧密相连了。如果你能在沟通中注意珍视他人名字这个技巧，对方就会对你产生好感，你赞美的人和事、你描述的情景和叙述的故事、你说明的道理等，也会更加顺畅而有效地为对方所接受。

案例阅读5

毛泽东的说理

毛泽东有一次谈到医疗保健问题时说：人有生必有死，生、老、病、死，新陈代谢，这是辩证法的规律……曹操多年军旅生涯不会很安逸，可在1 700多年前，医疗条件也不怎么样，他懂得自己掌握命运，活了65岁，在当时算是会养生的长寿老人。搞医疗的应该学学，不要使人养尊处优，只想吃好，穿好，不想工作还行？更不能小病大养……主要是乐观，心情开朗，锻炼身体。曹操讲“盈缩之期，不能在天。养怡之福，可得永年”，陆游讲“死去元知万事空”，这都是唯物的。

案例点评

口才交际中的说理要观点鲜明，有针对性，以求达到“与君一席话，胜读十年书”的说理的效果；口头说理修饰不能过多，少作烦琐的抽象论证；尽可能地有庄有谐，庄谐适度，富有感情。沟通中的说理形式多种多样，而且变化多端，除了演绎和归纳法外，常见的还有例证法、演绎法、类比法、引证法、二难推理、归谬法等，这些属于论证性说理。非论证性说理是一种不严格或不完全按照一定的逻辑推理形式进行说理的方式，是一种即事说理，一般为有感即发，大多三言两语、简洁明了。非论证性说理有由事生理、举例释理、类比推理、对比显理和警句达理等。这个案例中，毛泽东用例证、引证、演绎推理等和人谈保健，通俗而深刻。

实训导引

每个同学利用1分钟的时间讲述自己名字的由来和含义，随后大家讨论谁的表达最让人印象深刻。

1. 主动举手者优先，或者按学号、座位号依次上台发言；
2. 每个同学发言完毕，下面的听众要给予热烈的掌声；
3. 同学们准备时先打腹稿或列提纲。

实训评价表

总分：

口才内容(60分)		口才情感(10分)		口才方式(10分)		口才逻辑(10分)		口才智慧(10分)	

评语	自我评价		学生签名	
	同学评价		同学签名	
	教师评价		教师签名	

阅读链接

1. 苗一梅．如何与陌生人打交道．北京：机械工业出版社，2008.
2. 施德爱．铁嘴秀口走天下．武汉：湖北长江出版集团，2007.
3. 蔡康永．蔡康永的说话之道．长沙：湖南文艺出版社，2016.

任务二　口才沟通表达技巧训练

沟通对人与人之间的交往无比重要，然而并不是每个人都能掌握沟通表达的技巧。要做到真正的有效沟通，除了必须明确你与谁在进行沟通、在哪里沟通、什么时候进行沟通、沟通什么内容、怎样进行沟通外，还要巧妙掌握沟通的表达技巧，学会倾听、发问、赞美、幽默以及委婉拒绝别人等。

案例阅读 1

唐僧向唐太宗汇报工作

尊敬的唐太宗陛下：

我叫唐三藏，又名唐僧。为弘扬佛法、普度众生、超度亡魂，根据《公元 627 年大唐工作安排》（唐发〔627〕1 号）的精神，成立唐三藏取经办公室，奉命到西天拜佛求经。取经办公室师徒 4 人历时 14 年，经历九九八十一难，终于取得了我佛大乘真经，圆满完成了取经任务。

取经过程中，我们师徒 4 人严格按照佛祖指示，牢记职责使命，明确任务分工，跋山涉水，降妖除魔，涌现出了大量好人好事和可歌可泣的动人事迹。一路上降魔无数，转移、解救被困群众 4 万余人，捣毁妖怪巢穴 48 处，感化、转化各路魔王 128 人次，除八戒同志外，其余 3 人先后拒绝各类美女诱惑 240 余次（其中当面拒绝 200 余次）。

回顾整个历程，我们深刻感觉到之所以能够取得真经，主要得益于我佛如来的精心策划，得益于观音菩萨的具体指导，得益于唐王陛下的大力支持，得益于悟空、悟能、悟净三位徒弟的精心保护，得益于各路神仙的积极配合。

资料来源："领导力修炼"微信公众号.

案例点评

此案例虽为网友的戏谑创作，但却是沟通中使用数字的典范。300多字的汇报发言，使用数字10余次，准确、清晰地说明了西天取经的整个过程，并突出了历经的艰难历程和途中降妖除魔的业绩，给人留下了深刻印象。学会采用数字，能让人快速明确重点，在沟通中会起到事半功倍的作用。

案例阅读2

别人的错失或隐秘被你发现该怎么办

在广州某著名的大酒家，一位外宾吃完最后一道茶点，顺手把精美的景泰蓝食筷悄悄插入自己的西装内衣口袋里。服务小姐不露声色地迎上前去，双手擎着一只装有一双景泰蓝食筷的绸面小匣子说："我发现先生在用餐时，对我店的景泰蓝食筷颇有爱不释手之意。非常感谢你对我国这种精美工艺品的赏识。为了表达我们的感激之情，经餐厅主管批准，我代表我们酒家将这双图案最为精美并且经严格消毒处理的景泰蓝食筷送给您，并按照最优惠价格记在您的账单上，您看好吗？"那位外宾当然明白这些话的弦外之音，在表示了谢意之后，说自己多喝了两杯白兰地，头脑有点发晕，误将食筷插入内衣袋里，并且聪明地借此台阶，说："既然这种食筷不消毒就不好使用，我就'以旧换新'吧！哈哈哈。"说着取出内衣里的食筷放回餐桌上，接过服务小姐给他的小匣，不失风度地向付账处走去。

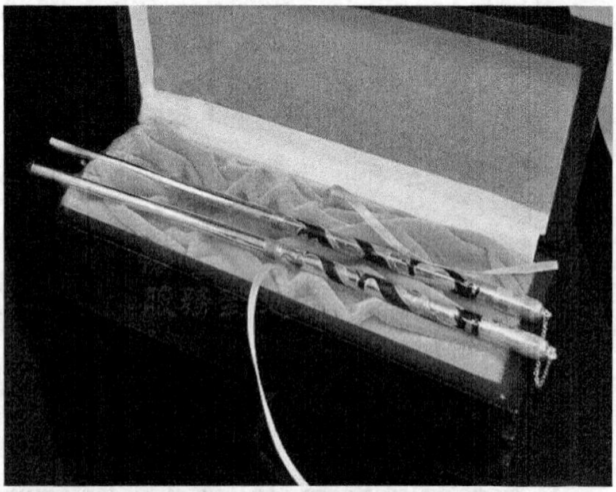

案例点评

案例中的模糊沟通，解决了一个很尴尬的事件。心理学的研究表明，谁都不愿把自己的错失或隐私在公众面前曝光，一旦被人曝光，就会感到难堪或恼怒。因此，在交际中，如果不是为了某种特殊需要，一般应尽量避免触及对方所避讳的敏感区，避免使对方当众出丑。必要时可模糊处理，暗示对方已知道他的错处或隐私，便可造成一种对他的提示和压力。但不可过分，只需点到而已。

本来口才沟通应该清楚、准确、明白，但许多事物关系错综复杂，难以用平常的技巧说明白，而且有些事物本身就是模糊不清的，所以与人沟通该准确时就要准确，该模糊时也应该模糊，这是交际表达的技巧，也是言语表达的基本要求。

模糊技巧最适合于在答辩式的谈话场合使用。特别是在回答对方的提问时，有些问题常常不便直言，也不便直接予以肯定或否定。这时，若采用模糊技巧进行回答，不仅能让人渡过难关，且能收到良好的效果。

案例阅读3

纪晓岚机智应答

清代学者纪晓岚，以应答机智幽默著称。

有一次，纪晓岚嫌热，便赤膊坐于案前编纂《四库全书》，不料乾隆皇帝突然驾到，因赤身露体无法见驾，纪晓岚便躲到书案底下。过了好久，纪晓岚以为皇上已走，便问书童：“老头子走了没有？”岂料皇上未走，闻言大怒：“你罪当诛杀，为何称朕是老头子，你要说说道理，若说不出，定斩无赦！”纪晓岚虽然汗颜，却没有惊慌失措，脑筋一动便道：“陛下贵为天子，人称‘万岁’，难道不老？皇上乃一国之首，万民拥戴，岂不是头？‘子’乃男子之美称，君乃‘天之骄子’，天下之伟男，岂不是子？故而‘老头子’乃至尊至贵之称，望皇上明察。”乾隆听后，不禁开怀大笑，免去了他的罪责。

案例来源：施德爱. 铁嘴秀口走天下. 武汉：湖北长江出版集团，2007.

案例点评

纪晓岚博古通今，为人机警，能言善辩，正是以此为法宝，赢得了乾隆的欢心，在这个故事中，“老头子”是不尊敬的称呼，一般人听之尚且不满，何况万岁天子呢。纪晓岚不愧为口才大师，在一般人看来已是山穷水尽之时，他却能诙谐幽默地应答，顺利转圜，使乾隆一笑而罢。

所谓应变，是指交际中表达者面对突发事件和意外情况，及时作出反应，并采取有效措施加以解决，从而使表达得以继续进行的技巧和方法。交际中不小心说错了话，如果无伤大局，可以不管它，继续说下去，对方也不一定会听出来失误了，但如果是一些大的失误，则必须按照正确的说法把原句再说一遍。

应变时可以采用角度转换。人所处的位置不同，观察和思考问题的角度就不同，得到的感受和认识也会不一样。角度的转换会使人对同一事物得到完全不同的认识和体验。比如：洛克菲勒是著名的富翁，但他在日常消费上很节俭。一天，他去投宿，要求住一间最为便宜的房间，旅店经理巧言相劝：“先生，您为何要住这么便宜的小房间呢？您儿子住宿的时候，总是挑最豪华的房间呀！”“不错，我儿子有一个很富有的父亲，可我没有啊！”

角度转换的关键在于先要跳出否定或肯定的圈子，把对方的话从多角度理解，然后从有利于自己的角度阐释。比如：一个人为了讨好喜欢麻雀的国王，在市场上买了6只中国麻雀献给国王，而在这个国家7是个吉利的数字，可他再难买1只中国麻雀了，无奈之下，只好买1只本国麻省凑数。国王一见，果然高兴，一一赏玩，突然发现其中1只是本国麻雀，大怒道：“这是怎么回事？是不是欺我看不出来？”那人吓得瑟瑟发抖，情急之下想到了一个理由：“陛下，这只本国麻雀是一位翻译！”这人采用了比拟手法转换角度，缓解了气氛，也就解了自己的危难。

我们还可以采用空话闪避的应变策略，但要注意用空而不假的话闪避。比如：有人曾问瑞士著名教育家博洛达罗奇一个颇伤脑筋的问题：“您能不能看出一个小孩长大后会成为什么样的人？”“当然能！如果是个小姑娘，长大一定是个妇女；如果是个小男孩，将来准是个男子。”

案例阅读4

窦经理委婉批评下属

窦女士是一家电器经销公司的客户服务经理。最近，有一位下属在工作中经常出错。

窦女士并没有对他直接批评或责骂，而是把他叫到办公室，跟他进行了简短的沟通。

“你是一位很棒的技工，在这条生产线上工作好几年了，顾客对你修出来的电器都十分满意。事实上，很多人都夸奖你的技术好。只是最近你完成一件工作所需的时间好像加长了，而且质量也比不上以前的水准。我想，你也知道我对这种情况不太满意，也许我们可以一起来想办法改正这种情况。你认为呢?”窦女士说。

下属点点头，说：“窦经理，这段时间我对工作确实有点怠慢，非常感谢您给我改正的机会，我保证以后一定改进。”此后，这位下属工作非常用心，也非常出色。

资料来源：贾鹏. 无微不至的沟通艺术. 北京：企业管理出版社，2012.

案例点评

窦经理面对工作表现不令人满意的下属，在与其沟通时没有直接劈头盖脸地进行批评，而是在对下属进行真诚的赞美后，却又委婉地加上“只是”两个字，然后话锋一转再表达自己的真实想法。采取这种委婉的沟通技巧既照顾了下属的面子，又传达了自己的不满，可谓一举两得。

案例阅读5

三个小贩卖水果

一天，一位老太太拎着篮子去楼下的菜市场买水果。她来到第一个小贩的水果摊前问道：“这李子怎么样?”

“我的李子又大又甜，特别好吃。”小贩回答。

老太太摇了摇头没有买。她向另外一个小贩走去问道：“你的李子好吃吗?”

“我这里是李子专卖，各种各样的李子都有。您要什么样的李子?”

“我要买酸一点的。”

“我这篮李子酸得咬一口就流口水，您要多少?”

“来一斤吧。”老太太买完李子继续在市场中逛，又看到一个小贩的摊上也有李子，又大又圆非常抢眼，便问这个小贩：“你的李子多少钱一斤?”

“您好，您问哪种李子?”

“我要酸一点的。”

“别人买李子都要又大又甜的，您为什么要酸的李子呢?”

“我儿媳妇要生孩子了，想吃酸的。”

“老太太，您对儿媳妇真体贴，她想吃酸的，说明她一定能给您生个大胖孙子。您要多少？”

“我再来一斤吧。”老太太被小贩说得很高兴，便又买了一斤。

小贩一边称李子，一边继续问：“您知道孕妇最需要什么营养吗？”

“不知道。”

“孕妇特别需要补充维生素，您知道哪种水果含维生素最多吗？”

“不清楚。”

“猕猴桃含多种维生素，特别适合孕妇。您要给您儿媳妇天天吃猕猴桃，她一高兴，说不定能一下给您生出一对双胞胎。”

“是吗？好啊，那我就再来一斤猕猴桃。”

“您人真好，谁摊上您这样的婆婆，一定有福气。”小贩开始给老太太称猕猴桃，嘴里也不闲着：“我每天都在这里摆摊，水果都是当天从批发市场找新鲜的批发来的，您儿媳妇要是吃好了，您再来。”

“行！”老太太被小贩说得很高兴，提了水果边付账边应承着。

三个小贩对着同样一个老太太，为什么销售的结果完全不一样呢？

资料来源：谢红霞. 沟通技巧. 北京：中国人民大学出版社，2014.

案例点评

提问是探寻对方需求的最好办法。第一个小贩急着推销自己的产品，根本没有探寻顾客的需求，所以李子没有卖出去；第二个小贩比第一个小贩聪明，进行了促成式提问；第三个小贩是一个销售专家和沟通高手，他通过纵深提问挖掘老太太需求背后的原因，最后获得成功。

案例阅读6

小猫找食

有一天，猫妈妈把小猫叫到身边，说：“你已经长大了，三天之后就不能再喝妈妈的奶了，要自己去找东西吃。”

小猫惶惑地问妈妈：“妈妈，那我该吃什么东西呢?”

猫妈妈说：“你要吃什么食物，妈妈一时也说不清楚，这几天夜里，你躲在人们的屋顶上、梁柱间、陶罐边，仔细地倾听人们的谈话，他们自然会教你的。”

第一天晚上，小猫躲在梁柱间，听到一个大人对孩子说：“小宝，把鱼和牛奶放在冰箱里，小猫最爱鱼和牛奶了。”

第二天晚上，小猫躲在陶罐边，听到一个女人对男人说：“老公，帮我个忙，把香肠和腊肉挂在梁上，别让小猫偷吃了。”

第三天晚上，小猫躲在屋顶上，从窗户看到一个妇人在教训自己的孩子：“奶酪、肉松和鱼干吃剩了，也不会收好，小猫的鼻子很灵，明天你就没得吃了。”

就这样，小猫每天都很开心，它告诉猫妈妈：“妈妈，果然像您说的一样，只要我仔细倾听，人们每天都会教我该吃些什么。”

资料来源：施德爱．铁嘴秀口走天下．武汉：湖北长江出版集团，2007.

案例点评

这是商界流传的一个寓言故事，它告诉我们一个道理：会听才会赢！一位名人说过这样一句话：我们花了两年时间学会说话，却要花上六十年来学会闭嘴。人只长了一张嘴而长了两只耳朵，所以人们应该多听少说。良好的倾听技巧是人际沟通得以顺利进行的前提和保证。

案例阅读7

以色列作家的话题选择

一次，一位以色列作家与中国读者交谈时说道：不是国土面积的大小，也不是人口数量的多寡维系着我们两个民族，维系着我们两个国家……把我们维系在一起的是忍耐，是容忍，是新旧传统的结合，是我们的创造力，是我们对生命中精神部分的认识，是我们都视为神圣的生命。把我们维系在一起的是我们两个民族拥有世界上最古老而且依然生机勃勃的文明……

案例点评

与人沟通时，首先要找出与对方有共同性的话题。心理学研究表明，人与人之间只要发现了共同的特征，心理上就会产生亲切感，哪怕只是饮食上共同的嗜好，穿着上相同的偏好，都会使陌生人成为熟识的朋友，使朋友更加亲密。还可以选择现实生活中大家普遍关注并急需阐释的问题，或选择自己最为熟识并最有发言权或确有真知灼见的话题，或者选择能给对方新信息的话题。

其次，注意集中性技巧。在交际中无论讲什么内容的话，都要突出而明确地提出问题，表明自己的主张和态度。交际表达若没有中心，所用的材料就是一盘散沙，结果是难以引起对方的共鸣。

再次，连贯性和得体性技巧也不能忽视。连贯性就是要求符合同一律、矛盾律和充足理由律。同一律即一段完整的谈话中，只能有一个论题，论题的更换只能在一个论证过程说完之后进行；矛盾律即在交际表达中，不能对同一对象作出不同的断定，如果作出了不同的断定，其中必有一个是虚假的；充足理由律，即有论证性和有根据性。口才交际的得体性，就是根据不同的对象具有的不同的言语反应，考虑对方不同的心理因素，做到对不同的人说不同的话，即交际表达要适时、适情、适事、适机，让对方爱听。

最后，还要把握明朗与模糊、直言和婉言及一些安慰、拒绝、问答、应对、赞美等特殊情况下的得体性技巧。

实训导引

1. 各小组模拟组建一个公司，小组成员分别扮演各级职员的角色（如经理、秘书、主管、会计、司机、职员等）；

2. 确定一个会议主题（如最近业务多、人员少；一次业务的失误，遭到客户投诉；员工迟到现象严重等）；

3. 以学习小组为单位，开始模拟公司会议，每人根据自己的角色，提出一些现象、想法和建议（注意用语、口气、体态等，如自己发言时先简单“寒暄”，在别人发言时要“倾听”，下属对上级要谦恭、适时“赞美”，上级对下级要适度“批评”，对不同意见要诚恳说服等）；

4. 教师及学生代表组成评委团，根据该学习小组的表现，评定小组成绩。

实训评价表

总分：

<table>
<tr><td>口才内容(30分)</td><td></td><td>口才情感(10分)</td><td></td><td>口才方式(20分)</td><td></td><td>口才逻辑(20分)</td><td></td><td>口才技巧(20分)</td><td></td></tr>
<tr><td rowspan="3">评语</td><td colspan="2">自我评价</td><td colspan="3"></td><td colspan="4">学生签名</td></tr>
<tr><td colspan="2">同学评价</td><td colspan="3"></td><td colspan="4">同学签名</td></tr>
<tr><td colspan="2">教师评价</td><td colspan="3"></td><td colspan="4">教师签名</td></tr>
</table>

阅读链接

1. 袁红兰. 演讲与口才. 北京：航空工业出版社，2015.

2. 施德爱. 铁嘴秀口走天下. 武汉：湖北长江出版集团，2007.

3. 谢红霞. 沟通技巧. 北京：中国人民大学出版社，2014.

4. 贾鹏. 无微不至的沟通艺术. 北京：企业管理出版社，2012.

项目七

社交沟通专题训练

美国著名人物卡耐基说：“一个人的成功有15%是由于他的专业技术，85%则要靠人际关系和他的处事能力。”而良好的人际关系和处事能力最常反映在口才沟通上，口才沟通是社交场合中立足制胜的最有力的法宝。我国古代很早便有“一言可以兴邦”等说法。可见语言在社交上的威力。

在日常生活中，我们经常看到夫妻反目、朋友嫌隙、同事不睦、上下级互生怨恨的情况。这些情况85%都是由沟通不当引起的，沟通不畅可能引起巨大的经济损失，甚至引发血腥惨案。

社交沟通是一个双向的过程，它的终极目的是促使人产生行动。当我们与人沟通时，会因为各种原因产生沟通漏斗。沟通漏斗是指如果一个人心里想的是100%的东西，当你在众人面前将之用言语表达出来时，这些东西已经漏掉20%；而当这80%的东西进入别人的耳朵时，由于文化水平、知识背景等关系，只存活了60%；实际上，真正被别人理解了、消化了的东西大概只有40%；等到这些人遵照领悟的40%具体行动时，已经变成20%了。鉴于此，作为信息的发送者要努力寻找适宜的方式，用对方喜欢、易于接受和理解的方式来表达，努力表达得更清楚；作为信息的接收者则要努力认真倾听，学会换位思考，尽量将漏掉的内容降至最低。

在社交沟通中，能够做到尊重他人，真诚沟通，有同理心，换位思考，并学习相关的社交沟通技巧，就会让自已的社交顺风顺水。

任务一　社交口才沟通基本技巧训练

案例阅读1

“最愚蠢的银行”

德国人一向以严谨细致的作风著称于世，但却在2008年创造出了“最愚蠢的银行”！

2008年9月15日上午10点，美国雷曼兄弟公司向法院申请破产保护，消息瞬间传遍全球。令人匪夷所思的是，德国国家发展银行居然在10分钟后，按照外汇到期协议，通过自动付款系统，向雷曼兄弟公司即将冻结的银行账户转入了3亿欧元。毫无疑问，这笔款项有去无回。

转账风波曝光后，德国社会大为震惊，舆论哗然。普遍认为：这笔损失不该发生，因为此前雷曼兄弟公司破产的消息已经满天飞，德国国家发展银行事前应该做好防范措施才对。德国销量最大的报纸指责其为“最愚蠢的银行”。财政部长发誓：一定要查个水落石出，严惩责任人。

短短10分钟里，德国国家发展银行内部到底发生了什么事情，导致发生如此愚蠢低级的错误？一家法律事务所受财政部的委托，进行了全面调查。几天后他们向国会和财政部递交了调查报告，记录了相关人员在这10分钟里忙了些什么。答案就在这里面：

首席执行官：我知道今天要按照协议约定转账，至于是否撤销这笔巨额交易，应该让董事会开会讨论决定。

董事长：我们还没有得到风险评估报告，无法及时做出正确的决定。

董事会秘书：我打电话给国际业务部催要风险评估报告，可那里总是占线，我想还是隔一会再打吧。

国际业务部经理：周五晚上准备带全家人去听音乐会，我得打电话提前预订门票。

国际业务部副经理：忙于其他事情，没有时间去关心雷曼兄弟公司的消息。

负责处理与雷曼兄弟公司业务的高级经理：我让文员上网浏览新闻，一旦有雷曼兄弟公司的消息就立即向我报告，当时我正要去休息室喝杯咖啡。

文员：10:03我在网上看到了雷曼兄弟公司向法院申请破产保护的新闻，马上就跑到高级经理的办公室，可是他不在，我就写了张便条放在办公桌上，我想他回来后会看到的。

结算部经理：今天是协议规定的交易日子，我没有接到停止交易的指令，就按照原计划转账。

结算部自动付款系统操作员：结算部经理让我执行转账操作，我什么也没问就做了。

信贷部经理：我在走廊里碰到了文员，他告诉我雷曼兄弟公司破产的消息，但我相信负责处理与雷曼兄弟公司业务的高级经理和其他职员的专业素养，一定不会犯低级的错误，因此觉得没有必要提醒他们。

公关部经理：雷曼兄弟公司破产是板上钉钉的事情，我想跟首席执行官谈谈这件事情，但上午我要会见几个外国客人，想下午再找也不迟，反正不差这几个小时。

德国经济评论家哈恩说：在这家银行，上到董事长，下到操作员，没有一个人是愚蠢的，可悲的是几乎在同一时间，每个人都开了点小差，结果加在一起就创造出了“最愚蠢的银行”。

资料来源：http://wenku.baidu.com/link?url=kNeM3Ha3ReggLz2x9E40AnPEDbbO2oVob0Mplv8U7RqKAot3h2I7o4ab9ln-ye0yFerUDh2BoWf3VAKKNdI9FAPeZvHyXpYtwwDwsYXtFzO.

案例点评

在这个案例中，德国国家发展银行负责雷曼兄弟公司项目的所有人员共同出现的沟通问题是，没有主动沟通。在社会交往中，我们需要在心中树立主动沟通的意识，还要拥有主动沟通的勇气，更要学会主动沟通的方式。如果董事长能够主动向下属追要雷曼兄弟公司的报告，可能就能挽回这个巨大的损失。文员虽然发现了雷曼兄弟公司破产的消息，并主动跑到经理办公室，却选择了留便条这样极为被动的方式告知经理。相信我们大家可以帮助这位文员想出至少5种迅速找到经理并告知其消息的方式。主动沟通在我们的交际生活中非常重要，日常的打招呼、道歉都需要主动沟通。主动跟领导汇报工作进展，可以让工作开展得更顺利。夫妻之间主动沟通，可以增进夫妻感情。陌生人主动沟通，可以让我们主动结识更多的人，从而获得更多的机会和帮助。

案例阅读2

秀才买柴

有个秀才去买柴，他对卖柴的人说：“荷薪者来。”卖柴的人听不懂“荷薪者”（担柴的人）三个字，但他听懂了“来”，于是把柴担到秀才眼前。

秀才问他：“其价如何？”卖柴的人听不懂这句话，但他听懂了“价”这个字，于是就告诉秀才价钱。秀才接着说：“外实而内虚，烟多而焰少，请损之。”（木柴的表面是干的，里面是湿的，燃烧时会浓烟多而火焰少，请减些价钱吧），卖柴的人这时完全听不懂秀才说什么，于是担着柴就走了。

资料来源：http://wenku. baidu. com/link? url = 4DZ8G3SnxBR7ixZC69kyIlPdnglrkorHOwXodfSl_PRj83GxtlUTsgLYXadaawliox_oFWTSrP3DGcgQ0sYtvJwTQdFrK8STcCmsvukYUcK.

案例点评

沟通对于人的社交活动非常重要。要做到“4W1H”：“WHO”，与谁沟通；“WHERE”，在哪里沟通；“WHEN”，什么时候沟通；“WHAT”，沟通什么内容；“HOW”，用什么方式进行沟通。在沟通之前，我们先要了解沟通对象是什么人，他喜欢什么样的沟通方式。正所谓“知彼知己，百战不殆”。鬼谷子曾经说过：与智者言依于博，与博者言依于辩，与辩者言依于事，与贵者言依于势，与富者言依于豪，与贫者言依与利，与战者言依于谦，与勇者言依于敢，与愚者言依于锐。跟不同的人应该用不同的方式去沟通。西方著名的人际关系的白金法则也告诉我们：别人希望你怎么对他，你就怎么对他。

为了获得最佳沟通效果，沟通双方须互相尊重，尊重对方的言语、风俗习惯、爱好等，尽量做到换位思考。自己说什么固然重要，但是达到沟通的目的更重要。

在本案例中，迂腐的秀才面对大字不识的卖柴人，依然使用文绉绉的语言，最终导致卖柴人因听不懂他说什么而走掉。如果秀才明白，在这样买卖柴火的集市上，应使用简单通俗的语言进行交流，那么买柴还能成为什么难事呢？

案例阅读3

方丈巧答朱元璋

明朝开国皇帝朱元璋幼时曾在皇觉寺为僧，当时在寺内墙上涂抹了一些打油诗以消遣时日。后来他做了皇帝，怀旧之心顿生。他想起在皇觉寺为僧的那些日子，想看看那些打油诗还在不在，于是驾幸皇觉寺。朱元璋进入寺内，一言不发，四处寻找。方丈摸不着头脑，急忙启奏道："圣上，您找啥？"

朱元璋气呼呼地说："找啥？找诗呀，朕当年题的那些诗呢？"

方丈方知大祸临头，"扑通"一声跪下道："老僧该死！老僧该死！诗没了，我有罪！"好在昔日这位方丈待朱元璋不错，朱元璋念及这一点，说："朕念你当年对朕不错，免了你的死罪。""不过，"朱元璋厉声问道，"朕的那些诗你为什么不保护好？"

这时方丈稍稍安下心，答道："圣上题诗不敢留。"

朱元璋奇道："为什么？"

方丈不慌不忙答道："诗题壁上鬼神愁。"

朱元璋又问："那你把它擦了？"

方丈奏道："谨将法水轻轻洗。"

朱元璋追问："一点痕迹也没留下？"

方丈又奏道："犹有龙光射斗牛。"

"好！好！不敢留就不留吧。"朱元璋终于转怒为喜，厚赐了寺僧而返。

资料来源：http://wenku.baidu.com/link? url=NjO0wIkPnptbQfXOBZ1l20Ax9NOzALJiiVdJaIrcHuEwE-EtJavQDkXN_Tx72_tzS7jvYEJ3k3EbrUNoogI4pz9OHR2qlHcAVPbmsjAobVK.

案例点评

方丈妙言巧答，终于化险为夷。在这里方丈使用了社交中的两个技巧：一是看准了朱元璋千里为诗来的这种对诗的偏爱心理，来了个"投其所好"以诗答问，使朱元璋高兴。二是非常讲究对答时的言语技巧。当朱元璋问为什么不保护好那些诗时，方丈回答："圣上题诗不敢留"和"诗题壁上鬼神愁"。这样既恭维了皇帝，交代了不敢留的原因，又避免直接激起皇上的不满。当朱元璋问"一点痕迹也没留下？"方丈答道："犹有龙光射斗牛。"借用"张毕掘得龙泉、太阿二剑"的典故，称赞皇上的诗非同一般，即使擦去了，"龙光犹存"，使得朱元璋在不知不觉中化怒为喜。

在此案例中我们看到，除了社交沟通方式的选择之外，还有一项非常重要的社交沟通技巧就是赞美。赞美不仅可以使别人放松、愉悦，也会让自己长出一双善于发现美的眼睛，赢得更多人的喜爱，而且更重要的一点是，如果我们心怀美好，世界就会愈发美好。心理学研究中有一个著名的效应叫作"皮格马利翁效应"，该效应实际上就是期望的应验：当我们对自己有所期望时，这个期望总有一天会实现，这就是所谓的"自我应验预言"(Self-fulfilling Prophecy)；当老师对学生有所期望时，这个期望总有一天也会实现，这就是所谓的“教师期望”（Teacher Expectations）；担任管理者的主管，对部属当然也应该有“主管期望”（Superior Expectations）。当我们的期望是好的一方面，并进行积极的鼓励和赞美，则我们期望的对象就会朝着这个好的方面发展。因此在教育人士的口中，我们可以常常听到这样一句话：“好孩子是夸出来的。”

赞美是人们社交生活中一个很重要的部分，适当地赞美别人，可以创造许多正面的能量，营造良好的人际关系，但是如果过度谄媚、阿谀奉承，则会变成令人讨厌的“拍马屁”。几年前美国一本畅销书《恭维趣史》中，作者史丹格讲述了有关奉承、阿谀、谄媚等拍马屁的历史与评议，并列出25种恭维术。美国作家卢冰在“今日心理学”（Psychology Today）网站发表的《赞美的9种秘诀》一文中，从一种使人较快乐的角度去审视史丹格的恭维术，去芜存菁，舍去谄媚阿谀的拍马屁之术，取用其中好的赞美方法。卢冰表示，拍马屁（Flattery）与赞美（Praise）的区别，在于拍马屁是具谋略性的、出于为己为私的理由才做的赞美。她认为给予别人好的赞美有以下9个诀窍：

（1）赞美要明确：模糊的赞美无法让人印象深刻。

（2）真诚地赞美别人：想办法找到别人值得赞美之处，才能让自己发自内心真诚地给予赞美。

（3）不要在赞美别人的同时要求帮忙，这会让赞美看起来像是个计谋。

（4）不要过度赞美：让赞美维持可信度和真实性。

（5）找一些别人较不明显的优点去赞美：别人较不明显的成就或特质，通常很少获得赞美，你如果能在这方面给予赞美，往往会给人带来惊喜。

（6）别犹豫称赞已经获得很多赞美的人：经常受到赞美的人也渴望得到赞美。

（7）在别人背后赞美他们：背后的赞美听起来比面对面的赞美更加真诚。

（8）当别人询问你的真实意见时，必须格外小心，这通常暗示他们想要获得他人的肯定，而不是具有批判性的真话。

（9）不要明褒暗贬：例如“你做得比我预期的好多了”，这样的话基本上不是赞美，只会让人感到窝心。

实训导引

赞美是人际交往的润滑剂，日常生活中，我们不仅要学会主动赞美别人，更要学会发现可赞美之处。

学生两人一组，在2分钟时间内，在纸上写出对方的8条优点。

每组学生彼此选择合适的方式，用5分钟时间真诚地赞美对方。

实训评价表

总分：

<table>
<tr><td>主动性（20分）</td><td></td><td>真诚性（20分）</td><td></td><td>热情度（20分）</td><td></td><td>舒适度（20分）</td><td></td><td>协调度（20分）</td><td></td></tr>
<tr><td rowspan="3">评语</td><td colspan="2">自我评价</td><td colspan="3"></td><td colspan="2">学生签名</td><td colspan="2"></td></tr>
<tr><td colspan="2">同学评价</td><td colspan="3"></td><td colspan="2">同学签名</td><td colspan="2"></td></tr>
<tr><td colspan="2">教师评价</td><td colspan="3"></td><td colspan="2">教师签名</td><td colspan="2"></td></tr>
</table>

阅读链接

1. 包镭. 演讲与口才技能实训教程. 北京：北京大学出版社，2011.
2. 武洪明，许湘岳. 职业沟通教程. 北京：人民出版社，2014.

任务二　常见的社交沟通场景

案例阅读 1

史上最牛女秘书

总裁发出“谴责信”

2006年4月7日晚上，EMC大中华区总裁陆某（新加坡人）回办公室取东西，到门口才发现自己没带钥匙。此时他的私人秘书瑞贝卡已经下班。陆某试图联系后未果。数小时后，陆某还是难抑怒火，于是在凌晨1时13分通过内部电子邮件系统给瑞贝卡发了一封措辞严厉且语气生硬的“谴责信”。这封电子邮件最终成为整个事件的导火索。

陆某在这封用英文写就的邮件中说：

> 瑞贝卡，星期二我曾告诉过你，想东西、做事情不要想当然！结果今天晚上你就把我锁在门外，我要取的东西都还在办公室里。问题在于你自以为是地认为我随身带了钥匙。从现在起，无论是午餐时段还是晚上下班后，你要跟你服务的每一名经理都确认无事后才能离开办公室，明白了吗？

陆某在发送这封邮件的时候，同时传给了公司几位高管。

面对大中华区总裁的责备，一个“小秘书”应该怎样应对呢？

秘书针锋相对

瑞贝卡的做法直接引起了舆论效应，为她在网络上赢得了“史上最牛女秘书”的称号。两天后，她在邮件中用中文回复说：

第一，我做这件事是完全正确的，我锁门是从安全角度考虑的，北京这里不是没有丢过东西，如果一旦丢了东西，我无法承担这个责任。

第二，你有钥匙，你自己忘了带，还要说别人不对。造成这件事的主要原因是你自己，不要把自己的错误转移到别人身上。

第三，你无权干涉和控制我的私人时间，我一天就 8 小时工作时间，请你记住中午和晚上下班的时间都是我的私人时间。

第四，从到 EMC 的第一天到现在为止，我工作尽职尽责，也加过很多次的班，我也没有任何怨言，但是如果你们要求我加班是为了工作以外的事情，我无法做到。

第五，虽然咱们是上下级的关系，也请你注重一下你说话的语气，这是做人最基本的礼貌问题。

第六，我要在这里强调一下，我并没有猜想或者假定什么，因为我没有这个时间也没有这个必要。

本来，这封咄咄逼人的回信已经够令人吃惊了，但是瑞贝卡选择了更加过火的做法。她回信的对象选择了 EMC 中国各分部。这样一来，EMC 中国公司的所有人都收到了这封邮件。紧接着的一周，网络上各大公司的职员数千人转发了此封邮件，直接导致了事件升级和发酵。邮件被转发出 EMC 后不久，陆某就更换了秘书，瑞贝卡也离开了公司。尽管无论是邮件附加的个人点评还是 BBS 上的讨论，力挺瑞贝卡的声音都超过了八成，但外企人力资源部的管理层却并不买账。在记者采访中，瑞贝卡表示，“这事儿闹得太厉害，我已经找不到工作了”。她没有料到邮件会被转发出去，也没有料到目前的局面。

资料来源：http://wenku.baidu.com/link? url=9w6dJPiBb7Is-r63LqgQV6F6-S8PrHn4v0CMc9thOFl5jN6ZKyw8pi0WGgKFhIw8O2Dw1L9mZdyUmOTSJTflHA8kabLI-PCkgyowLokr9_C.

案例点评

在本案例中，陆某是 EMC 公司大中华区总裁，统管 EMC 在中国的所有运营业务。据悉，陆某是名资深的 IT 专业人士，也曾出任 IBM、西门子等知名国际企业的高管。在赴 EMC 履新之前，他曾担任甲骨文大中华区总裁。陆某是典型的西方企管文化代表，作风强硬。瑞贝卡是他的高级秘书，同时也是 EMC 的元老级的秘书，经历过几个中国区总裁，这样一个“大秘”，职业修养可想而知，若不是陆某为人刻薄，平时过于严厉，瑞贝卡也不会有如此激烈的反应。

从这个案例中我们可以看出，作为上司的陆某言语刻薄，表达生硬，措辞严厉，而且选用邮件的方式，没有温度的表达会让苛责加倍。如果他能够体谅下属，尊重下属，也许就会选择采取面谈的方式，温婉地表达自己的需求而不是要求，瑞贝卡也许就会因为自己做得不够而产生内疚，从而改善自己的工作。

从瑞贝卡的方面看，首先她在外企通用英文邮件的前提下，使用了中文回复邮件，即表明了一种对抗。其次，她的措辞非常强硬，咄咄逼人，据理力争，拒不认错，用这种表达方式不能解决问题，只会让问题加剧。最后，她将邮件广泛发送致使本次事件愈演愈烈，最终无法收场。正确的做法应该是，同样用英文写一封回信，解释当天的原委并接受总裁的要求，语气要温婉有礼。同时，给自己的顶头上司和人力资源部的高管另外去信说明，坦承自己的错误并道歉。

秘书是离总裁最近的人，总裁的很多想法都会直接跟她讲，而公司员工或者管理层想要了解总裁的想法，也会通过秘书这一渠道。所以，秘书在公司中扮演着一个十分重要的角色，很多总裁关心的事，不方便由总裁出面去做的，他会让他的秘书去传达，秘书相当于老板的小代言人。一个出色的秘书深谙老板的各种习惯，并跟老板保持默契。

瑞贝卡这种做法看上去十分过瘾，其实相当不职业。她今后找工作会很难。她违反的不是潜规则而是明规则。谁会要一个喜欢破坏规则的人呢？一封邮件抄送那么多人，这种方式必然造成不和睦。难道没有其他方式可以沟通吗？这种方式对当事人没有任何好处，职场中无人会接受。

案例阅读2

领导之间有矛盾，秘书怎么办

某公司赵副总经理因一项对外业务工作与焦总经理争执起来。后来，赵副总在与王秘书外出乘车中埋怨焦总主观武断，导致决策失误，给公司造成了损失。王秘书知道焦总与赵副总平时意见就不一致，焦总经理是一位有能力、办事雷厉风行的人，但不太注意工作方法，得罪了不少人。职工对他这一方面也有看法。赵副总考虑问题周到，群众关系好，但决断能力差。从心里讲，今天这场争执，他倾向赵副总。现在，赵副总当着他的面说起与焦总经理的分歧，明显是想赢得他的同情与支持。面对这种情况王秘书应当怎么办？

是投其所好，同情并支持赵副总，对焦总经理颇有微词；还是维护一把手的权威，不理睬赵副总的话，而大讲焦总经理对公司的种种努力，累累硕果；或者是直言相谏，指出领导班子不团结，让下属不好办；再或者保持沉默，或转移话题，讲别的事情。最后，王秘书选择了耐心解释，说好话不说闲话，弥补领导间的裂痕。这样的做法受到了赵副总的称赞。

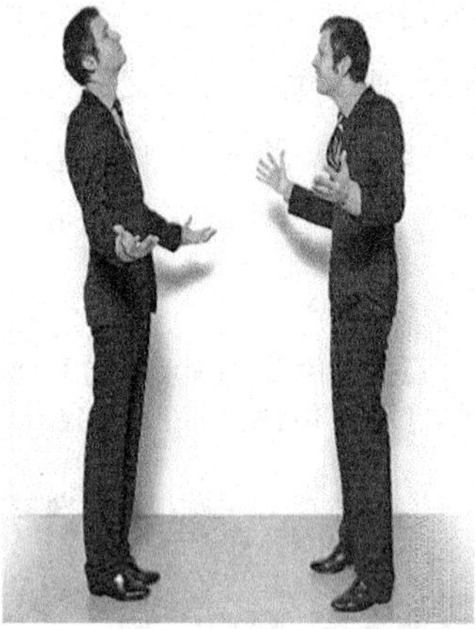

案例点评

该案例中，秘书处于紧张型的社交关系中。面对这种情况，王秘书耐心解释，说好话不说闲话，尽力弥补领导间的裂痕。作为秘书，要善于处理各种人际关系，努力创造和谐的人际关系氛围，使各项秘书活动得到必要的理解、支持和协作。为此，秘书在自己的工作社交圈中要注重以下四个方面的沟通方法：

（1）要注重信息沟通和协调工作，加强沟通桥梁和联系纽带作用。

（2）要维护领导班子的团结，多做沟通协调和规劝提醒工作。

（3）要协助领导加强与职能部门的沟通，妥善处理各种工作问题，化解各种隔阂和矛盾，创造和谐的人际环境。

（4）要协助领导加强与群众的联系。将领导的正确意图及时向群众传达和宣传，强化群众对领导工作的理解和认同；把群众的意见和要求及时集中起来向领导反映，使领导和管理举措符合民意，增强团体凝聚力，开发群体潜能，激发群众开拓事业的热情。

案例阅读3

先礼效应

病人方先生，因饮食不当导致急性胃肠炎，由家人陪同到医院看病。就诊时他忽然感到一阵恶心，想去洗手间，但刚到走廊上便忍不住大口呕吐起来。

护士小马见此情景马上走了过去扶住病人，并轻轻拍打病人的后背，然后将病人搀扶到椅子上坐下，不停地安抚他：“你一定很难受吧?”接着将餐巾纸递给病人，让他擦擦嘴角，并用一次性杯子倒水让病人漱口。家属十分感动，连声说：“真不好意思，把地弄脏了。”小马说：“不要紧，我马上请清洁工来处理。不过病人可能还会呕吐，你最好做些准备，不要让病人再吐到地上了。你有塑料袋吗?”病人家属马上从挎包里找出一只塑料袋，递给病人。小马说：“对，再想呕吐的话就吐在塑料袋里。”病人家属见清洁工来清扫地面，就主动上前帮忙。

资料来源：http://wenku. baidu. com/link? url=CJdwi_Z4z6NnTOObKZdDjc26uiMj8BcWKft0DUFi-xv2ZWAkJF1ABdh1vf5L2KoGbiqTeFYCrB_yYiHtoKFFVjl_dn7-Ff43u7Yx1312SHq.

案例点评

当前医患关系比较紧张，除去医疗资源不均衡、媒体舆论导向等大环境的原因，大部分医护人员，尤其是医生，注重技术而忽略沟通是一个重要的原因。世界医学教育联合会《福冈宣言》指出：所有医生必须学会交流和改善人际关系的技能，缺少共鸣（同情）应该看作和技术不够一样是无能的表现。

在本案例中，护士小马在看到病人呕吐到地上后，没有指责，而是主动搀扶病人，并询问病人的感受。在向对方提出要求之前（要求病人不要再将呕吐物吐在地上），做到了“先礼”。这样对方会产生一个反省的过程，对于小马提出的要求便容易接受了。反之，如缺乏“先礼”而直接指责对方，此时对方会认为护士态度恶劣，产生抵触情绪，对护士提出的要求往往不能接受，即使按要求去做，心中也不会很舒服。

案例阅读4

一颗糖引起的家庭矛盾

五岁的妞妞就到底吃了几颗糖在跟外婆争论。外婆说：“刚才你一共拿走了三颗糖，现在就剩下一颗，肯定吃了两颗。”妞妞涨红了小脸，一遍遍喊着：“我没有，我就吃了一颗，我没有吃两颗，你冤枉我。”在一旁的妞妞妈转过身温和地对妞妞说：“妞妞，你记得自己只吃了一颗糖，而不是两颗，外婆说你吃了两颗，你感觉到自己被冤枉了是吗?”妞妞委屈地撇了撇小嘴，点头说是。妈妈又说：“如果妈妈被人冤枉了，也一定非常难过，甚至会感到很愤怒。”妞妞忍着的眼泪顿时流了出来。妈妈又说：“不如我们学学柯南，找找线索，证明我们是清白的，如何?”于是妞妞转身跑去翻起了垃圾桶，果然只翻出了一张糖纸。妞妞高兴地拿着糖纸对外婆说：“看吧，只有一张糖纸，我就说我只吃了一颗糖。”妈妈对妞妞说：“被冤枉确实不舒服。外婆只是好奇你拿了三颗糖，只剩下了一颗糖，另外一颗哪里去了呢？所以外婆没有要责怪你的意思，不过你刚才冲着外婆大喊大叫，外婆会感到很伤心的。”妞妞听了妈妈的话，不好意思地低下了头，想了想之后走到外婆身边对外婆说：“外婆，对不起，我下次不对你大喊大叫了。”妞妞妈又说：“那我们来侦查一下，到底那颗糖去了哪里呢?”妞妞兴奋地说：“好啊，我猜一定是被我们家的猫咪叼走了吧?”

案例点评

当我们与别人沟通时，想纠正别人的观点，尤其遇到对方在抱怨时，请记住一句话：“纠正之前先连接。”这句话出自研究儿童教育的著名心理学家简·尼尔森博士。如果我们与对方毫无连接，上来就指手画脚批评对方这里不对那里不对，就会使矛盾升级。这种连接往往非常简单，重复对方的话语或者感受即可。有的时候对方没有说出感受，我们可以通过猜测的方式找到对方当下的感受。在本案例中，妞妞因为受到委屈而剑拔弩张，对外婆大吼大叫。很多妈妈想到的处理办法是，要么制止孩子的不礼貌行为，要么制止老人的批评行为。但是有时我们争赢了一个道理，却输了一段关系。对待孩子和老人都需要循循善诱。案例中的妈妈通过重复妞妞的语言，指出妞妞当下的感受，而让妞妞心情平静下来，这是一个共情的过程。妞妞会在这场争吵中知道，妈妈不是站在自己对立面的，而是理解自己的。在妞妞找到糖纸成功证明自己确实只吃了一颗糖后，妈妈肯定了妞妞的行为，没有批评外婆有错，而是借由跟妞妞说话，说出了外婆“伤心”的感受，让外婆感受到了自己被女儿理解，后面妞妞的道歉就水到渠成了。有时候我们甚至会发现，当我们连接了之后，不用纠正，对方就会自行纠正自己的行为。

“纠正之前先连接”并不仅仅适用于亲子关系，对于一切关系都是很好用的一种方法，因为每个人都渴望被理解、被认可。做到这一点需要我们首先在发生争执或处在对方抱怨这种负面情绪时，能够让自己冷静，不被负面情绪影响。进而换位思考自己若是对方会有什么感受。然后重复对方的话，加上所预估的对方的感受。当然，如果关系亲近，也可以同时通过身体接触来进行连接，如给对方一个拥抱，或握着对方的手。当对方冷静下来，我们在进行纠正时，也尽量不要使用“但是”这样的强转折词语，尽量使用启发式提问，让对方自己意识到错误之处，或者使用“如果”这样的假设连词，让语气不那么生硬，让话语更委婉。

案例阅读5

将战火熄灭在战争之前

张老师带女儿睡觉之前，对正在看电视的先生说：“一会儿别忘了帮我给手机充电，明天有人来送东西。我先睡了。”

先生一边看电视一边说：“好的。”

第二天一早，张老师上完一节课后，拿出手机开机，结果发现只有一格电，顿时火冒三丈。她拿起电话拨通了先生的电话，心里涌动着无数的怨恨：

答应帮我充电，为什么没充？

你要是不能帮忙是不是告诉我一声，我自己充？

肯定是光顾着看电视，根本就没留意我说什么！

你这个人总是这样，答应了的事情不做，对待别人的事情这么心不在焉！

今天我还有重要电话要接，上午四节课，你让我怎么办？

这点小事都做不了，你还能为我做什么？

…………

张老师的心里还在翻腾着怒火，结果先生的电话却正在通话中。张老师挂掉电话索性开始编辑短信。当她编辑到短信结尾时，她突然意识到，自己此刻的行为对于解决手机没电这件事情来说毫无意义。于是她把手机放下，用电脑放了一首歌曲，独自走到窗边冷静下来。

一首歌曲结束，张老师的心情平复了。在刚刚的几分钟里她已经想出来5种以上解决手机没电的方法：问问学生们是否有充电器？若没有充电器，是否有数据线？若学生都没有，可以去教师办公室借一个充电器。如果教师办公室也没有，可以先电话告知来送货的人，自己手机没电，事先约定好送货时间。当然也可以先关机，到了约定时间再开机。其实后面的几条都没有用到，因为张老师那天的课有八十多位同学，刚问了大家一声，就有人送来了充电器。

张老师默默删了刚才编辑的短信，兴致盎然地开始给学生上课。那天下班后，先生问他早上给他打电话什么事，张老师笑了笑说："没什么，就是下课了，想问问你在干什么。"

案例点评

一个人在社交中能够感知到自己的情绪，并能控制自己的情绪，就已经成为了情绪的主人。

在本案例中，很多人在遇到与张老师类似的情况的时候，都会有张老师的感受——火冒三丈、怒不可遏，顿时会由点及面，由一次偶然事件上升为否定对方的人品或性格。这样的思维所带来的语言必然是祈使句、反问句这样杀伤力极强的句式。受指责的一方即便知道自己有错，听到这样的指责并且上升到如此的"高度"，也必然会生气，于是二人多数会不欢而散，各自委屈。

真正的沟通很多时候都不在沟通本身，而在于沟通时的心态。所幸先生的电话并未接通，所幸张老师及时感知到了自己的情绪。这里，张老师使用了"暂时抽离"这种平静情绪的办法，通过放音乐、望风景，让自己放松下来，让理智重新开始思考，从而想出了若干解决问题的办法。这里涉及一种思维方式的转变，就是由以"为什么"开始的问题思维，转变为以“如何做”开始的效果思维。当我们不断发问“为什么总是这样？为什么不充电”时，我们内心会将责任推到他人或外部环境上，自己越想越无辜，越想越生气，却对解决问题毫无帮助。当我们在思考“如何才能解决，如何才能避免”时，我们的大脑就开始分析，从而能够找出很多解决问题的办法。

当我们发现已经没有愤怒的情绪的时候，很多话也就没有必要说了，这也是为什么张老师没有告诉先生自己早上真实的心路历程的原因。也许在某个夜深人静的夜晚，非常静谧的时刻，张老师会非常温和地告知先生自己那天的所思所想，先生也一定会感动于自己妻子的理解和大度，并对自己没有为妻子及时充电而深感愧疚。别忘了，愧疚是让一个人改变的最好动力。

案例阅读6

社交沟通中的介绍

介绍人：我来介绍一下，这位是××公司的推销员王××，这位是××公司的部门主任李××，李主任。

王××主动与李主任握手。

王××：你好，你好！

李主任：你好！

介绍人：李主任，王××人不错，很能干的小伙子。

李主任：哦，看得出来，精明能干。小伙子不错啊！

王××：过奖过奖。还要请李主任多多指教。

介绍人：小王，李主任在公司是专管……的，是业界的……

王××：那更要请李主任多多帮忙了……

案例点评

把握介绍的内容及技巧。介绍他人一般介绍姓名、身份、工作单位等，必要时还要介绍籍贯、个人性格、爱好、工作成绩、社会影响等。为让双方有谈话的话题，还可介绍共同爱好、相似经历、业余兴趣及特长，并给予良好的评价。介绍时要热情诚恳，落落大方，机智激情。

介绍他人，应以夸奖为主。而自我介绍，则应以谦虚为主。当然，谦虚并不就是自我诋毁或降低。经由介绍后初步认识的人之间，往往会立刻有一些寒暄。

案例阅读 7

社交沟通中的交谈

电视剧《贞观长歌》中，太子李承乾和他的岳父侯君集意图逼宫篡位，被太宗发现。太宗想放他们一条生路，却遭到朝臣的大肆反对，最后不得已必须牺牲侯君集来保住太子。然而侯君集是太宗的老功臣，两人的感情也十分深厚。太宗不忍，暗示房玄龄劝说侯自杀。

房玄龄领命去见侯君集。房和侯也是老同事关系了。这是个难以启齿的事情，房分了两步来进行。

狱中的侯君集对房来看他感到很高兴，二人愉快地喝酒吃饭。

房：侯君集呀侯君集，到了这个时候，你竟然还能吃得下饭。

侯：哈哈哈哈，我和皇上是什么交情。皇上怎么会杀我，顶多关我一段时间，或者流放出去。如果皇上杀了我，他不怕被世人说成忘恩负义吗？

房：你，你呀，叫我怎么说你。难道你就不惭愧吗？忘恩负义的人是谁？贪污钱财、违反军纪，皇上既往不咎，泽州一案皇上为你包庇，可你是怎么对皇上的，你居然召集旧部意图谋反。你知道皇上这些天天天吃不下饭、睡不好觉，向个个大臣低头恳求。皇上是什么人，他什么时候向人低过头了？到了晚年却为了你低头。你有没有良心？侯君集啊侯君集，你究竟是怎么做人的？这满朝堂上都找不到一个人帮你说话？

一席话说得侯君集羞愧难当。于是他说出实情：我这么做，都是为了海棠（侯的女儿，太子妃）。

房：你以为你这是帮她？你这是在害她。你看你哪次不是把事情弄得越来越糟，如果不是你的举动，太子会被废吗？为了你的女儿、你的外孙，你也要好好想想，你知不知道，太子已经要被你害死了。

侯：什么？你说太子要被我害死了？

房：谋反这么大的罪，总要有个人承担才能平息。

侯长叹一声，立刻一头撞死了。

案例点评

这里有两个话题，一个话题的中心是侯对唐太宗的不忠不义，另一个话题的中心是侯对女儿女婿的伤害。两个话题一是勾起侯对太宗的愧疚，二是勾起他对女儿外孙的怜惜，最终都围绕一个主题：为谢罪，为保护想保护的人，当自我了断。

这是社交交谈中一个典型的案例，交谈是两个或两个以上的人共同参与的双向口才交际活动，它可以交流思想、融洽感情、增进情谊，是人们增长见识、改善关系、排忧解闷的重要途径。交谈中可以展现一个人的素养、风度、学识等。

与随意的寒暄不同，社交交谈的技巧首要的是主题明确，中心突出。现实生活里，许多人交谈起来语无伦次、颠三倒四，结果说来说去，让人抓不住重点、摸不着头脑。即便是较为随意的交谈，也是由一系列的话题构成，每个话题应有一个小中心。一般而言，交谈的情形有两类：一是话题变化，中心也在发生变化；二是话题变化，中心没有变。

其次是投其所好地选择话题。要想使你的交谈受到对方的关注，或者要想和陌生人拉近距离，打开对方的心扉，就要投其所好。一般而言，交谈中人们较关注自己的身份和职位，或者关注自己的成就和光荣。比如就兴趣和身份而言，和母亲谈论孩子，和年轻男孩讨论运动，和中青年女性讨论服装美容，和老年人谈保健，和小孩儿讨论卡通片和玩具，都是交谈的良好开端。注意交谈过程中尽可能地幽默些。

交谈要避免三点：一是只说不听；二是不讲礼貌（包括平等交谈、恰当的手势语，勿只对一两个人交谈，勿争执和指责，勿许久和一个女士攀谈耳语或掺和到女性圈中交谈，勿漫不经心交谈等）；三是话题不当、话语粗俗。另外，尽量不要将个人隐私或集体机密拿到公共场合进行交谈，不要随意评价第三者，避免攻击、谩骂、中伤他人，这关涉交谈者品行。不可出言不逊、强词夺理、搬弄是非、说出难听的话语。

交谈中常常还需要求助对方。求助的技巧包括：一是利用拉关系和套近乎性的寒暄，为向人求助奠定情感基础。通常有询问近况，表达思念之情、仰慕之情，怀念彼此感情最好的时光等方式。还可适当夸奖赞美对方，博得对方好感。二是倾诉需要帮忙之处及需要帮忙的原因。要清晰说明来龙去脉，适度表现出当下的无奈和困境，以唤起对方的救助之心，避免对方产生“这样的事都来麻烦我”的想法。三是一定表达出对方如果伸出援助之手，对对方也有的好处，或明确回报的大致时间，以打动对方。表达时话语要委婉含蓄，态度要谦虚谨慎真诚，不可过于直接或蛮横。四是要表示真诚的感谢。对方若答应帮助，在求助结束时可再次强调希望被帮助，加深对方的印象，力争获得最大程度的帮助。

案例阅读8

一位父亲得知儿子赌博成瘾，便给儿子写了一首诗让儿子看，诗曰：“贝者是人不是人，只因今贝起祸根。有朝一日分贝了，到头成了贝戎人。”儿子不解其意。父亲严肃地说道：“贝者是赌，今贝是什么？是贪，分贝呢？是贫，再看看贝戎呢？是贼！赌、贪、贫、贼是每个成为赌博之徒的必由之路啊！”儿子听了，幡然醒悟，远离了赌博。

案例点评

这位父亲面对儿子的恶习，不是劈头盖脸地责骂，而是循循劝导。先给儿子写了首含义费解的诗，儿子不解时，才道破诗意，劝说的效果水到渠成。这是步步为营的劝说方式，劝说者往往不是直截了当，而是先由外围交谈，将话题渐渐引入劝说范围。劝说还可以站在对方的立场上，从替对方考虑的角度进行，更易取得成效。当然，有些情景可开诚布公劝说，显得坦诚真挚。有些劝说不便直言，可巧妙设喻，委婉劝诫。有时不直指劝说，而是旁敲侧击，给对方留“面子”，聪明人也就会通过暗示以自省了。

劝说往往伴随着批评劝诫，但有时也需要以赞扬鼓励先行铺垫再进行劝勉。比如贞观年间，某日，唐太宗回到后宫愤然地说：“今需杀此田舍翁”（今天，我一定要把这个乡巴佬杀了）。皇后忙问原委，皇上说魏征竟敢在朝廷上侮辱他。皇后非常清楚，魏征对皇上赤胆忠心，是国家的栋梁，而此时皇上正在气头上，聪慧的皇后没有说皇上的不是，而是表示要祝贺皇上，皇上不明就里，她缓缓地说：“妾闻主明臣直，今魏征直，由陛下之明也，妾敢不贺。”本来是需要指出错误，皇后却变换角度劝说，从赞扬入手：魏征的直言，还不是由于皇上您的贤明吗？主明臣直，朝中有这样的好事，我怎能不祝贺呢？

当然，对待蛮不讲理之人，还要用以其人之道还治其人之身的口才交际方式劝诫。《战国策·唐雎不辱使命》中唐雎对秦王劝诫道：“若士必怒，伏尸二人，流血五步，天下缟素，今日是也。”这种劝诫让霸气的秦王打消了非分之想。

案例阅读9

社交口才中常用的拒绝技巧

谢绝法：对不起，谢谢，这样做可能不合适。

婉拒法：哦，是这样，可是我还没有想好，考虑一下再说吧。

不卑不亢法：哦，我明白了，可是你最好找对这件事更感兴趣的人，好吗？

幽默法：啊！对不起，今天我还有事，只好先逃走了。

无言法：运用摆手、摇头、耸肩、皱眉、转身等身体语言和表示否定含义的表情来表达自己拒绝的态度。

缓冲法：哦，我再和朋友商量一下，你也再想想，过几天再决定好吗？

回避法：今天咱们先不谈这个，还是说说你关心的另一件事吧……

严词拒绝法：这可不行，我已经想好了，你不用再费口舌了！

补偿法：真对不起，这件事我实在爱莫能助了，不过，我可以帮你做另一件事！

借力法：你问问他，他可以作证，我从来干不了这种事！

自护法：你为我想想，我怎么能去做没把握的事呢？你这是让我出洋相啊！

案例点评

我们常常感觉不便或不忍或不好意思拒绝他人。可是，有求必应会给自己造成一次甚至多次麻烦，乃至伤及自己。如何做到需要拒绝时能拒绝而又不影响人际关系呢？拒绝，同样饱含学问和技巧，恰当的拒绝可体现出拒绝者的个人品德和修养，使对方从被拒绝中一样能感觉到真诚、善意、可信。从案例中可以归纳出这样一些规律：

首先，说出真实情况，陈明厉害。在拒绝的过程中，若还想和对方保持良好关系，就要采取换位的思想、同情的语调来处理。有的人想拒绝却因不好意思而不敢实话实说，闪烁其词，反而让对方产生不必要的误会。其实，拒绝本是件很正常的事情，每个人不可能事事都会应答他人，别人有求于你时，也多少会有这个思想准备。只要处理得当，因拒绝而伤害相互关系的并不多见；倒是拒绝时吞吞吐吐、模棱两可，反而易影响关系。

但对那些常固执己见、自以为是的人，他们的自尊心较强，直接拒绝的方式无疑会使他们下不了台。在你仔细听完对方的话后，最好引用对方的话，来“不肯定”他的要求或意见，给对方留下个退路，使他能心领神会。

其次，把握好拒绝的时间、地点和机会。有时应及早拒绝，以免耽误对方的计划、危及对方的行动；有时应坚决拒绝，避免迂回曲折而误让对方心存希望；有时应婉言拒绝，既要让对方觉察到你的态度又要给对方留有台阶。而从场合来看，在小的场合更容易拒绝对方，也更容易被对方接受。从心理学的角度来说，和对方面对面时，拒绝最不容易让人接受。较为敏感的相求，比如求爱、借钱等，当面不好回绝，可以用书信或短信委婉拒绝。

最后，还可以托他人之口回绝那些难以回绝或由自己拒绝不妥的事宜；而对对方所求感到力不从心或主观不愿意帮忙的，可以不表示能否帮忙，而是为其介绍另外几种解决途径，表明这几种途径可以更好解决问题；还可以假托直言，直言有时可能逆耳，在拒绝、制止或反对对方的某些要求和行为时，可假托非自己个人原因加以拒绝。

拒绝上司和领导时一定要说出充足的拒绝理由，可先设身处地表明自己对上司和领导要求的重视，以及愿意接受的心情，然后表达自己的遗憾和拒绝的理由；如果对方坚持有需要你帮助的意思，不是强人所难的相求，就不可一味地拒绝了；如果确实不能接受，对方又很坚持，可以提出合理的替代方法和建议。

实训导引

1. 学生 4～8 人为一组，以“咖啡洒到顾客身上后”为情景，自创一个 2 分钟的西餐厅沟通片段，自行设计矛盾冲突和人物关系，要求表演者设计符合人物形象的肢体语言，并进行演练和展示。

2. 演练时间为 10 分钟。

3. 小组上台展示。

实训评价表

总分：

合理性（20 分）		自控性（10 分）		真诚度（10 分）		舒适度（10 分）		接受度（50 分）	
评语	自我评价		学生签名						
	同学评价		同学签名						
	教师评价		教师签名						

阅读链接

1. 简·尼尔森. 正面管教. 北京：京华出版社，2011.

2. 迈克·贝克特尔. 跟任何人都聊得来. 北京：九州出版社，2014.

项目八

公关沟通专题训练

公共关系简称公关，指一个组织机构（即国家机关、企事业单位、人民团体等）或特殊个人（如演员、职业行家等）如何通过有效的活动，在公众中树立起良好的形象，扩大自己的知名度，以谋求社会公众对其的了解、信任，赢得社会公众的好感和支持，为自身的生存和发展创造最佳的社会关系环境。对于进行公关活动的人，具有良好的公关口才交际能力是其工作取得成效的重要前提，比如商务公关活动中，开业典礼不能只放鞭炮而不致辞；记者招待会不能只喝茶水而不发布信息；展销会上要宣传；联谊会上要交友；被顾客误会要解释……可以说，离开了口才沟通，公共关系工作几乎无法展开。相对于私人间的社交口才交际，公关口才沟通是一种群体间（包括特殊个人）的社会关系交往表达，是社会组织及其成员为实现一定的目标，通过一定的媒体平台，在社会公众中塑造形象、沟通信息、协调关系，以增进与公众相互了解和协作的一种策略行为。

任务一　公关口才沟通技巧训练

“工欲善其事，必先利其器”，无论想做好哪个行当，都要具备得心应手的工具和娴熟的技巧。在公共关系活动中，掌握沟通技巧，让讲话具有丰富的口头表现力和独特的公关魅力，是公共关系活动从业人员发挥公关优势，达到公关活动最佳效果的重要手段。

案例阅读1

不卑不亢，友善礼貌

1971年，中美两国还处于敌对状态，由于中苏关系恶化、美苏争霸中美国处于劣势，中美两国都需要加强两国的沟通和交流，从而牵制苏联。7月29日，美国国家安全事务助理基辛格率代表团秘密访华、进行谈判，打破了二十多年中美外交的僵局。来华前，美国总统尼克松曾不止一次设想这次会谈的情形，以为中方会大拍桌子叫喊“打倒美帝国主义”，勒令他们退出台湾，滚出东南亚。为此，基辛格一行非常紧张。但事实出乎他们的意料。

周恩来总理在钓鱼台国宾馆亲切会见他们。周恩来总理微笑着握着基辛格的手，友好地说：“这是中美两国高级官员二十几年来第一次握手。”当基辛格把随行人员一一介绍给周恩来时，周恩来握住霍尔德里奇的手说：“我知道，你会讲北京话，还会讲广东话。广东话连我都讲不好。你是在香港学的吧？”又对斯迈泽说：“我读过你在《外交季刊》上发表的关于日本的论文，希望你也写一篇关于中国的。”最后他握住洛德的手说：“小伙子，好年轻，我们该是半个亲戚，我知道你的妻子是中国人，在写小说。我愿意读到她的书，欢迎她回来访问。”

资料来源：http://www.docin.com/p-669548973.html.

案例点评

在公关口才沟通中，应体现不卑不亢、从容自信，时时处处用平等礼貌的语言善待任何人。因为在公关关系中，没有永远的朋友，也没有永远的敌人。基辛格率代表团秘密访华，周总理简短的公关口才沟通里蕴含了相应的特征和技巧，既缓解了对方的紧张情绪，又让对方认识到中国人民的友好态度。

首先，在公关活动中，口才沟通不是代表个人，而是关系到组织的形象和声誉，不能以势压人，更不能奴颜婢膝，成功时不可得意忘形，失败时不可垂头丧气。遇到难堪的场面或棘手的问题，要不急不慢、从容自信地表达。

其次，在称呼上，应根据公关交际对象及其在公关活动中所处的地位和作用，使用合适的称呼拉近彼此间的距离，消除陌生感。切忌在公关口才交际中使用带贬义的称呼和不礼貌的招呼语。公关中，能巧妙地说出对方的名字是获取对方好感的技巧，这表明对对方的尊重。

再次，公关口才交际要言简意赅，做到“辞达而已矣”。不仅要长话短说、切忌啰嗦，还要清除口头禅类的话语垃圾，不要装腔作势、卖弄自己。可适时使用一些成语、谚语、歇后语等大家喜闻乐见又有较强的概括力和丰富表现力的熟语。

最后，无论公关对象是谁，都要做到真诚、有益、有礼、有效地进行沟通。在公关活动中，应根据公关目的选择有积极意义并能驾驭的话题，以达到公关效果。好的话题一般是对方感兴趣或对方擅长方面的话题，以及大家共同关心的话题。切记不能自顾自地高谈阔论，滔滔不绝。

案例阅读2

巧妙提问，机智回答

“十月革命”刚刚胜利的时候，许多农民怀着对沙皇的刻骨仇恨，坚决要烧掉沙皇住过的宫殿。列宁指示干部们对农民进行说服教育，干部们三番五次进行劝说，农民都置之不理，非烧不可。最后只好由列宁亲自出面做说服工作。列宁对农民说：“烧房子可以。在烧房以前，让我讲几句话，可不可以？”农民说：“请列宁同志讲。”列宁问道：“沙皇的房子是谁造的？”农民说：“是我们造的。”列宁又问：“我们自己造的房子，不让沙皇住，让我们农民代表住，好不好？”农民齐声回答：“好！”列宁再问：“那么这房子还要不要烧掉呢？”农民觉得列宁讲得很有道理，便不再坚持烧掉沙皇住过的宫殿了。

在美国，罗斯福是一位功勋卓著的总统。罗斯福还在担任海军要职时，一位朋友向他打听海军在加勒比海的一个小岛上建立潜艇基地的保密计划。罗斯福向四周看了看，压低声音问：“你能保密吗？”朋友答道：“能，当然能，我会守口如瓶。”罗斯福微微一笑跟着说：“那么，我也能，我也会守口如瓶。”

资料来源：http://www.docin.com/p-669548973.html.

案例点评

提问，是公关交往中很常见的一种活动。如何使对话按照自己计划的进程发展，使公关对象说出自己想要的回答，很重要的一点就是提问的技巧。提问者可以启发诱导，当对方对某些问题比较敏感，有所忌讳而不便直接询问时，需要迂回曲折、委婉含蓄地提问；可以站在对方的角度，因势利导，向有利于实现目的的方向加以引导；可以含蓄婉转提问，这是为了避免对方拒绝而出现尴尬局面；可以协商提问，如果我们要别人按照自己的意图去做事，应该用商量的口吻向对方提出；等等。

公关口才沟通中的巧妙回答，绝不是对方问什么，你就答什么；也不是他怎样问，你就怎样答。高超的答问要切合语境、切中要害、礼貌得体、语言幽默。可以根据对方的提问，直接正面作出回答；可以岔题作答，不愿或不便正面回答对方的提问而有意转换话题，以其他内容作答；还可以模糊作答，公关交际中涉及不愿向外公布的情况时，宜用不置可否的模糊语言来回答，这样的回答既没有实质性的内容，又能保持沟通渠道的畅通；也可以以问代答，即不正面回答对方的提问，而用同样的问题反问对方。有时对提问难以回答，但又不得不回答，以问代答是一种有效的方法，可使对方同样感受到该问题难以回答，因而会更多一份体谅。当然，每种回答技巧的使用并不是孤立的，而是多层次、多角度交叉综合使用的。

案例阅读3

以情以理以利说服他人

卡耐基每季度都要花费1 000美元在纽约的某家大旅馆租用大礼堂，用来讲授社交训练课程。有一年，卡耐基刚开始授课没多久，忽然接到那家旅馆的通知，要他支付比原来多3倍的租金。而在接到这个消息以前，课程的入场券已经发出去，其他开课的事宜也都准备好了。而且，卡耐基非常不乐意支付这部分额外费用。那么怎么做才能交涉成功呢？经过仔细考虑，两天以后，卡耐基去找旅馆的经理。

他对经理说："我接到你的通知后，真的感到非常震惊。不过这不能怪你。假如我处在你的位置，或许也会作出同样的决定。然而作为这家大旅馆的经理，你的责任是让旅馆尽可能地多盈利。你不这么做的话你的职位将很难保住。假如你坚持要增加租金，那么现在让我们来合计一下，这样做对你是有利还是没利吧。"

"我先讲对你有利的一面。"卡耐基说，"如果你的大礼堂不出租给我讲课用，而是将其出租给办舞会、晚会的，那你就可以获大利了。因为举行这类活动的时间不长，每天一次，每次可以收200美元，20晚就是4 000美元，哦，租给我，显然你是吃大亏了。"

"现在，我们来考虑一下不利的一面。首先，你增加我的租金，也是降低了收入，因为实际上等于是把我撵跑了。由于我付不起你所要的租金，我势必会再找别的地方举办训练班。还有一件对你极为不利的事情，这个训练班将吸引成千有文化、受过教育的中上层管理人员到你的旅馆来听课，这对于你来说，难道不是不花钱的广告吗？事实上，即使你花 5 000 美元在报纸上登广告，你也不可能邀请这么多人到你的旅馆参观，可我的训练班给你邀请来了。这难道不合算吗?”讲完，卡耐基告辞了，“请你仔细考虑后再答复我。”最后，经理让步了。

资料来源：龚喜. 推销口才情境实训大全集. 北京：中国纺织出版社，2014.

案例点评

公关口才沟通中，双方为实现各自的利益而存在一定的对抗性。双方都想靠自己的实力、技巧去改变对方的立场、态度，使对方接受自己的意见，按照自己的要求去做，从而达到说服对方的目的。

为了说服对方，必须晓之以理、动之以情、衡之以利。晓之以理即是通过讲道理来说服对方。晓之以理时，口气要委婉，切忌盛气凌人。说话者不能由自己单方面推出结论交给对方，最好以征询意见的口气引导对方同你一起来推理，使对方自愿接受。当然，在说理说不通的情况下，可先从情绪上打动对方，突破对方的情感心理防线，从而改变对方的立场、态度，接受自己的建议，因为情感的力量可以诱导和增强逻辑的力量。不过，人生在世，需要生存和发展，必然会有各种各样的正常需要，趋利避害是人的本性，如能设身处地地指明对方的利害关系，有的放矢地进行说服，就会很容易收到成效。

案例阅读 4

有根有据，由衷赞美

美国南北战争之始，林肯总统以为凭借北方在人力、物力、财力上的绝对优势，加之战争的正义性，短期内即可平定南方奴隶主军队的叛乱。于是，林肯总统按照他平时的用人原则，先后任命了三四位德高望重的谦谦君子做北方军的高级将领，想用他们在人们心中的道德感召力，用正义之师战败南方奴隶主的军队。但事与愿违，这些没有缺点的将领在战争中的表现很平庸，很快便被南方奴隶主的军队一一击溃。

预想不到的败局，引起了林肯总统的深思。他认真分析了对方的将领，对方从贾克森起，几乎没有一个不是满身都有大小缺点的人，但他们却有善于带兵、勇敢机智、剽悍凶猛的长处，而这些长处正是战争所需要的素质。反观自己的将领，忠厚、谦和、处世谨慎，这些做人的品格是不错的，但在充满血腥的战场上，并不足取。从这种分析出发，林肯力排众议，毅然起用格兰特将军为总司令。命令一下，众皆哗然，都说格兰特好酒贪杯，难当大任。林肯没有理会这些，反而赞扬格兰特说："格兰特总能打胜仗，如果我知道他喝的是哪种酒，我一定给其他将军也送那种酒喝。"后来，这话传到了格兰特的耳朵里，让他备受感动。

后来，格兰特果然没有辜负林肯的信任，立下许多卓越的战功。正是对格兰特的任命，成为了美国南北战争的转折点。在格兰特的统率下，北方军节节取胜，终于扑灭了南方奴隶主集团的武装叛乱。

资料来源：郑月玲．美国总统的口才艺术．北京：中国纺织出版社，2014.

案例点评

心理学研究表明，爱听赞美是人们出于自尊的需要，是渴求理解、支持与鼓励的表现，是一种正常的心理需求。在公关交际活动中，真诚、恰当的赞扬是一种最容易得到对方认同和加深同公关对象感情的沟通方式。

赞美可采取两种形式：直接赞美和间接赞美。当然，有时候，如果直接赞扬一个人，反而让人感到不真实，相反，采取一些迂回的方法，比如称赞他所从事的职业以及这个职业在生活中的地位、作用，或者借第三者传递赞扬，会收到意想不到的效果。除此之外，还可以借比较来赞美。

需要注意的是，赞美之辞应发自内心，符合事实。当你毫无根据、虚情假意、夸大其词地赞美一个人时，被赞美者不仅会感到被刻意奉承，而且还会觉得你是油腔滑调，随口敷衍，以致产生反感。所以，在公关场合赞美别人时，贵在真心实意。而且，赞美之辞要能满足对方的自我意识。要使赞美赢得对方的好感，必须在赞美前弄清对方希望怎样被夸奖，以便在赞美时满足对方的自我意识。如果在尚未确认对方的好恶时，就轻易夸赞，可能会弄巧成拙。

案例阅读5

讲究策略，巧用拒绝

有三名日航的代表与来自美国某公司的一些世故的经理进行谈判。

美方代表有备而来，气势汹汹。刚开始谈判，就压倒性地借用图表、电脑图像和种种数据，证明其价格的合理性。仅他们念完所有的资料就花了两个半小时。而在这段时间里，日本的三名代表一句话也没反驳，只是默默听着。美方代表说完最后一个要点，重重地呼出一口气，靠在软软的座椅上，以谈判结束的语气问日本人："你们认为怎么样?"

其中的一位日本代表彬彬有礼地笑了一下，说道："我们不明白。"美国代表惊诧地问道："什么？你们这是什么意思？不明白什么?"另一位日本代表又彬彬有礼地答道："全部事情。"锐气大挫的美方代表差点犯了心脏病，勉强地挤出几个字："什么时候开始?"第三位日本代表还是那么彬彬有礼："从谈判开始的时候。"此时的美方代表像泄了气的皮球，他解开昂贵的领带结妥协道："好吧，你要我们怎样?"三位日本代表同时彬彬有礼地答道："麻烦您再重复一遍吧。"至此，日方反过来处在主动的地位，美方起初那股气势早已烟消云散，美方的开价开始下跌，而且越来越不利。

资料来源：http://www.doc88.com/p-9595255817905.html.

案例点评

公关口才沟通中的拒绝类似于社交口才表达中的拒绝，只是因使用的场合和对象等不同而有所变化。在公关活动中，懂得何时拒绝，并懂得如何拒绝，会对你所处的地位起到调整作用。

简单生硬地说"不"，不叫拒绝，拒绝要讲究策略和技巧：既要拒绝对方的不适当要求，也不能伤害对方的自尊，还不能损害彼此的关系。你可以使用委婉的拒绝技巧，也可以使用设身处地并阐明后果的拒绝技巧。你可以诱导对方自我否定，即在对方提出要求后不正面回绝，通过提出条件或反问问题，诱导对方自动放弃自己的要求，也可以借别人的名义，使自己能从无法答应的困境中解脱出来，又使对方能在和谐的气氛中接受拒绝。如果你深谙拒绝之道，在公关活动中能给对方一种深不可测的感觉，从而让对方对你望而生畏。

案例阅读6

旁敲侧击，委婉批评

尼雷埃将军骁勇善战，熟知兵法。这位比拿破仑个头还矮的年轻将军是拿破仑从中层军官中破格提拔的。但在一次战役中，他犯了过分轻敌的错误，让法军伤亡惨重。

当时，拿破仑把尼雷埃将军召到了大本营。尼雷埃将军怀着忐忑不安的心情来见自己的统帅。尼雷埃满以为拿破仑会对自己来一顿痛批，就垂着头，准备诚恳地接受。不料，拿破仑并没有批评尼雷埃，而是说："从你身上，我依稀看到了当年的自己。"尼雷埃顿时心头一热。拿破仑接着说："当年我也曾犯过莽撞轻率的错误，但那时还年轻嘛。哪个年轻人不犯点错误呢？我并不会因此而对你有所成见。好好干吧，小伙子，你的前途在向你招手。"

尼雷埃在以后的军事生涯中，牢记那次失败的教训，凡事深思熟虑后再做出决定。他逐渐成了法兰西第一帝国的一员名将，跟随拿破仑南征北战。

资料来源：张俊杰．拿破仑的煽动口才．北京：中共党史出版社，2008.

案例点评

我们在公关沟通中，既需要真诚的赞美，也需要中肯的批评。正所谓"良言一句暖三冬"，批评是为了帮助对方认识问题，改正错误，积极把工作做好。因此，适当的批评是必要的，但要巧妙。

在公关沟通中，公众场合的批评应当尽量避免公开。公开批评不仅对被批评的公关对象的自尊心是一种打击，易引起自卫或报复性的行为，也会使在场的其他公关对象感到尴尬，会产生“杀鸡给猴看”的感觉。批评时态度要诚恳，语气要委婉，要站在对方的立场上，或旁敲侧击，或委婉含蓄，或幽默风趣，或善意启发，只有这样的批评方式才是温和、机智且有效的。总之，公关沟通中的批评要讲究策略、分寸、时机和公关对象的心境等，这些都是要准确掌握的技巧，这里不一一论述。

案例阅读7

曲径通幽，含蓄暗示

我国一位著名播音员因节目素材的需要到精神病院采访，采访提纲中原先写的是：“您什么时候得的精神病?”这位播音员感到这种问话会刺激病人，就在采访时临时改口问道：“您在医院待多久了？住院前有什么不好的感觉?”在采访结束时，这位播音员说：“您很快要出院了，真为您感到高兴。”“精神病”这个词对于精神病患者来说是十分忌讳的，这位播音员在采访时自始至终都注意回避了这个词，而是用同义语代替来表达。

有一名外交官参加舞会，出于公关需要，他频频赞美舞伴长得美若天仙，那位女士说：“我才不信你的话呢，你们外交官的话从来不可信。”外交官问她为什么，这位女士解释说：“很简单，当外交官说‘是’的时候，意思是‘可能’；说‘可能’时，意思是‘不行’；嘴上若真的说‘不行’，那他就不会是外交官了。”“小姐，您说得完全正确。”外交官说：“这可能是我们职业上的特点，我们不能不这样做。但你们女士却正好相反。”女士问他为什么，他说：“很简单，当女人说‘不行’时，意思其实是‘可能’；女人说‘可能’时，意思是‘是’；嘴上若真的说‘是’，那她就不是女人了。”

案例点评

说话直来直去，想什么说什么，固然是一种好习惯，可是，在很多公关场合下，难免会遇到不便直说、不能直说的情景。为了避免不愉快的事情发生，在公关场合说话还是要讲究一点技巧，比如说些与本意相似或相关的事物，含蓄、暗示地表达。在这个播音员采访的案例中，播音员用同义词的方式替代“精神病”，这样更容易被对方接受，更能表达对别人的尊敬，从而达到公关交流、有效沟通的目的。在这个外交官的案例中，外交官故意按照那位女士的逻辑，只是调换了语句的顺序，便得出一个完全相反的荒诞的结论，这样给那位女士暗示：他对于她们美貌的赞美，她们其实是愿意相信的，即使知道那是恭维，她们也还是很喜欢听到那样的赞美。

实训导引

1. 实训内容：公关沟通自测——试试自己能否与其他各类专业人员或爱好者就其专业或爱好的话题交谈 15 分钟，比如能否与书法爱好者就书法问题谈 15 分钟，能否与计算机行家就计算机问题谈 15 分钟，等等。

2. 尝试进行上面的公关沟通，并录制视频展示分享。最后就公关沟通的实践谈谈自己的感想。

实训评价表

总分：

口才内容 （60 分）		口才情感 （10 分）		口才方式 （10 分）		口才逻辑 （10 分）		口才智慧 （10 分）	
评语	自我评价			学生签名					
	对方评价			同学签名					
	教师评价			教师签名					

阅读链接

1. 王光华. 实用口才交际训练. 北京：机械工业出版社，2010.
2. 李元授. 交际与口才. 武汉：华中科技大学出版社，2007.
3. 郑月玲. 美国总统的口才艺术. 北京：中国纺织出版社，2014.
4. 戴尔·卡内基. 卡耐基说话的艺术. 北京：中国城市出版社，2007.
5. 盛安之. 口才三绝. 上海：立信会计出版社，2015.

任务二　常见公关沟通场景

不同场合，公关口才技巧要灵活应对，这里从谈判、营销、广告这三个常见的公关沟通场景来说明。

案例阅读1

谈判所需的基本技能

春秋末期，奴隶社会向封建社会过渡，由于周王朝的衰弱，各诸侯争霸不断。

子产是郑国人，郑国处于南北交通要道上，夹在晋、楚两个大国之间，晋、楚想要争霸，必然要先征服郑国，因此郑国于外两面受敌、穷于应付，于内内乱屡起，处境困难。子产头脑聪慧，尤擅外交谈判，凭着他高超的谈判艺术，改变了郑国在诸侯交往中的被动局面。公元前551年，晋国派使臣前往郑国，命令郑国朝贡。子产受命处理这一棘手事件。子产见到晋国使者后，首先列举了郑简公即位以来数次朝晋的情况，接着义正词严地说："在没有去朝贡的时候，我们还是岁岁聘问，事事顺从。因为大国政令无常，使得敝国财尽民穷、祸患丛生。每天胆战心惊地过日子，每时每刻不敢忘掉对大国应尽义务。"最后，子产严厉警告说："大国如能安定敝邑，我们自然会主动去朝见，哪敢劳驾大使您呢？如果大国不体谅敝国的难处，一味苛求刁难，到敝国再也忍无可忍时，我们之间就会变成仇敌。敝国深恐出现这样的恶果，哪里敢忘掉贵国国君的命令呢？敝国的一切都听凭大使您处置，希望您仔细考虑吧！"子产字字在理，软中带硬，晋国担心郑国倒向楚国一边，朝贡之事不了了之。

公元前549年冬，陈国联合楚国大举进攻郑国，一路上伐光树木。郑人气愤不已，决心复仇。公元前548年夏，子展、子产率领战车700辆乘黑夜攻进陈国，大获全胜。战后，郑国派子产出使晋国以示尊重盟国。晋国却怕得罪楚国，板起面孔责问子产为何侵凌弱小。子产正义凛然，反驳道："周朝先王早有成命，只要罪恶所在，人人可以讨伐。过去周天子的国土方圆千里，诸侯的国土方圆百里。现在大的诸侯国也方圆数千里了，不侵略弱小，他们的土地是从哪里来的？”子产言外之意，影射侵凌弱小的不是别人，正是晋国等少数几个大国。晋王被子产驳斥得哑口无言。

资料来源：http://blog.163.com/lianxiao_lu2008@126/blog/static/3118575920083571582461/.

案例点评

子产谈判的成功之道在于他在谈判中能抓住对方的弱点和失理之处，据理力争。弗雷德·查尔斯·艾克尔在《国家如何进行谈判》一书中指出：“一个完美的谈判家，应该心智机敏，而且具有无限的耐性；能巧言掩饰，但不欺诈行骗；能取信于民，而不轻信他人；能谦恭节制，但又刚毅果断；能施展魅力，而不为他人所惑。”公关谈判是一种特定的社会活动，具有自身规律，因此，谈判者也应具有符合这种规律的高素质。公关谈判者不仅应深谙谈判理论、技巧等相关专业知识，而且应当是一个深刻理解社会、人生，具有深邃思想的人。谈判这种专业性极强的社会活动，不仅要求谈判者具有认识与思考的能力、选择和判断的能力、演说和思辨的能力，而且要机智、敏感、沉着、忍耐、坚强、审慎、幽默、风趣，恰到好处地立足于合作与竞争、索取与给予、冒险与慎守之间。

案例阅读2

妙语连珠助谈判

某一年，中国纺织品进出口公司业务经理小黄与伊拉克某百货公司进行了一次精彩成功的谈判。

中方：“我们想知道贵方对哪一个样品感兴趣。”（出示可供棉布目录和样品）

外商：“凡是中国产品我们都乐于购买，可惜钱包太小。”（一会儿选中了某种样品）

中方：“每码65英分，这是优惠价。”

外商：“对不起，您可能在下中国象棋。”

中方：“何以见得？”

外商：“这里一目了然。”（出示最近其他国家棉布的价格表）

中方：“那么，您最满意的价格是什么？”

外商：“60美分。”

中方：“还是折中主义好，62.5美分怎么样？”

外商：“当然可以，要是伊拉克没有战争的话。”

中方："我们表示理解和同情。"

外商："对于您的还价，我们接受，不过得以米代码计价。"（1 码＝0.914 米）

中方："您是幽默大师，又开了个有趣的玩笑。让我们再分析一下吧，61.5 美分，这下可以握手了吧？"

双方成交。

资料来源：黄家章．商贸口才绝招．南宁：广西人民出版社，1996.

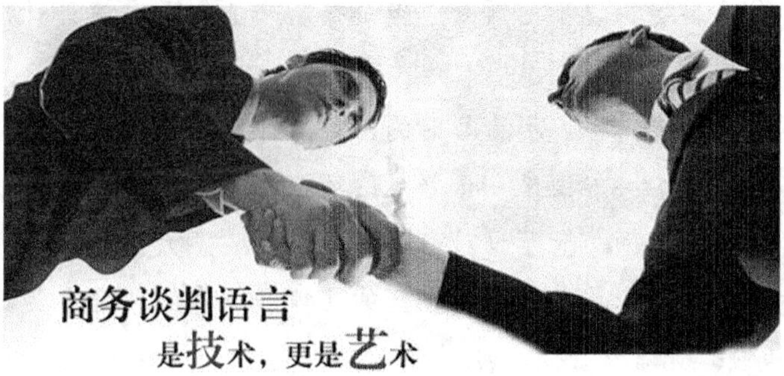

案例点评

公关谈判是语言智慧的战场。语言在谈判中犹如桥梁，占有重要的地位，它往往决定谈判的成败。精妙的语言在商务谈判中，可以使僵局变为活局，使失利变为有利，使输家变为赢家，使干戈化为玉帛。谈判的语言艺术主要体现在叙述、提问、答复和说服等各项技巧上面。例如，谈判中提倡坦诚相见，不但告知对方想知道的情况，而且可以适当透露我方的某些想法；正在谈判中，经常会运用提问的技巧，以便摸清对方真实需要、掌握对方心理状态，进而通过谈判解决问题。

案例阅读 3

20 世纪 70 年代初，中国民航向英国一家大公司购买一批飞机，并同时购回配套使用的 100 多台斯贝发动机。谁知，使用十几年来屡次发生故障，原因是英方欺骗了中方：他们在中国购买的发动机履历表上，每一台都表明已经改装了，但是后来打开检修，发现里面的零件都是旧零件。中国民航北京维修基地的工程师薛其珠了解到事情的真相后怒火中烧，向英方要求赔款。

英方为此与薛其珠等人进行谈判。他们不甘心赔偿，便抵赖说："我们公司仅生产过少数改装的发动机，已全部安装在英航飞机上。我们从未打算为中国民航做此种改装，至于表上的记载，是打字员工作疏忽造成的。”

“我想请教，英航与中国民航几乎是同时购买你们的发动机，为什么英航的履历本上一台不错，而中国民航的100多台全部打错了呢?”薛其珠锐气逼人。英方也许觉得理亏了，没有人出声。

薛其珠铿锵地继续说道：“我认为贵公司极大地欺骗了中国民航，你们向中国民航收取了改装费，却把旧零件原封不动地装入发动机。这样的手法，你们认为是很光彩的吗?”英方代表觉得被抓住了要害，说不出话来。但是接下来他们又实施种种抵赖的手法，致使谈判不了了之。

薛其珠在中国民航的支持下，不为暂时的困难所吓倒，百折不挠地坚持着，这样的谈判共进行了8次。有一次，英方请来一个著名的经济律师，他口沫横飞地向薛其珠讲了一大堆法律知识，洋洋得意地问“懂了吗?”薛其珠回答：“不太懂，只是我懂得，法律绝不应该保护欺骗人的行为，而应伸张正义。中国的法律是这样的，难道英国的法律不是这样的吗?”律师这时也哑口无言了。

经过半年多的努力，薛其珠等人终于为中国民航赢得了304万美元的赔款。

资料来源：黄家章. 商贸口才绝招. 南宁：广西人民出版社，1996.

案例点评

谈判，既要“谈”又要“判”。所谓“谈”，就是运用口才表达思想观点；所谓“判”，就是判断，即对各种信息进行分析、综合后，做出判断。最后再运用口才表达出判断的结果。谈判双方总是借用口才不断思考、判断信息，循环往复，达成协议。谈判的过程，也就是运用口才的过程。在案例中，中国民航曾向英国购买100多台斯贝发动机，可是使用十几年来屡次发生故障，原因就在于英方欺骗了中方，把未改装的说成是改装过的。当中方在谈判中提出赔款要求时，英方百般抵赖。不过，凭着中方代表薛其珠百折不挠的意志和绝妙的口才，对方还是不得不认输了。

案例阅读4

幽默营销能打开成功大门

有一位大学生思想很活跃，而且为人诙谐。他当了营销员之后，萌发出许多好主意。

有一次，他走进一家报馆问：“你们需要一名有才干的编辑吗?”

"不。"

"记者呢?"

"也不需要。"

"印刷厂如有缺额也行。"

"不，我们现在什么空缺也没有。"

"那你们一定需要这个东西。"年轻的营销员边说边从皮包里取出一块精美的牌子，上面写着"额满，暂不雇人"。

报馆里的人愉快地笑了。

营销员成功地促成了推销。

资料来源：盛安之. 口才圣经. 北京：立信会计出版社，2014.

案例点评

案例中的营销员靠幽默成功地推销了一块牌子。的确，幽默是一种有效的营销方式，因为它十分人性化，并且能够让受众感到新意和惊奇，进而产生良好的营销效应。一个幽默的销售员，会给客户带来很多快乐，使客户倍感轻松，幽默是营销员的"重型武器"。所以在营销的过程中，不妨在适当的时机来点小幽默，缓和与客户之间对立的气氛，更快地达到彼此合作的目的。但是在公关中运用幽默要注意：适度幽默；幽默的内容要适当；幽默时要保持微笑；幽默不应该冲淡谈话主题。

案例阅读5

营销酱料瓶的学问

有一个公关营销员，是这样向零售店的经理推销酱油瓶的：

"经理，您好，这是我们新研制出的厨房用的酱料瓶，也是今年我们厂主要开发的一项新产品。请允许我打扰您几分钟，让我给您做个说明。您看行吗?"

得到答复后，他说："把这个酱料瓶的盖子打开，里面有个舌状的口，出口上刻有7毫米长的槽沟，可以防止瓶里的液体外漏；这瓶子可装多种酱料：醋、酱油、麻油等。这个瓶子的最大优点就是：倒完瓶里的酱料以后，瓶口不会沾残留的液体，能够保持清洁。其他许多牌子的瓶子就不行，用完以后里里外外有残渍，既浪费又不卫生。我们的产品在这个方面是个创新，据我所知，市场上还没有第二个具有这种功能的产品。您如果销售这个产品，利润肯定可观。我们曾经选择了 100 个客户试用这个产品，一年后，他们都说效果好。”

看到经理平静而略带满意的表情，公关营销员继续说道：“您再看我们产品的外形，是圆锥形的，配一个圆顶盖，挺别致的，手感也好，有红、黄、绿三种颜色，随便您选哪一种。”

“因为这种瓶子外形比较时髦，无论是放在厨房，还是放在餐桌上，都能给家里的摆设增添光彩。三种颜色还可以作为盛放不同油类区别的标志。如果放在贵店里展销，不占太大的地方，却特别醒目，可以美化商店的形象，一定会吸引顾客的眼光，成为畅销品。”这时，经理露出了完全满意的表情。

资料来源：黄家章. 商贸口才绝招. 南宁：广西人民出版社，1996.

案例点评

对于营销人员来说，语言是与客户沟通的媒介。营销过程是一个公关的过程。大部分时间是营销人员运用语言和顾客进行沟通，用词准确、言谈得体、用语专业是营销用语最基本的要求。用词准确，让顾客对营销员所营销的产品或服务产生信任感；言谈得体，使顾客在接受营销中倍感愉悦；用语专业，体现营销人员的专业水准，促使顾客对营销产品深信不疑，最终做出购买的决定。案例中的公关营销员有条有理地从产品的特点、优点、可能给店里带来的效益等方面作介绍，既有条不紊，又全面客观。顾客听起来十分舒心，因为它不仅是营销，也是美妙的口才展示。

案例阅读 6

营销成功之后

一位厨具营销员向一家饭店经理推销了价值 5 万元的整套厨房设备。交款提货后，营销员向饭店经理说：“刘经理，恭喜您，您不但有先见之明，在这个旅游胜地承包了这间饭店，而且在全市您最先彻底更新厨房设备，我相信这间闪光的厨房，定能使您的饭店宾客如云，生意兴隆，到时可别忘了我呀！”刘经理哈哈一笑：“我下星期正式开张，到时请你多带些朋友来捧场！我会派车去接你。”

一位保险公司的营销员建议一位王先生为他的独生女投保，等五年期满，正是女儿上大学的时候，得到的保险金正好可以支付女儿读大学的部分费用。王先生非常疼爱自己的女儿，早就决心勒紧裤带也要供女儿读大学，听到营销员的建议，非常高兴，很快就办妥了投保手续。手续办完后，营销员对王先生说：“恭喜王先生，您为千金的深造，将来当博士当教授，提供了确切的经济保证。”王先生听了眉开眼笑：“我们家女儿将来读上大学，还真得感谢你才是。承你贵言，真到那天，我一定请你坐上席。”

资料来源：黄家章．商贸口才绝招．南宁：广西人民出版社，1996.

案例点评

营销成功之后，不能就以为万事大吉了。案例中的两位营销员在成功营销后，向顾客说了一大堆祝愿话，希望对方发财、升学、行好运，这些好话是没有人不愿听的。生活中，可能会有一些营销员在营销成功之后得意忘形，也可能在营销成功之后默不作声，这些是不可取的。好的营销员要做到善始善终，只有这样，才能为将来的更多合作打下基础。

案例阅读7

广告公关语言：让人不忍拒绝

世界各国大名牌公司无一不在广告公关宣传上投下巨资，不遗余力地拓宽“广告战”，在广告的推动下发展壮大自己。当然，好的广告语真的是让人一生难忘。比如：

雀巢咖啡：味道好极了！

麦氏咖啡：滴滴香浓，意犹未尽！

广州好迪：大家好才是真的好！

索尼公司：这个才是唯一的一个。

通用电器公司：进步是我们的产品，解决困难是我们的拿手好戏，人类生活幸福是我们的唯一目标。

格拉夫录音机公司：记录下一去不复返的时光。

取暖器，克斯·伊万斯制造公司：寒冬里的热带风情。

铁山冰箱制造公司：比北极更寒冷。

西伯利油漆公司：它从不畏惧阳光。

修佛格鲁灯具公司：太阳唯一的对手。

印第安纳波利斯灯具公司：我们愚弄了太阳。

闹钟大本钟表公司：任何国家都不欣赏迟到者。

本大叔粮食公司：每一粒都在向你致意！

辛可面制品公司：新鲜——大自然实物法则的第一条。

维格拉森蔬菜制品公司：每个罐头里都有一个新鲜的菜园。

加莱姆牌口香糖：为你的牙床按摩一会儿吧。

克鲁埃特纺织品公司：你会吸引更多的目光。

伯克夏编织公司：为了所有最漂亮的腿。

康纳利制鞋厂：你总是比别人先迈一步。

白丽美容香皂：今年二十，明年十八。

科尔盖特牙膏公司：留得清香在，不愁没人爱。

案例点评

广而告之是广告公关语最直接、最简短的功能表述。成功的广告公关语能在瞬间拨动消费者的心弦，可以让消费者对广告所宣传的商品产生亲和力和购买欲，可以让商品平添翅膀，让营业额扶摇直上。当下，企业界对广告公关词越来越重视，出现了重金征集广告公关词的现象。应该说，好的广告词是艺术魅力与商业生命力兼备的精品。好的广告语主要具有六个特点：第一，突出企业、产品或服务的特色；第二，塑造生动的形象；第三，突出浓郁的人情味；第四，运用诙谐幽默的语言；第五，文学艺术味浓；第六，语言朗朗上口。不过，广告语的撰写是项非常复杂的工作，其撰写技巧不仅要以情动人，还要注意运用口语，借助俗语，新用成语，巧用双关语，善用比喻、谐音和排比等，这些都是需要日积月累的。广告公关语不仅是静态地显示在广告牌上、在媒体中、在产品的标签上，而且会通过视频的播放，产生更生动难忘的影响力，同时还通过人们的口述被传播和引用，成为时尚热词。

案例阅读8

邦迪广告公关

邦迪创可贴是个老品牌，之前的广告宣传主要侧重于功能诉求，比如防水、弹性、保护伤口等。2000年夏季，韩国和朝鲜的领导会面，半个世纪的对峙终于握手言和。邦迪敏感地抓住这个时机，在朝韩领导人金正日与金大中进行会谈时，邦迪创可贴在这个历史性碰杯的经典画面旁边发表自己的见解："邦迪坚信，没有愈合不了的伤口。"把人们对和平的期盼融入其中，在消费者心中引起共鸣，使邦迪的形象得到很好的提升。

案例点评

这是广告公关语中非常优秀的案例。抓住韩朝峰会这一历史性事件，借势造势。把邦迪创可贴用来愈合伤口的特点进行提升与延展，将"愈合伤口"这个简单的功效扩展为"再深、再久的创伤也终会愈合"的理念，赋予它更丰富的人情内涵。在这里，它能愈合的不只是肉体的伤痕，还有内心的、精神上的。产品不是停留在表面的功能上，而是深入到了一个很高的思想领域。作为一个产品，能将国际性事件和自己关联起来，这在宣传策略上又前进了一大步，对于品牌的树立和拓展也是极有裨益的。

实训导引

你准备去一家外资企业从事公关工作，虽然你没有系统地学习过公共关系学，但十分热爱此项工作并有一定的公关特长。你如何同该企业人事主管洽谈此事？

1. 略打个腹稿或写个提纲，也可以做个沟通的小场景策划；
2. 面对老师和同学用答辩的形式表达，或者是用微场景表演；
3. 时间不超过10分钟。

实训评价表

总分：

<table>
<tr><td>口才内容
（60分）</td><td></td><td>口才情感
（10分）</td><td></td><td>口才方式
（10分）</td><td></td><td>口才逻辑
（10分）</td><td></td><td>口才智慧
（10分）</td><td></td></tr>
<tr><td rowspan="3">评语</td><td colspan="2">自我评价</td><td colspan="3"></td><td colspan="4">学生签名</td></tr>
<tr><td colspan="2">对方评价</td><td colspan="3"></td><td colspan="4">同学签名</td></tr>
<tr><td colspan="2">教师评价</td><td colspan="3"></td><td colspan="4">教师签名</td></tr>
</table>

阅读链接

1. 赵传栋. 论辩史话. 上海：复旦大学出版社，1999.
2. 贝思德教育机构. 谈判口才训练教程. 西安：西北大学出版社，2002.
3. 方其. 商务谈判：理论、技巧、案例（第2版），北京：中国人民大学出版社，2008.
4. 曹海. 销售口才实战训练. 北京：中国纺织出版社，2015.
5. 陈姣. 拿到订单的100个沟通话术. 北京：人民邮电出版社，2010.
6. 吴柏林. 广告策划与策略. 广州：广东经济出版社，2006.

项目九

求职口才沟通专题训练

求职，在现代社会生活和职业生涯中越来越普遍，也越来越显得重要和不可忽视。求职面试，实际上是“推销”自己。要想将自己成功“推销”出去，除了自己“货真价实”，具备较强的个人竞争实力外，还必须有良好的求职口才沟通技巧和能力作为媒介，否则可能会“英雄无用武之地”，并落得“长使英雄泪沾襟”。

重庆大学就业信息网曾就求职成败与求职口才沟通能力的关系专门展开过一次随机抽样调查，调查对象为来深圳市人才大市场的具备较高学历和较丰富的工作经验的求职者，有效回答率为88%，其中大学生为75.3%，这其中认为求职成败与求职口才沟通能力“有关系”的共占97.8%。同时，该项统计分析发现，认为自己“口才沟通能力一般化”的占53.4%，而这部分人还认为平时与人口才交际就存在这样那样的障碍。另外29.8%的被调查者认为自己最大的求职沟通障碍是心理上的，31.9%的回答者认为是“缺乏实际的口才沟通技巧”，38.3%的人觉得自己“心理和技巧两方面都存在障碍”。由此可见，求职者中的大部分人对自己的口才沟通能力是不满意的，甚至缺乏信心。

但调查发现，只有12.5%的人“经常看”口才交际方面的书籍，接受过口才沟通系统、专门训练的人不多。值得思考的是，93%以上的被调查者表示愿意参加口才沟通方面的训练，认为没有必要的人仅占6.8%。对求职来说，面试中双方往往是初次相识，求职口才就成为你能力的外在标志，面试官也主要是通过口才沟通来判断你的能力和潜力。

任务一　求职口才沟通常识训练

求职沟通是人们在谋求职业时，通过言语表达使用人单位了解自己的资历和能力、争取录用的一种诉求行为。从用人单位的角度来说，这是伯乐相马和慧眼识才，是履行挑选自己需要的员工的一种考察手段。从求职者角度说，这是尽其所能推销自己、挑战竞争、争取胜出的一种机遇。因此，这种沟通不是简单的问答，而是求职者在有限的时间里用语言巧妙展示自己的才华、品质和素养，是与用人单位进行的一次信心博弈。可见，求职面试时，如何通过谈话和回答问题使自己能被对方接受而获得想要的工作，即如何有效推销自己，是很重要的。

案例阅读1

裔锦声入驻华尔街的求职经历

裔锦声生于四川成都，1992 年获得美国华盛顿大学比较文学的博士学位。可是她所学的专业在美国很难求职，她毕业后一直找不到工作。为了生存，她不得不到餐馆去打工。

终于有一天，她决定去华尔街找工作，进入美国最让人羡慕的行业——金融业。于是她给著名的舒利文金融市场信息与人才管理咨询公司打电话，但招聘经理米切尔要么在开会，要么已经外出。一连 7 天，她几乎每天打电话，接线员都听烦了她的声音，米切尔仍没有时间。有一天，裔锦声忽然灵机一动，她直拨总机让接线员转接公司总裁。总裁秘书接到她的电话，让她稍等，接着电话里传来了洪亮的男中音："我是唐纳德，我能替您做什么？"

裔锦声把准备了一个多星期的话有条不紊地讲了出来。她如实告诉唐纳德总裁："我没有商学院的学位，但是有文学博士学位。文学是人学，我善解人意；在获得博士学位的过程中，我知道怎样发现问题、解决问题。我经受了很多艰难困苦，它们都没有使我倒下，而是使我变得更加坚强。我相信您可以了解到我的决心和勇气吧。"

最后她又补充说："虽然我没有银行工作经验，但恳请公司先让我试试，为我提供一个成功的机会，或者至少让我获得一份除了教书和餐馆打工以外的主流社会的工作经验。

您完全不必付我薪水。”

裔锦声和总裁通完电话后半小时，招聘经理米切尔的秘书打来电话，让她第二天到公司接受面试。通过六次面试，她终于凭自己锲而不舍的精神进入华尔街。三年后，她成为华尔街排名前三位的猎头公司的副总裁。后来，裔锦声创建了属于自己的美国重心集团。

资料来源：袁红兰. 演讲与口才. 北京：航空工业出版社，2015.

案例点评

案例中裔锦声在求职过程中屡遭碰壁，但是凭借不屈不挠的精神和一定的面试表达技巧，争取到面试机会，并最终通过面试，进入华尔街。首先，她坦率表明自己的不足，而又能把不足变成优势。一个学比较文学的博士想从事金融行业，可谓异想天开，但她偏偏成功了。成功的原因在于她善于把不利变为有利，从劣势中找到亮点。其次，她在面试中突出实现人生价值的诉求，而不是赚钱，为了生存。从她的片言只语中让我们感觉到：裔锦声既是一个能吃苦耐劳的人，又是一个敢于挑战自我，有着美好目标的人。

这个案例向我们证明：求职没有打不开的门，只有不会开门的人。

案例阅读2

一次失败的面试

一天，陈林在报纸上看到一家大公司的招聘信息，所招聘的职位、待遇都符合他心目中的标准，就投送求职资料给该公司。一星期后，接到该公司招聘考试的通知，经过一番精心准备，第二天，陈林就带着个人简历去了。刚到面试的会议室，只见一名约50岁的中年女子推门而出。陈林马上扯了一下对方的袖子大声问道：“哎，今天是在这里面试吗？”对方看了她一眼，点点头，没作声。面试开始后，陈林发现，刚才遇见的那位女士是主要的招聘领导。想起之前缺乏礼貌的表现，陈林越来越紧张，失去了平日的自信，语无伦次，面试最终以失败结束。

案例来源：甘敏军. 礼仪与沟通. 北京：清华大学出版社，2012.

案例点评

案例中的陈林之所以面试失败，就是因为不具备求职沟通的基本常识且行为不当，后又因为之前的错误表现而内心紧张，失去自信，从而面试失败。

求职面试要求：(1) 要遵时守信。最好是根据交通状况拟定好出门时间，最好提早出门，比原定时间提早 5～10 分钟到达面试地点。这样既可以先熟悉这家公司附近的环境并整理仪容，又可免去迟到的尴尬。但如果早到十分钟以上，千万别在接待区走来走去，此时可到洗手间再一次检查自己的服装仪容。(2) 进入室内时，应先轻声敲门 2～3 下，等对方应答“请进”时方可进入，然后向对方行点头礼或鞠躬礼后，再掩上门。(3) 主动问候和自我介绍。求职者应主动微笑着与主考官点头、打招呼，礼貌地问候“您好”或“大家好”；如果一入室，便听到主考官亲切、热情地问候“你好”或“很高兴见到你”等，则应相应地回答“您好!”或“见到您我也很高兴”或“感谢您给我这次面试的机会!”之类的话。接着，得到允许入座后，恭敬地自我介绍：“我是某某……”(4) 所带资料，双手奉上。带上个人简历、证件、推荐信等必要的求职资料，见面时一定要保证不用翻找就能迅速取出所需资料。呈送时应大方谦逊，双手奉上。(5) 面带微笑，目视对方，举止得体，注意倾听，谦虚和气，从容回答。简明扼要地回答对方的问题，建议多谈对方感兴趣的话题。(6) 面试结束后，致谢并行礼告别。万一被告知面试不过关，要做到失聘不失态，而不应申辩理由，强行“推销”自己。

实训导引

以小组为单位，随机抽取一位同学扮演招聘经理，其他同学扮演某公司的应聘者（可根据自己的意向选择感兴趣的岗位），进行模拟面试，看看在谈话中哪位求职者可以脱颖而出。

实训评价表

总分：

<table>
<tr><td>仪容得体
（20 分）</td><td></td><td>仪态端庄
（20 分）</td><td></td><td>表达清晰
（30 分）</td><td></td><td>自信大方
（10 分）</td><td></td><td>灵活应对
（20 分）</td><td></td></tr>
<tr><td rowspan="3">评语</td><td colspan="2">自我评价</td><td colspan="3"></td><td colspan="4">学生签名</td></tr>
<tr><td colspan="2">同学评价</td><td colspan="3"></td><td colspan="4">同学签名</td></tr>
<tr><td colspan="2">教师评价</td><td colspan="3"></td><td colspan="4">教师签名</td></tr>
</table>

阅读链接

1. 甘敏军. 礼仪与沟通. 北京：清华大学出版社，2012.
2. 袁红兰. 演讲与口才. 北京：航空工业出版社，2015.

任务二　求职口才沟通技巧训练

求职沟通技巧本身是一种很重要的能力，在自我推销时，要突破语言的呆板，尽可能把话说得生动活泼、富有情趣。你可以从名字、所学专业或者用人单位特色、见闻等入手，只要能扣紧话题，不妨即景生情或睹物思意，来一点创意，巧妙地展示你的能力和特长，增加被录用的筹码。

案例阅读 1

独具创意的自我介绍

某大学的应届毕业生聂品去谋求某电器公司销售经理助理职位，由于专业不对口，用人单位起初对她并不满意，但她通过成功的自我推销，拿到了该岗位的 offer。她的自我介绍比较出彩，她说："我叫聂品，三只耳朵三张口，就是没有三个头。"主持招聘的副总经理一听，饶有兴致地点头，示意她继续讲下去。她接着说："从事销售工作，重要的是具备收集信息的能力和沟通能力。假如贵公司要我发挥智慧的话，我虽然做起工作来没有三头六臂，但我一定会有'三只耳朵'——倾听、咨询、收集八方市场信息；一定会有'三张嘴巴'——用伶牙俐齿说服客户，靠巧舌如簧与客户谈判……"精彩的发言打动了副总经理，聂品最终靠自己的口才成功获得心仪的岗位。

资料来源：甘敏军. 礼仪与沟通. 北京：清华大学出版社，2012.

案例点评

案例中求职的学生聂品虽然因为专业不对口暂时没有得到用人单位的认可，但她在面试中发挥自己口才的优势成功应聘。思考其原因，不难发现，副总经理见她自报家门的方式很独特，便断定她是个思维敏捷、有良好口语表达能力的人，而这正是他们公司销售经理助理岗位渴求的人才，所以公司破格录用了她。可见，良好的求职口才沟通技巧是获得入职机会的一条路径。

案例阅读2

实在的求职成功者

小王去参加一家大型电器商场的面试时，偌大的会议室里坐着5个人，考官也是5位。从右向左，面试者一个个作自我介绍，几乎无一例外地都是把自己吹嘘一顿，说自己对电器知识如何有研究，业务技术如何精通等。轮到小王了，她和那几位说的内容就完全不一样。她说："我刚出校门，对电器不是太了解，手机基本熟悉，知道你们公司的概况，其他的不太懂。会计没问题，那是我的专业；计算机办公软件熟悉。"主考官竟然面露微笑："请你现在就给我们制张表格吧！"小王轻车熟路，当即就上机制作了一张。她便被录用了。

案例点评

与其他场合的自我介绍相比，求职中的自我介绍着眼于展示自己的知识与技能，尤其以技能为主，以显示能力和素质、团队精神等为首选目标，做到客观地展示或表现。

在集体应聘的场合，自我介绍就应特别强调有特色。求职口才沟通还要针对不同岗位用相应的方式和技巧表达，比如应聘管理岗位，就需要注意条理分明，重点突出，简短而合乎逻辑。自我介绍要避免以下情况：吞吞吐吐、前言不对后语、话语太长、过分张扬或怯懦；满口套话，让人感觉全是从书报上学来的；过分自谦，让人感觉要么底气不足，要么城府太深。自我吹嘘者说得再漂亮，也不一定能说到点子上，反而很容易给人以浮泛的感觉；实话实说则让人耳目一新，使人觉得踏实。不过，当大家都实话实说时，你就得说出新的角度或高度，才能引人注意、脱颖而出。

案例阅读3

求职者的亮点

赵先生是某名牌高校的硕士研究生，凭着响当当的学历和一表人才，在人才市场被一家外资企业一眼看中。面试时，人力资源主管问他有什么特长，赵先生回答："我的文学功底好，写作能力很强。"主管又问他："能用毛笔字写大幅标语吗？"赵先生回答："我可以边干边学。"主管只好放弃了他。

案例点评

赵先生两句话都未能达到求职口才交际中展示亮点的要求。"写作能力强"在企业并不能算是优势，因为企业是从事生产经营的，企业所用的写作只局限于商用策划以及常规事务性的办公应酬，即不需要太高深的写作知识，这方面所用的人数比例也占得很少；"边干边学"也不行，不能一味把"学习"挂在口头上！"学习"固然是好习惯，但企业更为感兴趣的是你能不能现在就可以上岗干活，再说你要是万一学不好呢！

求职应聘要从招聘单位或岗位职责中最薄弱的环节上去寻找并展示亮点，但要与自我介绍形成一致，即由介绍中看得到亮点的"影子"。亮点要有鲜明的现实效益性和操作性，而不要说不对称的亮点，更不要无中生有或者随意夸大亮点，经不起招聘方的考问；不要把职业亮点与性格亮点混为一体（职场中招聘方所看重的主要是职业亮点）；还要避免显示不出亮点或者亮点的分量太轻。

案例阅读4

冯玉祥招聘秘书

一位大学毕业生到冯玉祥将军那里应聘他的秘书。大学生满怀信心地走进冯玉祥将军的办公室，准备把自己的论文及证件交给冯玉祥，并回答冯玉祥各种秘书方面的提问。可他万万没想到冯玉祥提出了这样一个问题：

“你刚才所上的楼梯共有多少台阶?”。

大学生一时瞠目结舌。可他急中生智，果断反问：“将军，您能一口说出‘冯玉祥’三个字的笔画吗?”

冯玉祥高兴得哈哈大笑，决定聘用这位大学生为他的秘书。

资料来源：袁红兰. 演讲与口才. 北京：航空工业出版社，2015.

案例点评

有时招聘者可能会提出一些你意想不到的非常规问题，甚至是无法直接回答的问题，这时不要紧张和慌乱，先要想清楚对方的意图，敢于应对并且巧妙应对。须知快速反应是你思维敏捷的最好证明，也是招聘者所要考查和所看中的。案例中冯玉祥将军看中的正是这位大学生敢于挑战的勇气和随机应变的超常反应能力。

案例阅读5

第11个应聘者

某大型公司招聘人才，经过3轮淘汰，还剩下10个应聘者，最终将留用3个。第4轮是总裁亲自面试。奇怪的是，面试考场出现了第11个应聘者。

总裁问：“谁不是应聘的?”

最后一排的一个年轻人站起身：“先生，是我，我在第一轮就被淘汰了，但我想再参加一次面试。”

总裁问：“你第一关都过不了，来这儿还有什么意义啊?”

年轻人说：“我掌握了很多财富，并想掌握更多的财富，在我看来，我本人即是财富。”

在场的人都笑了，包括在门口旁观的一位老人。应聘者们窃窃私语，对这个年轻人议论纷纷。

年轻人继续说：“我只有一个本科学历和一个中级职称，但我有7年的工作经验，曾在 10 家公司任职……”

“你的学历、职称都一般，工作 7 年还算凑合，但先后换了 10 家公司，这么频繁跳槽，谁敢留你啊。”总裁打断他的话。

年轻人再次站起来：“先生，我没有跳槽，而是那 10 家公司先后倒闭了。”

在场的人哄堂大笑，一个应聘者大声说：“你也太倒霉了吧!”

年轻人也笑了：“不过，我认为这就是我的财富！我不倒霉，我只有 31 岁。”

这时，站在门口的老人走进来，给总裁倒了杯茶。

“我很了解那 10 家公司，我曾与大家一起努力，试图挽救它们，虽然最后没有成功，但我从它们的错误与失败中学到许多东西。”年轻人继续说，“很多人只是追求成功的经验，而我，更有经验避免错误与失败!”

年轻人离开座位，一边往外走一边说：“这 7 年经历的 10 家公司，练就了我敏锐的洞察力，举个小例子吧——今天真正的考官不是您，而是这位倒茶的长者……”

全场其余的 10 个应聘者大吃一惊，用疑惑的眼神盯着老人和总裁。

老人笑了：“很好！你第一个被录取了!”

资料来源：孙学军. 电梯说服术. 北京：人民邮电出版社，2011.

案例点评

这则案例中的“第 11 个应聘者”用独特的勇气争取机会，用冷静的头脑、敏锐的洞察力，轻松把握了众人的心态和整个面试氛围。他成功运用“先抑后扬、以退为进”的策略，让自己从“第 11 个应聘者”变成了“第一个被录取者”。

实训导引

1. 求职面谈是一个同时涵盖心理及智慧的探索、观察、求证的过程，同样的问题会因为参与者（招聘及求职双方）的不同而产生截然不同的思考与响应，因此当然也就不会有“标准答案”的存在。主要看求职者的口才沟通技巧是否有值得参考的回答方向，或是较合适的回答。下面这 15 道题目，个人试着作为求职者回答一下：

（1）你找工作时最主要的考虑因素是什么？

A. 公司的远景及产品竞争力。

B. 公司对员工职业生涯规划的重视及人性化的管理。

C. 工作的性质是否能让我发挥所长并不断成长。

D. 合理的待遇及主管的管理风格。

提示：这道题人事主管的选择往往是 C。找工作时当然应该有个全面的评估与考虑，不过最根本的因素还是取决于工作本身。如果工作内容无法满足个人对于工作的期望，则公司的前景再乐观、待遇福利再优厚，也终究是留不住人才的。企业固然希望以好的名声及优良的企业文化吸引人才，但是它要选择的首先还是工作表现好、能够真正有所贡献，并将公司推向更高境界的人员，而不是纯粹为慕名求利而来的人。

(2) 请谈谈你个人最大的特色。

A. 我人缘极佳，连续三年担任班级和学生会干部。

B. 我的坚持度很高，事情没有做到一个令人满意的结果，绝不罢手。

C. 我非常守时，学习、工作以来从来没有迟到过。

D. 我的个性很随和，是大家公认的好好先生（小姐）。

提示：这道题的选择多数人倾向于 B。A、C、D 虽然也都表示出应征者性格上的优点，但是 B 的回答是最能与工作结合的。能够与工作表现或岗位要求相结合的优点和特长，才是招聘者比较感兴趣的回答。

(3) 你为什么想来我们公司工作？

A. 主要是这份工作的内容很吸引我。

B. 贵公司在行业内颇为出名，听说管理也很人性化。

C. 我的大学同学在贵公司会计部工作，是他建议我来应征的。

D. 贵公司在业界的声誉及这项工作的性质都很吸引我。

提示：最理想的回答为 D，A 居次。D 的回答是比较完备的，显示应征者是经过事前的考察才作出的综合评估。谨慎的招聘者都希望录用深思熟虑的人选，唯有双方都认为是“适当”的合作，才能走得长久。A 的回答固然也没错，但就完整性及其背后所显现的意义来说，还是略逊于 D。

(4) 你对我们公司了解多少？

A. 贵公司去年在长达八个月的时间里都高居股王的宝座。

B. 贵公司连续三年被 ABC 杂志评选为“求职者最想进入的企业”第一名。

C. 不是很清楚，能否请您作些介绍。

D. 我最欣赏贵公司有意改变策略，加强与国外大厂 OEM 的合作，自有品牌的部分通过海外经销商扩大了销售。

提示：这题的回答以赞赏 D 的居多。求职者对于要前往面谈的公司一定得有所准备、多加了解。应聘者能多搜集到更深入详细的公司背景资料，在言谈间，招聘方很快就能感受出应聘者的决心与诚意；事前所投注的心血不仅会使应聘的回答言之有物，而且也能明显地与其他人区别开来。

(5) 你期望的待遇是多少？

A. 是否可以先让我了解一下贵公司的薪资及福利制度？

B. 我希望至少要高过我目前的薪水，依我的职级每年可分配多少股票呢？

C. 目前 3 000 元，但下个月要调薪，可能是 10%，所以我希望至少 4 000 元。

D. 月薪 3 000 元～4 000 元，不知道这是否在贵公司的预算标准之内？

提示：这题选择 A 的人事主管最多，其次为 D。答 A，除了显示求职者态度上的谨慎，其实也是对求职者最有利的一种回答方式。当然，求职者要非常注意措词与语气上的礼貌，并看情况来决定是否能更深入地追问下去。如果你发现招聘者并未给予具体而详细的回答，或是外表看来显得严肃而保守，那就一定要适可而止。因为一旦对方认为你态度不够配合、有挑战的意味，说不定你就弄巧成拙了。回答 D，则是不得已中的佳作。请记住：求职者如果一定要提出一个具体数字，那么提出一个范围就远比提出单一的明确数字更为周全。

(6) 你什么时候可以开始上班？

A. 再等一个半月，拿到上年度的分红之后。

B. 原则上我可以尽量配合，但我必须与我目前的老板讨论交接的日期。

C. 是否可以给我两个星期的时间考虑一下，并与家人通个气。

D. 我的好朋友下个月在美国结婚，我必须参加，是否可以等我从美国回来。

提示：人事主管的一致选择是 B。公司总是希望能尽快将岗位缺口补齐，以免影响日常运作。你既有意争取，态度上自然要积极，而不是让对方来等你。要注意的是：回答时应记得交代对于前一份工作的责任，收尾也要收得干净漂亮，而不是丢下一堆烂摊子一走了之，招聘者会由此顺便观察求职者的工作责任感。

(7) 你为什么想离开目前的职务？

A. 别的同事认为我是老板的红人，所以处处排挤我。

B. 调薪的结果令我十分失望，完全与我的付出不成正比。

C. 老板不愿授权，工作处处受限，绑手绑脚，很难做事。

D. 公司营运状况不佳，大家人心惶惶。

提示：超过半数以上的人事主管选择 C，其次为 D。C 确实是一个相当能反映现实状况的回答，尤其对于资深的主管级人员而言，一旦发现无法与其直属主管顺畅配合时，往往只好另寻舞台发挥。因此往好的方面想：这样的回答正可以显示应聘者的企图心、能力强，而希望被赋予更多的职责。当然应征者也要留意在回答其他问题时的态度及内容相互之间的整体一致性，避免被招聘者解读成“人际关系不佳”或者“不能被充分信赖”。另外，也有相当多的人事主管选择 D。虽然不一定每位应聘者都会遇到“公司快要倒闭”这样的状况，但这是一个可以参考的方向，你的“离职原因”如果是一些“个人无法改变的客观外在因素”，则面谈者也就不会对你个人的工作表现或能力产生出太多的疑虑与顾忌了。

(8) 请谈谈你在前一份工作中的最大贡献。

A. 因事前准备得宜，使得产品……在去年的交易展会上大出风头。

B. 据理力争，为同事争来了年度免费健康检查的福利。

C. 重新设计生产线，使得生产周期缩短了30%，每季出货量增加了35%。

D. 以一份长达20页的评估报告，建议公司必须尽快投入电子商务。

提示：最理想的回答是C。你所提出的成就必须与现在所应征的工作岗位或职能产生出关联，以显示能转移或沿用自己的经验能力，并且尽量数字化地予以具体表现。

(9) 如果我录用你，你认为你在这份工作上会待多久呢？

A. 这个问题可能要等我工作一段时间后，才能比较具体地回答。

B. 一份工作至少要做个三年五年才能学习到其精华的部分。

C. 这问题蛮难回答的，可能要看当时的情形。

D. 至少两年，两年后我计划再出国深造。

提示：选择B的最多，A次之。B的回答能充分显示出你的稳定性，但是，你的履历表上是否也呈现出这样的一致性呢？那可就得加以留意了。如果你之前的工作，每一次服务的时间都只有一年左右，那么你只是个很会面谈的求职者，却未必是位稳定性好的工作人员。A的回答则非常实际，部分人事主管因为欣赏应聘者的坦诚而能够接受这样的回答。

(10) 除了我们公司，你还应聘了其他哪些公司呢？

A. 除了像贵公司这样的计算机外设产品公司之外，我还应聘了ABC饮料公司、DEF软件设计公司及XYZ化工公司。

B. 因为是通过人才网站，所以有很多公司与我联络，不胜枚举。

C. 我只对计算机类的公司较感兴趣，除贵公司外，我还应聘了IBC及COMP公司。

D. 我不是很积极地想换工作，这半年多来陆陆续续寄了一些履历，公司名字不太记得。

提示：最理想的回答是C。对于工作性质及经验与产业（产品）密不可分的工作（例如研发、设计、制造、专业性高的业务），C的回答方式能显示出应聘者的目标明确，对于自己的下一个工作应该在哪里思考得很清楚。反观A的回答，如果是一位业务工作的从业者，A的回答就会令人觉得像是病急乱投医，根本不清楚自己的方向；但要说明的是，如果求职者是从事人力资源、会计、行政、秘书等性质的工作，则A的回答也就比较可以接受了。

(11) 你希望五年后达到什么成就？

A. “做一天和尚敲一天钟”，尽人事听天命，顺其自然。

B. 凭我的机灵及才干，晋升至部门经理是我的中期目标。

C. 自己独当一面开公司。

D. “全力以赴”是我的座右铭，希望能随着经验的增加被赋予更多的职责与挑战。

提示：理想的回答是D。应聘者回答的重点一定要放在希冀从工作本身获得自我提升及成长这一方面，这样所显现出来的自然就是积极进取的工作态度；但也要掌握分寸、拿捏得宜，不要表现过了头，结果给对方留下狂妄自大、目中无人的印象，那就太冤枉了。

（12）你认为你在哪方面最需要改进？

A. 时间管理。

B. 人际关系。

C. 我有点迷糊。

D. 不应该以高标准去要求部属和同事。

提示：这题的回答多数人倾向于D。当然大家都会有缺点，但面谈时，招聘者最关切的是求职者的缺点会不会影响到工作表现。D的回答就相当微妙，既对工作有着高标准的要求，这对于工作本身无疑是非常好的；但对于与其共事的人却可能会产生压迫感，虽然从这个角度看这确实是一个“缺点”，但这样的缺点无伤大雅，反而会让招聘者高兴。C的回答就让招聘者担忧，如果求职者把迷糊的个性也带到工作上去，那工作表现岂不是要大打折扣？

（13）如果你离开现在的职务，你认为你的老板会有什么反应？

A. 很震惊，因为老板对我很器重也很信赖，我就如同他的左右手一样。

B. 还好吧，他大概心里也有数，反正公司现在也不忙。

C. 他大概习惯了，反正他手下的人来来去去早已司空见惯。

D. 我想他一定会生气地破口大骂，他是一个相当情绪化的人。

提示：理想的回答是A。招聘者正想由此了解你在前任（现任）工作上与主管相处的情形，以及你在主管心目中的地位如何。因此求职者就要能听出弦外之音，在回答时充分传达出有利于自己的信息——你是能力强且足以被托付重责的好部属。

（14）知道我们为什么录用你吗？

A. 因为我比别人都优秀。

B. 因为我有很强烈的事业心，想要与贵公司共同成长。

C. 您可以由我过去的工作表现所呈现的客观数据，明显地看出我全力以赴的工作态度。

D. 我在这个产业已耕耘了八年，丰厚的人脉是我最大的资产。

提示：这题的理想回答是C。C的回答明确显示，求职者在履历表或之前的回答内容中，都以客观的数字来辅助说明了业绩。你为什么值得录用？再美妙的形容描述也不如明确的业绩数据、具体的工作成果展现而令人感受强烈、印象深刻。如何让对方“看”到求职者的好，认同求职者是自己要招聘的最理想人选？业绩数据就是最令对方信服的。

（15）你有没有什么问题要问呢？

A. 通常在这个职务上工作多久才有升迁的机会？

B. 目前工作上常用的设计软件包括哪些？

C. 我想不出有什么好问的。

D. 以我的职级而言，去年平均可以分到多少股票？

提示：最理想的回答是 B。与上岗工作相关的问题尽可以提出，但与薪资福利相关的问题或其他问题，如非十分重要，在初次面谈时都应尽量避免。

2. 某化妆品公司招聘销售助理，人事经理进行面试。

（1）两人一组分别扮演经理、面试者进行交谈（“经理”要设计至少 10 个题目进行提问，“应聘者”要灵活应答。）

（2）对谈话过程进行视频拍摄，小组成员通过视频回放开展互评，分析哪些地方是需要改进的。

实训评价表

总分：

<table>
<tr><td>仪容整洁
（10 分）</td><td></td><td>回答清晰
（30 分）</td><td></td><td>反应敏捷
（30 分）</td><td></td><td>点评准确
（20 分）</td><td></td><td>配合默契
（10 分）</td><td></td></tr>
<tr><td rowspan="3">评语</td><td colspan="2">自我评价</td><td colspan="3"></td><td colspan="4">学生签名</td></tr>
<tr><td colspan="2">同学评价</td><td colspan="3"></td><td colspan="4">同学签名</td></tr>
<tr><td colspan="2">教师评价</td><td colspan="3"></td><td colspan="4">教师签名</td></tr>
</table>

阅读链接

1. 袁红兰．演讲与口才．北京：航空工业出版社，2015.

2. 施德爱．铁嘴秀口走天下．武汉：湖北长江出版集团，2007.

3. 孙学军．电梯说服术．北京：人民邮电出版社，2011.

4. 甘敏军．礼仪与沟通．北京：清华大学出版社，2012.

项目十

团队沟通场景

每个人都将会处于或大或小的团队中，班组是一个团队，单位是一个团队，民族和国家也是一个大团队。管理学者罗宾斯说：团队就是由两个或两个以上相互依赖和相互作用的个体，为了特定的目标而按照一定规则结合在一起的组织。团队是由队员和“队长”（领路人、带头人、组织者、管理层）组成的一个有共同目标、日趋完善的组织结构和行动纲领（行动计划）共同体，该共同体合理地、最大效能地运用每一个队员的知识、技能和智慧协同工作，解决问题，完成目标。在这一过程中，往往经历团队的组建或重组（重构），团队在“行进”过程中的活动的协商和决策，激励和评价，矛盾及障碍的化解和重振等。有时，个人是作为新成员融入一个团队，在团队中也要经历这些历练，无论是哪种情况，都需要不遗余力地进行各个方面和层面的沟通与协调。这其中口才的沟通显得尤为重要。

任务一　新团队　新成员　新沟通

一个团队在组建或重组时，或者新人要进入一个团队时，要先认真观察了解团队成员，找到沟通的最佳方式，不可墨守过去的成规。沟通创造和谐，沟通营造阳光团队，没有良好的沟通，团队可能会是“死水”一潭，甚至是“一沟绝望的死水”。

案例阅读1

老团队新经理

丹峰刚从名校管理学硕士毕业不久，应聘到某大型企业的制造部门做经理。丹峰一上任，就对制造部门进行改造。他发现生产现场的数据很难及时反馈上来，于是决定从生产报表上开始改造。借鉴跨国公司的生产报表，丹峰设计了一份非常完美的生产报表，从报表中可以看出生产中的任何一个细节。

每天早上，所有的生产数据都会及时放在丹峰的桌子上，他很高兴，认为自己拿到了生产的第一手数据。没过几天，出现了一次大的品质事故，但报表上根本没有反映出来，丹峰这才知道，报表的数据都是随意填写上去的。为了这件事情，他多次召集相关人员开会，极力强调认真填写报表的重要性，在开始几天可以起到一定的效果，但过不了几天又返回到原来的状态。丹峰对这一管理方式倍感困惑。

资料来源：http://wenku.baidu.com/link?url=X4XdJz2it7vaEXPGAFGK2b20J97cs8BFelo4GIWe-wi4_wOdrWKzRX7LjmU2fHkp6cIHW-fYSdqhIx9l5TUH9NManbNgrYZh1IbHA5bBMKm.

案例点评

丹峰的困惑是很多新的企业经理人都遇到过的一个普遍的问题。现场的操作人员很难理解新来上司的目的，因为数据分析距离他们是遥远的、陌生的。不同的人，他们所站的高度和角度不一样，单纯的开会强调重要性，没有站在团队或站在其他员工的角度去进行口才沟通，没有把采取新的举措的前因后果沟通到位，就难以收到新团队新效果。

经过座谈调研，丹峰将生产报表与业绩奖金挂钩，并要求各个班组长经常检查，员工们才始终认真填写报表。

在任何情况的初始团队沟通中，却不要简单地认为所有人和自己的认识、看法、高度、角度是一致的。要把团队新的目标和新的动向用适宜的沟通方式获得大家认同和支持。

案例阅读2

新人老团队

王艳是一个典型的北方姑娘，热情和直率，从北方某大学的人力资源管理专业毕业。她认为，经过四年的学习，自己不但掌握了扎实的人力资源管理专业知识，而且具备了较强的人际沟通技能，因此她对自己的未来期望很高。为了实现自己的梦想，她毅然只身去广州求职。

经过近一个月的反复投简历和面试，在权衡了多种因素的情况下，王艳最终选定了广州一家研究生产食品添加剂的公司。她之所以选择这家公司是因为该公司规模适中，发展速度很快，最重要的是该公司的人力资源管理工作还处于尝试阶段，如果王艳加入，她将是人力资源部的第一个人，因此她认为自己施展能力的空间很大。

但是到公司实习一个星期后，王艳就陷入了困境中。原来该公司是一个典型的家族企业，企业中的关键职位基本上都由老板的亲属担任，其中充满了各种裙带关系。尤其是老板安排了他的大儿子做王艳的上司，而他的大儿子主要搞技术研发工作，没有什么管理理念，更不用说人力资源管理理念，在他的眼里，只有技术最重要，公司只要能赚钱，其他的一切都无所谓。但是王艳认为越是这样就越有自己发挥能力的空间，因此在到公司的第五天，王艳拿着自己的建议书走向了直接上级的办公室。

“王经理，我到公司已经快一个星期了，我有一些想法想和您谈谈，您有时间吗?”王艳走到经理办公桌前说。“来来来，小王，本来早就应该和你谈谈了，只是最近一直扎在实验室里就把这件事忘了。”“王经理，对于一个企业尤其是处于上升阶段的企业来说，要持续企业的发展必须在管理上狠下工夫。我来公司已经快一个星期了，据我目前对公司的了解，我认为公司主要的问题在于职责界定不清；很多岗位员工的自主权力太小，致使这些人觉得公司对他们缺乏信任；员工薪酬结构和水平的制定随意性较强，缺乏科学合理的基础，因此薪酬的公平性和激励性都较低。”王艳按照自己事先所列的提纲开始逐条向王经理叙述。

王经理微微皱了一下眉头说：“你说的这些问题我们公司也确实存在，但是你必须承认一个事实——我们公司在盈利，这就说明我们公司目前实行的体制有它的合理性。”“可是，眼前的发展并不等于可持续发展，也有一些家族企业是败在管理上。”“好了，那你有具体方案吗?”“目前还没有，这些还只是我的一点想法，但是，如果得到了您的支持，我会尽快把方案做出来。”“那你先回去慢慢做方案，把你的材料放这儿，我先看看然后给你答复。”说完王经理的注意力又回到了他的技术研究报告上。

王艳此时真切地感受到了不被认可的失落，果然，王艳的建议书石沉大海，王经理好像完全不记得建议书的事。王艳陷入了困惑之中，她不知道自己是应该继续和上级沟通，还是干脆另找一个发展空间。

资料来源：http://wenku.baidu.com/link? url=VilXp2MKpPxSatm9qy38ESyaleB5HeGmWbp-sI_AuaGplg1EJGLT2B8F0yMUBny51Q_YDa6KC9c_6A68YpNvd0zKYn71XslpuhovKUzmVIi.

案例点评

这是一个典型的由于管理者缺乏新员工导入机制理念而导致团队中上下级沟通失败，最终使新员工的积极性受挫的例子。王艳满腔热情想把自己的所学应用到实践中去，从而获得成就感。可是她的上级却没有认识到王艳的性格特点和需求，过分看到的是王艳缺乏实践经验的一面，在沟通中对王艳的行为做出了消极的反馈，致使王艳对工作和团队的积极性受到挫伤。新团队也好，团队的新员工也好，应通过沟通，力图使大家认同共同目标，共同制定和完成工作计划。

团队良好的沟通可以稳定员工，降低离职率，提高员工满意度和企业归属感，在企业中塑造团结和谐的团队氛围等。对于新的团队或者对于团队的新员工来说，在他们刚进入团队时进行有效的沟通和引导，对留住和培养他们在以后工作中的积极性起着极为关键的作用。团队建设要做到：(1) 团队文化要吸纳南北中外文化，建立多方适宜的团队文化，对于团队的新员工，给他们提供了解公司实际情况的各种渠道，熟悉团队的工作计划和步骤，使他们避免由于缺乏经验而在工作中盲目和过于理想化。对于案例中的王艳来说，应该更深入地了解公司各个方面的情况，包括了解上司的特点，如果有工作上的新想法，应逐步地和上司沟通。(2) 给新员工安排一个专业技术强而且善于沟通和指导的直接上级，多肯定和鼓励团队中各个人的优势和长处，人尽其才，使团队永远充满向上的活力。(3) 团队要鼓励新员工多提建议，因为他们的眼光可能更敏锐一些，并且对他们提出的建议给予及时地沟通和反馈，即使这些建议对公司可能并没有太大的实际意义，也应该对他们的这种精神给予肯定和赞扬，并鼓励他们再接再厉，如果由于各种原因这些建议不能在公司中施行，应该及时向他们说明不能实施的原因。(4) 团队要给新员工提供明确的工作指导，使他们明白自己的努力方向和上级对自己的期望。

案例阅读3

团队沟通　宽厚为本

小周是北京海峡经贸公司总经理办公室的秘书，这天下午一上班，她就帮总经理收拾行李，因为总经理要赶三点半的飞机到上海出差，这时，财务部有人打电话来向总经理告状，说河南一家公司故意拖欠近百万元的货款，是市场部和销售部相互闹别扭人为造成的。放下电话，总经理对小周说："你找个时间把这个问题了解一下。如果不是什么大问题，你就协调一下，把问题解决算了。"总经理走后，小周给市场部的人和销售部的人打了电话，分别问河南那家公司的拖欠货款是怎么回事。他们公说公有理，婆说婆有理，但小周通过倾听和询问把情况基本摸清楚了。在小周的眼里，销售部的人平时一个个牛气冲天，很少买总裁办秘书们的账，说自己是某某的"小蜜"流言也是从销售部传出来的，所以，她决定利用这个机会教训一下销售部的人！于是，她接受了市场部的说法，口气很强硬地让销售部的人在一个星期内把这一百万元要回来。销售部经理忙说有困难，小周说："那好，你自己去跟老板解释吧！希望你们不要拿自己的饭碗当玩具！"销售部经理当然知道小周是在狐假虎威，但这事毕竟自己也有责任，所以，他只好忍气吞声地说争取在一周之后把货款要回来；但与此同时，他又在心里琢磨如何让这个小秘书知道自己的厉害！于是，像武侠小说里的故事一样，一场新的恩怨复仇又在酝酿了……可以肯定，对他们来说，最好的结果也只是两败俱伤！

资料来源：http://wenku.baidu.com/link?url=Gu9q8SOWVuU6RVO4UlTWfzzOmKwKKtmU0gmScgxY_65kXpD2bJPPjI58Mf3FwoxYfSXelUlKucDXw5LwsbO6-_c50h3TNG3D2r6mDgFUj_q.

案例点评

在团队沟通中，核心部门人员沟通能力对团队建设异常重要。比如秘书，在团队中为人必须宽厚，由于部门利益、价值观念等方面的原因，秘书在与各部门打交道时，对一些具体问题的看法上出现分歧是正常的。秘书部门只是个综合协调部门，因此，除非情况紧急，非动用上司赐予的"尚方宝剑"不可，在协调一般的部门关系和矛盾时，应该尽量采取疏导说明、商量互让的"软"话沟通。在实际工作中，秘书经常代理领导行使职权，但代理绝对不是实权！如果秘书在协调处理问题时追求心里和嘴上"痛快"，不仅随时有可能让自己陷入四面楚歌之中，也不利于团队和谐发展。

秘书部门是公司内部管理的神经中枢，牵一发而动全身，如果你“嘴上功夫不行”，四处树敌，不仅会影响团队的正常运行，更可怕的是有可能让一些同事产生错觉，以为你是代表着某个领导在与他人钩心斗角，让本来就已经很微妙的团队人际关系更加复杂化。“有容乃大，无欲则刚”，在团队口才沟通中，“容”就是指一个人的胸怀，胸怀宽广的表现就是说话有度量、会宽容。秘书沟通中的一份宽容与忍让，将来在工作中肯定会有两份回报。秘书不应在“说”和“做”上到处给自己树敌，加大自己的成长阻力；相反，应该利用自己的有利条件通过良好的沟通与各方面建立长期友好的关系，使团队建设日渐趋好。

案例中的秘书在处理两个部门的问题时，不管双方的分歧如何大，首先要在人格上尊重对方，而不是在话语中以势压人，强迫对方接受自己的意见。其次，应站在公司的高度和双方的角度协调沟通不一致的态度和做法。

案例阅读4

曹操“有心”云长“无意”

在《三国演义》中，有关云长被曹操赏识却苦留不住的情节。却说曹操部下诸将中，自张辽而外，只有徐晃与云长交厚，其余亦皆敬服；独蔡阳不服关公，故今日闻其去，欲往追之。操曰：“不忘故主，来去明白，真丈夫也。汝等皆当效之。”遂斥退蔡阳，不令去赶。程昱曰：“丞相待关某甚厚，今彼不辞而去，乱言片楮，冒渎钧威，其罪大矣。若纵之使归袁绍，是与虎添翼也。不若追而杀了，以绝后患。”操曰：“吾昔已许之，岂可失信！彼各为其主，勿追也。”因谓张辽曰：“云长封金挂印，财贿不以动其心，爵禄不以移其志，此等人吾深敬之。想他去此不远，我一发结识他做个人情。汝可先去请住他，待我与他送行，更以路费征袍赠之，使为后日纪念。”张辽领命，单骑先往。曹操引数十骑随后而来。

……操见关公横刀立马于桥上，令诸将勒住马匹，左右排开。关公见众人手中皆无军器，方始放心。操曰：“云长行何太速？”关公于马上欠身答曰：“关某前曾禀过丞相。今故主在河北，不由某不急去。累次造府，不得参见，故拜书告辞，封金挂印，纳还丞相。望丞相勿忘昔日之言。”操曰：“吾欲取信于天下，安肯有负前言。恐将军途中乏用，特具路资相送。”一将便从马上托过黄金一盘。关公曰：“累蒙恩赐，尚有余资。留此黄金以赏将士。”操曰：“特以少酬大功于万一，何必推辞？”关公曰：“区区微劳，何足挂齿。”操笑曰：“云长天下义士，恨吾福薄，不得相留。锦袍一领，略表寸心。”令一将下马，双手捧袍过来。云长恐有他变，不敢下马，用青龙刀尖挑锦袍披于身上，勒马回头称谢曰："蒙丞相赐袍，异日更得相会。"遂下桥望北而去。许褚曰："此人无礼太甚，何不擒之？"操曰："彼一人一骑，吾数十余人，安得不疑？吾言既出，不可追也。"曹操自引众将回城，于路叹想云长不已。

案例点评

曹操作为有王霸之志的英雄，从各个方面用人惜才，为建立人才济济的团队颇费心思。他曾经想收服关羽，让其加入自己的团队，但不久得知关羽终将会离去寻找他的"桃园三结义"团队，便由衷道了声"云长去也"，言语中吐露出他对关羽离去的无奈和不舍，后来知道关羽不仅去意已决，而且已然启程，他不仅去殷殷相送，而且当着自己众多将领称赞了一番云长的义气，更见出他建立人才团队的愿望和决心，激励手下众将力争上游，争做栋梁。曹操从云长辞别，看到的是恩情和情义，他放走一个关云长而让自己团队无数个关云长生长的远见和眼光，非同一般。同时，他也真切表达了得天下者得人才的理性认知和英雄相惜的感性冲动。作为团队的"老大"，他善于对团队人员的提升和教导。他的话语常能从大处着眼，表达愿景和胸怀，也表达对手下人才的重用和期望。张辽等或从降将或从草莽逐渐成长为曹操冲锋陷阵的一个个"猛士"，他的栽培之功不可忽视。

案例阅读5

欲"行为"统一，必"言语"一致

《水浒传》写众好汉敬佩卢俊义英雄豪气，于是想了办法请他上山：次日山寨里再排筵席庆贺。卢俊义说道："感承众头领好意相留在下，只是小可度日如年。今日告辞。"宋江道："小可不才，幸识员外。来日宋江梯己聊备小酌，对面论心一会，忽请推却。"又过了一日。明日，宋江请。后日，吴用请。大后日，公孙胜请。话休絮繁。三十余个上厅头领，每日轮一个做筵席。光阴荏苒，日月如梭，早过一月有余。卢俊义寻思，又要告别。宋江道："非是不留员外，争奈急急要回。来日忠义堂上，安排薄酒送行。"次日，宋江又梯己送路。只见众头领都道："俺哥哥敬员外十分，俺等众人，当敬员外十二分。偏我哥哥筵席便吃！砖儿何厚，瓦儿何薄！"李逵在内大叫道："我舍着一条性命，直往北京请得你来，却不吃我弟兄每筵席！我和你眉尾相结，性命相扑！"吴学究大笑道："不曾见这般请客的！甚是粗鲁！员外休怪！见他众人薄意，再住几时。"不觉又过了四五日。卢俊义坚义要行。只见神机军师朱武，将引一般头领，直到忠义堂上开话道：“我等虽是以次弟兄，也曾与哥哥出气力。偏我们酒中藏着毒药？卢员外若是见怪，不肯吃我们的，我自不妨，只怕小兄弟们做出事来，悔之晚矣！”吴用起身便道：“你们都不要烦恼。我与你殃及员外，再住几时，有何不可？常言道：‘将酒劝人，终无恶意。’”卢俊义抑众人不过，只得又住了几日。前后却好三四十日……但见金风淅淅，玉露冷冷，又早是中秋节近。卢俊义思量归期，对宋江诉说。宋江见卢俊义思归苦切，便道：“这个容易。来日金沙滩送别。”卢俊义大喜。

案例点评

我们常说团队上下要言行一致。宋江坐上了第一把交椅后，梁山一百单八将更加言行统一，这取决于他具有“大哥”的气度，在言语沟通中对一百单八将充满着关心、照顾和包容，由此确定一个领导中心，形成一种团队凝聚力，这种凝聚力通过团队成员各个层面的良好的沟通体现出来，并形成了一种良性的循环。水泊梁山众好汉唯宋江马首是瞻，上下团结一心，言语和行为一致，是他们屡战屡胜的关键。宋江作为大哥的魅力是他言行中展现得淋漓尽致的江湖义气，梁山的团队文化自然也是江湖文化。这在众人宴请卢俊义的事情上最见分晓，当宋江道：“非是不留员外，争夺急急要回。来日忠义堂上，安排薄酒送行。”众好汉便热情呼应：“俺哥哥敬员外十分，俺等众人，当敬员外十二分。偏我哥哥筵席便吃！砖儿何厚，瓦儿何薄！”

案例阅读6

团队“领导”的话语呼应

《水浒传》中有段景住向宋江备说夺马一事。宋江听了，大怒道：“前者夺我马匹，至今不曾报仇。晁天王又反遭他射死。今天如此无礼，若不去剿这厮，惹人耻笑不小！”吴用道：“即日春暖无事，正好厮杀取乐。前者天王失其地利，如今必用智取。且教时迁，他会飞檐走壁，可去探听消息一遭，回来却作商量。”时迁听命去了。无三二日，只见杨林、石勇逃得回寨，备说曾头市史文恭口出大言，要与梁山泊势不两立。宋江见说，便要起兵。吴用道：“再待时迁回报却去未迟。”宋江怒气填胸，要报此仇，片时忍耐不住，又使戴宗飞去打听，立等回报。不过数日，却是戴宗先回来说：“这曾头市要与凌州报仇，欲起军马。见今曾头市口扎下大寨，又在法华寺内做中军帐，数百里遍插旌旗，不知何路可进。”次日，时迁回寨报说：“小弟直到曾头市里面探知备细。见今扎下五个寨栅。曾头市前面，二千余人守住村口。总寨内是教师史文恭执掌，北寨是曾涂与副教师苏定，南寨是次子曾密，西寨是三子曾索，东寨是四子曾魁，中寨是第五子曾升与父亲曾弄守把……”吴用听罢，便教会集诸将一同商议：“既然他设五个寨栅，我这里分调五支军将，可作五路去打。”卢俊义便起身道：“卢某得蒙救命上山，未能报答；今愿尽命向前，未知尊意若何?”宋江便问吴用道：“员外如肯下山，可屈为前部否?”吴用道：“员外初到山寨，未经战阵，山岭崎岖，乘马不便，不可为前部先锋；别引一支军马，前去平川埋伏，只听中军炮响，便来接应。”

……比及宋江军马起行时，吴用预先暗使时迁又去打听。数日之间，时迁回来报说：“曾头市寨南寨北部尽掘下陷坑，不计其数，只等俺军马到来。”吴用见说，大笑道：“不足为奇!”引军前进，来到曾头市相近。此时日午时分，前队望见一骑马来，项带铜铃，尾拴雉尾；马上一人，青巾白袍，手执短枪。前队望见，便要追赶，吴用止住。便教军马就此下寨，四面掘了壕堑，下了铁蒺藜。传下令去，教五军各自分头下寨，一般掘下壕堑，下了蒺藜。一住三日，曾头市不出交战。吴用再使时迁扮作伏路小军，去曾头市寨中探听他不知何意；所有陷坑，暗暗地记着离寨多少路远，总有几处。

时迁去了一日，都知备细，暗地使了记号，回报军师。次日，吴用传令，教前队步军各执铁锄，分作两队；又把粮车，一百有余，装载芦苇干柴，藏在中军。当晚传令，与各寨诸军头领。来日巳牌，只听东西两路步军先去打寨。再教攻打曾头市北寨的杨志、史进，把马军一字儿摆开，只在那里擂鼓摇旗，虚张声势，切不可进。

案例点评

宋江作为水浒团队新上任的大哥，必须要有新的业绩和功勋激励团队、稳固自己。所以他抓住机会要进行一次较大的征战。那么他怎样把自己的想法变成团队的想法，并最终变成积极的行动力呢？他先把一次将要进行的征战提升到前任大哥晁盖的复仇和众多江湖英雄的面子这个水浒团队的高度。江湖英雄，面子为大。当宋江定下攻打曾头市以雪耻和挣“面子”的战略方向后，水浒团队的重要领导成员吴用立马便在战术上调度人马及谋划攻守之策。

其实，水泊梁山队伍的威风和战绩离不开这二位团队领路人的默契配合。例如，征战在即，梁山上颇有面子且智勇双全的卢俊义请求做先锋，因为这次征战的结果还关乎梁山老大的位置，面对卢俊义的请求，宋江不便回绝，吴用自然心领神会：宋江便问吴用道："员外如肯下山，可屈为前部否?"吴用道："员外初到山寨，未经战阵，山岭崎岖，乘马不便，不可为前部先锋；别引一支军马，前去平川埋伏，只听中军炮响，便来接应。"人尽其才也是他们成功的要诀。另外，大事当头，他们沟通的积极性也显出了他们的虎虎生气。

实训导引

1. 实训目的：团队口才沟通能力训练。

2. 实训任务：如果你被新任命为公司一个部门的经理，你觉得应该怎样在"新官"上任时与你部门其他几个同事沟通？做一个创意情景模拟，体现团体建设性的沟通。

3. 每个小组 10 分钟策划，10 分钟展示。

实训评价表

总分：

话语是否利于团队建设（30 分）		是否有带头人的意识（20 分）		是否有对象意识（10 分）		是否适合场景（10 分）		团体建设是否取得良好效果（30 分）	
评语	自我评价					学生签名			
	同学评价					同学签名			
	教师评价					教师签名			

阅读链接

1. http://b.faloo.com/f/36734.html.

2. http://b.faloo.com/f/18679.html.

任务二　团队发展的民主协商口才沟通

案例阅读 1

新校长的新沟通

某校新来了一位孙校长，他的做法和前任校长形成极大的反差。前任校长比较专断，大事小事都一人说了算。而孙校长刚到校就和四位副校长开会。他说："论教学，我不如老赵；论后勤，我不如老钱；论小学部，我不如老李；论初中部，我不如老王。今后你们要各司其职，大胆工作，干好了是你们的成绩，出了问题，大家研究。"这时，大家面面相觑，心里都在问：那校长你干什么？三个月后，孙校长在细致调查研究的基础上，启动改革措施，学校发生了很大的变化，孙校长受到教师的尊敬和好评。

资料来源：http://wenku. baidu. com/link? url = XZXkMsJbAzuvNoHQFEcrsau41i2mTk34xEvDb8ep2PU8ifXKHVU_1bgpib－n7DrKvI1ELqvgL2DnhV94G5eRDAvlWa1iWbdAupW9LFtvZWG.

案例点评

从领导风格上看，新来的校长属民主型和放任型的混合型，既有民主型的特征，又有放任型的特征，但主要是偏民主型的。所谓民主型是指领导者注重对团体成员的工作加以鼓励和协助，关心并满足团体成员的需要，营造一种民主与平等的氛围，领导者与被领导者之间的社会心理距离比较近。在民主型的领导风格下，团体成员自己决定工作的方式和进度，工作效率比较高。所谓放任型领导风格是指领导者采取的是无管理的领导方式，对工作和团体成员的需要都不重视，无规章、无要求、无评估，工作效率低，人际关系淡薄。

最关键的是，这位校长把自己的管理风格进行了恰当的沟通，避免了团队的隔膜和误解。如"出了问题，大家研究"，又如"论教学，我不如老赵；论后勤，我不如老钱；论小学部，我不如老李；论初中部，我不如老王。今后你们要各司其职，大胆工作"。校长考虑到学校的实际因素后，会放、能放。学校原有四位业务专、管理能力强的副校长，他有放的条件，且放比不放要好；他不能不放，因为这所学校规模较大，事务繁多，如果不放，事必躬亲，恐怕校长也应付不过来；他又不是真的撒手不管，任由发展，尽享安乐，而是在这期间认真分析学校现状，发现学校存在的问题，进行调查研究，在思考成熟后，启动改革，在方方面面做了充分而恰当的沟通，使学校有了很大变化，受到教师们的好评。

案例阅读2

团队沟通，以工作为本，以对方为先

团队建设中有这样的常见现象：下属由于有事情想请上级指示，他如果说：我们

现在有一件事情想请您定夺。然后把相关情况说一下，这个时候上级会说，这种事情也来麻烦我，你们是干什么的，要你们有什么用呢？这个下属就委屈地下去了，自己去安排了事情，下一次有事情的时候，他就不去请上级指示了。可是后来上级发现有些重要的事情没有向他汇报，于是把下属叫来，说：这么重要的事情都不让我知道，那我是干什么的？你们当我是空气吗？这样下去，不管下属是请求指示还是不请求指示都是不对的，下属就没有办法开展工作了。

案例点评

下属要向上级请示的时候，应当换一种方式，从上级的立场去考虑，说：我本来不想来麻烦您，只是这件事情确实很重要，我们做不了主，只有您才决定得了。这样的说法既肯定了上司的作用，也表达了“我本来不想麻烦您，如果不是非不得已我也不会来找您”的态度。无论是上下级之间还是其他同事之间，团队沟通都要多多从对方角度考虑，多多体谅和理解。

沟通是最佳的解决问题的方式，在工作中无论是作为领导不被下属所喜欢，还是作为下属不被领导所认可，都可能是自己的沟通不力造成的。说对话才能做对事，无论是在战略策划中，还是在具体执行中，甚至同事关系的处理方面，良好的沟通都是关键因素。

案例阅读3

团队沟通是一种分享

曹操亲自追至安定，知马超去远，方收兵回长安。众将毕集。皆问曰：“初贼据潼关，渭北道缺，丞相不从河东击冯翊，而反守潼关，迁延日久，而后北渡，立营固守，何也？”操曰：“初贼守潼关，若吾初到，便取河东，贼必以各寨分守诸渡口，则河西不可渡矣。吾故盛兵皆聚于潼关前，使贼尽南守，而河西不准备，故徐晃、朱灵得渡也。吾然后引兵北渡，连车树栅为甬道，筑冰城，欲贼知吾弱，以骄其心，使不准备。吾乃巧用反间，畜士卒之力，一旦击破之。正所谓疾雷不及掩耳。兵之变化，固非一道也。”众将又请问曰：“丞相每闻贼加兵添众，则有喜色，何也？”操曰：“关中边远，若群贼各依险阻，征之非一二年不可平复；今皆来聚一处，其众虽多，人心不一，易于离间，一举可灭：吾故喜也。”众将拜曰：“丞相神谋，众不及也；”操曰：“亦赖汝众文武之力。”遂重赏诸军。

案例点评

曹操很懂得在团队中分享智慧和成果。他自己足智多谋，自己拿不准的方略，必集众人智慧；自己稳操胜券的进退，先秘而不宣；功成业就后，他不沾沾自喜、居功自傲，而是和属下分享胜利。他很注意说话的策略，分享时不忘对相关人士功劳和努力表示感激，这是曹操能做到属下人才荟萃的人格魅力所在，也是他深受属下拥戴的一个口才妙诀。

实训导引

1. 实训任务：你所在小组要和另外一组进行一次野外联谊活动，可是对联谊的时间、地点、方式、经费等意见都有不一致，原因是有的组员要做兼职，有的组员经济有困难，有的觉得没有必要等。你如果是这次活动的组织者之一，请进行协调沟通，以便达到大家都心悦诚服地按照统一的目标和计划参与活动。

2. 实训步骤：就上述沟通协调问题，小组先协商讨论 5 分钟，并确定代表发言，发言时间为 5 分钟；有小组代表在发言时，其他组代表给发言小组打分并点评。

实训评价表

总分：

<table>
<tr><td>创意性（20 分）</td><td></td><td>感染性（20 分）</td><td></td><td>逻辑性（20 分）</td><td></td><td>团队协同性（20 分）</td><td></td><td>沟通成效性（20 分）</td><td></td></tr>
<tr><td rowspan="3">评语</td><td colspan="2">自我评价</td><td colspan="3"></td><td colspan="4">学生签名</td></tr>
<tr><td colspan="2">同学评价</td><td colspan="3"></td><td colspan="4">同学签名</td></tr>
<tr><td colspan="2">教师评价</td><td colspan="3"></td><td colspan="4">教师签名</td></tr>
</table>

阅读链接

1. 李元授．交际与口才．武汉：华中科技大学出版社，2002.
2. http://b. faloo. com/f/36734. html.
3. http://b. faloo. com/f/18679. html.

任务三　团队说服、激励和评价沟通

案例阅读1

如何传达公司加班的信息

有一天，公司突然宣布当天晚上要加班，作为部门主管通常会把这一信息直接传给下属，照搬公司的原话：今天公司宣布晚上每个人都要加班。如果是这样，部门成员会乱成一锅粥。有的人坚决反对，有的人心不甘情不愿，只有少数人才会用心去工作。这种情况该怎么办呢？

资料来源：http://wenku. baidu. com/link? url = knF5W-aQCemPMUKkaOgOS-Rz22h4JxV1CPdmRv-DPWfW5GhpRURaE-LAVJUXvTF5fsHBE4sXjlGJjfCEKNIgb3WW2cpGZ-AE42JKOqUGIaS.

案例点评

优秀的经理人难免会遇到各种前进中的困难和纠结，但只要善于沟通，上下一心，办法总比困难多。上述案例中，接到加班的信息，经理不能简单地和员工说需要加班，对一般员工来说，最关心的是切身利益，对员工耐心引导说话将有不一样的收获，比方经理可以这样说：如果我们公司大客户不给我们下订单会怎么样？（得到的回答：公司效益不好。）那如果公司效益不好又会怎么样呢？（得到的回答：我们大家就倒霉了，要下岗了。）那如果客户就是因为我们某个订单不能如期完成而拒绝与我们合作，我们能不能答应？（得到的回答：我们决不能不完成。）我们的团队的同伴都非常的棒，公司也认为决不能因为不能完成这个订单而让大家下岗，所以我们要坚决完成这个订单。现在，我宣布今天晚上我们就开始努力干，决不拖延交货。

案例阅读2

挥师百万，战前动员

时建安十三年冬十一月十五日，天气晴朗，平风静浪。操令：“置酒设乐于大船之上，吾今夕欲会诸将。”天色向晚，东山月上，皎皎如同白日。长江一带，如横素练。操坐大船之上，左右侍御者数百人，皆锦衣绣袄，荷戈执戟。文武众官，各依次而坐。操见南屏山色如画，东视柴桑之境，西观夏口之江，南望樊山，北觑乌林，四顾空阔，心中欢喜，谓众官曰：“吾自起义兵以来，与国家除凶去害，誓愿扫清四海，削平天下；所未得者江南也。今吾有百万雄师，更赖诸公用命，何患不成功耶！收服江南之后，天下无事，与诸公共享富贵，以乐太平。”文武皆起谢曰：“愿得早奏凯歌！我等终身皆赖丞相福荫。”操大喜，命左右行酒。

案例点评

应该说曹操在三国鼎立的格局之下，他的实力一直最为雄厚，这与他重视团队建设、厚待人才和与下属良好沟通不无关系。案例中，曹操率雄师百万，直指江南，需要战前的动员演讲，以表达胸怀，激励斗志。他极为简洁的演讲词中包含了“俱往矣”的辉煌、近在眼前的壮举以及对美好未来的遥想，层次极为分明，既豪情万丈，又目标坚定明确，更不忘对众将士的肯定、嘉奖和激励，具有很强的鼓动性和号召力。

案例阅读3

“凤辣子”最拿手的是口才

林黛玉因为母亲病逝，投奔贾府。她的外祖母贾母自然会对她疼爱有加。林黛玉刚到贾府。王熙凤到场先是“携手”林黛玉，继而“仔细打量”，再把她“送”到贾母身边坐下，然后笑盈盈地说：“天下真有这样标致的人物，我今儿才算是见了！况且这通身的气派，竟不像老祖宗的外孙女儿，竟是个嫡亲的孙女儿，怨不得老祖宗天天口头心头一时不忘。”然后当着贾母的面关心和安排林黛玉的生活起居，王熙凤又忙携黛玉之手，问："妹妹几岁了？可也上过学？现吃什么药？在这里不要想家，想要什么吃的，什么玩的，只管告诉我，丫头婆子们不好了，也只管告诉我。"

案例点评

如果把大观园中人看作一个团队，王熙凤无疑是总经理，而贾母则是董事长，得到贾母及亲人的支持，是她开展工作的基础。所以贾母疼爱的林黛玉初入贾府，王熙凤先是"携手"表达姐妹情，"仔细打量"表达了自己对这个妹妹的重视，"送"到贾母身边，表达了自己对这个贾母疼爱的妹妹的关心和爱护。这些身体语言已经表现了王熙凤完美的沟通能力。但是在座的还有探春、惜春等众贾府的嫡亲姐妹们，王熙凤夸赞林黛玉"标致"和"气派"，"竟像个嫡亲的孙女儿"，一是赞美和激励了新加入团队的林妹妹的颜值和气质，对天生的颜值是赞美，对自我修养等气质是激励；二是把在座的嫡亲姐妹们全都赞美和激励了一番；三是最关键的一点，讨得了贾母大大的欢喜，赞美她疼爱的林黛玉是此时此刻最令她最开心的，同时她本来就打算像对待嫡亲的孙女儿一样对待林黛玉，王熙凤一语也说到了她的心坎上。王熙凤后面对黛玉的关心更加细微，并一定提前做过"功课"。"丫头婆子们不好了，也只管告诉我"，这句话既向手下员工宣布了黛玉的地位，也向贾母等"领导"表示了忠心，还体现了她对"员工"的严格管理和现场警诫。

案例阅读4

不懂激励的主管

有一个员工出色地完成了任务，兴高采烈地对主管说："我有一个好消息，我跟了两个月的那个客户今天终于同意签约了，而且订单金额会比我们预期的多20%，这将是我们这个季度价值最大的订单。"但是这位主管对那名员工的优秀业绩的反应却很冷淡，"是吗？你今天上班怎么迟到了？"员工说："二环路上堵车了。"此时主管严厉地说："迟到还找理由，都像你这样，公司的业务还怎么做！"员工垂头丧气地回答："那我今后注意。"一脸沮丧的员工有气无力地离开了主管的办公室。

资料来源：http://wenku.baidu.com/link?url=KNOqf02vFG5Fh7XsKDeRJXO-ck3N94qYhZpjAHTlIKyRnlUBkopE-Z8-cJ4mQyOtB6TUGJ1u8BSYLww-3vMFacIl_asnmIAInd94tV_7URe.

案例点评

上述案例中员工寻求主管激励时，不仅没有得到主管的任何表扬，反而只因该员工偶尔迟到之事，就主观、武断地严加训斥这名本该受到表扬的员工。结果致使这名员工的积极情绪受到了很大的挫伤，没有获得肯定和认可的心理需求满足。实际上，管理人员进行激励并非是一件难事。对员工进行话语的认可，或通过肯定表情的传递，都可以满足员工的被重视、被认可的需求，从而收到激励的效果。

以赞美作为激励员工的要素：赞美是项绝佳的激励要素，当你由衷地褒奖一名员工，你会得到下列结果：

- 提高士气：美言一句令人心花怒放。
- 树立适当行为：以赞美优良表现来取代责骂错误行为。
- 鼓励肯定：无论贡献多么微不足道，只要达成目标，就别吝于赞美。

每个人都希望受到赞赏，当团队成员感受到你对他们的重视，他们就会为你为团队全力以赴。值得表扬的行为也就是令人百做不厌的行为。

作为团队的核心成员，激励队员是必要的秘诀：解释队员职责上所必备的工作技能，并向他们仔细地叙述工作内容；了解队员并针对个人适当地运用激励技巧；协助队员，让他们渴望受到激励；在带头人与队员间架设沟通的管道；无论何时，尽可能让队员参与和本身有关的决策过程；当队员完成工作时，请给予赞美；当问题发生时乐于承担起责任；充分授权给队员，让他们去完成工作任务；尊重员工的能力，让员工按他们所受的训练去做，即使有时候你自己做会更快、更好；做一些事情来帮助队员自我激励。

案例阅读5

肯定员工计划

为顺应未来趋势，企业经营者应立即根据企业自身的条件、目标与需求，设计出一套低成本的“肯定员工计划”，员工在完成一项杰出的工作后，最需要的往往是来自上司的感谢，而非只是调薪。以下是激励员工士气的十大法则：

（1）亲自向员工的杰出工作表现表示感谢，一对一地亲自致谢或书面致谢；

（2）花些时间倾听员工的心声；

（3）对个人、部门及组织的杰出表现提供明确的回馈；

(4) 积极创造一个开放、信任及有趣的工作环境，鼓励新点子和积极的主动性；

(5) 让每一位员工了解公司的收支情形，公司的新产品和市场竞争策略，以及讨论每位员工在公司所有计划中所扮演的角色；

(6) 让员工参与决策，尤其是那些对其有影响的决定；

(7) 肯定、奖励及升迁等都应以个人工作表现及工作环境为基础；

(8) 加强员工对于工作及工作环境的归属感；

(9) 提供员工学习新知及成长的机会，告诉员工在公司的目标下管理者如何帮助其完成个人目标，建立与每位员工的伙伴关系；

(10) 庆祝成功——无论是公司、部门或个人的优秀表现，都应举办士气激励大会或相关活动。

案例点评

称赞、表扬和表彰是认可员工的一种形式。我们的团队带头人大都吝于称赞员工做得如何，有些人将此归咎于缺乏必要的技巧。其实，称赞员工并不复杂，根本无须考虑时间与地点的问题，随处随时都可以称赞员工。如在会议上或公司主持的社会性集会上、午宴上或办公室里，在轮班结束或轮班前、轮班之中的任何可能之时都可以给予一句话的称赞，就可达成意想不到的激励效果。当成绩在员工们头脑中还很新奇的时候，表扬员工会起到非常奇特的效果，最有效的做法就是走到下属中间，告诉你的下属："这是一个令人激动的创意!""你做得太棒了，再加把劲创造咱们公司的纪录吧！到那时我要给你开庆功会"……要抓住任何一个立即传达的赞扬能带来积极影响的机会。

畅销书《奖励员工的一千零一种方法》的作者鲍勃·纳尔逊说："在恰当的时间从恰当的人口中道出一声真诚的谢意，对员工而言比加薪、正式奖励或众多的资格证书及勋章更有意义。这样的奖赏之所以有力，部分是因为经理人在第一时间注意到相关员工取得了成就，并及时地亲自表示嘉奖。"

打动人最好的方式就是真诚的欣赏和善意的赞许。韩国某大型公司的一个清洁工，本来是一个最被人忽视、最被人看不起的角色，但就是这样一个人，却在一天晚上公司保险箱被窃时，与小偷进行了殊死搏斗。事后，有人为他请功并问他的动机，答案却出人意料。他说：当公司的总经理从他身旁经过时，总会不时地赞美他"你扫的地真干净"。你看，就这么一句简简单单的话，就使这个员工受到了感动，并以身相报。"士为知己者死"。

赞美员工需符合“即时”的原则。管理者应能做到在每天结束前，花短短几分钟写个便条对表现好的员工表示称赞；透过走动式管理的方式看看员工，及时鼓励员工；抽空与员工吃个午餐、喝杯咖啡。管理者只要多花一些心力，员工就能受到莫大的鼓舞，使工作成效大幅提升。

有人总结了零成本或低成本激励团队成员的N个沟通菜单：

真诚地说一声“您辛苦了！”

真诚地说一声“谢谢您！”

真诚地说一声“你真棒！”

由衷地说一声“这个主意太好了！”

一个认可与信任的眼神；

一次祝贺时忘情的拥抱；

一阵为分享下属成功的开怀大笑；

一条鼓励下属的微信或QQ留言；

一封及时回复下属的邮件；

一个下属纪念日的电话、一件小小的礼物、一条短信的祝福和问候；

一次无拘无束的郊游或团队聚会交流；

一场别开生面的主题竞赛；

一个证书、一枚奖章、一朵鲜花、一颗真诚的心……

实训导引

1. 将自己所在的小组模拟为一个创业团队，如果你作为团队主管，测试一下你激励员工与促进团队精神的能力如何。

是 否

□ □ 1. 我是否了解具有动力的员工会带来哪些好处？

□ □ 2. 我是否了解所属员工的个人需求利益及目标是什么？

□ □ 3. 我是否了解员工的个人需求利益及目标会影响到他们的原动力？

□ □ 4. 我是否了解以竞争的方式来提高原动力，其中必有一定的诱惑力量？

□ □ 5. 我是否会在工作中加入激励员工的活动？

□ □ 6. 我是否了解何谓真正的团队精神以及这种精神为什么在员工的成功中占极重要的地位？

□ □ 7. 我是否了解正式团体与非正式团体之间的差异？

□ □ 8. 我是否知道在我的部门内存在哪些正式与非正式的工作团体？

□ □ 9. 我是否了解团队精神的几个发展阶段？

□ □ 10. 我会不会鼓励新员工加入团队的阵容？

□ □ 11. 我会不会帮助新进员工了解各职责之负责人？

□ □ 12. 我会不会帮助有经验的员工去接纳新进员工？

□ □ 13. 我会不会协助新进员工，使他们能自在地发问以及提出建议？

□ □ 14. 我会不会向新进员工示范如何为团体贡献心力？

□ □ 15. 我会不会向新进员工示范如何与他人合作，并成为团体的一分子？

□ □ 16. 我会不会公开地征询民意？我对员工的发问是否心存排斥？

□ □ 17. 我是否了解“门户开放政策”的诱人之处？

□ □ 18. 我会不会让我的员工参与决策过程？

□ □ 19. 我能否辨别个人与团体功能之差异？

□ □ 20. 我可知如何领导我的小组？

看看你回答的“是”的次数是多少？次数愈多，表示你激励员工与促进团队精神的能力愈强。把自己测试的结果与小组成员分享并进行适当的分析诊断，分析讨论团队口才沟通在团队建设中的重要作用。

2. 以小组为单位，把小组设计成一个创业团队，一个组员把自己设想为团队带头人，其他人设想为队员。团队带头人是否真的清楚激励队员的要素是什么？

团队带头人和每位队员根据下列每一项叙述对你的重要程度予以排序：

□ 我希望我的老板认可并欣赏我所做的工作。

□ 我希望参与和我工作有关的决策过程。

□ 我希望老板会替我解决影响我工作的个人问题。

□ 我希望无须为工作的稳定性而操心。

□ 我希望工作所得远多于工作的付出。

□ 我希望对工作感到有兴趣。

□ 我希望我的工作单位具有升迁的机会。

□ 我希望有个让我愿意忠心服从的上司。

□ 我希望在愉快的环境下工作。

团队带头人回答以下问题：

（1）你的激励要素等级表和你的队员有何不同？

（2）有什么简单而实际的也是你的队员所希望得到的，而身为带头人的你又可以轻易完成的？

（3）你从每个队员的激励要素中得到了什么？你如何根据这些结果个别地和每个队

员沟通？

阅读链接

1. 安欣，李文勇. 口才红楼. 西安：陕西人民出版社，2008.

2. http://blog.sina.com.cn/s/blog_48289c160100xzw2.html.

3. http://blog.sina.com.cn/s/blog_9e253c3d01011sit.html.

任务四　团队矛盾、障碍化解与重振沟通

案例阅读1

沟通化解危机

一天下午，一位住在江苏某五星级酒店的澳大利亚团队陪同来到酒店大堂反映：不知为何当天早晨该团11个房间都没有按要求叫醒，耽误了客人的时间，客人对此非常有意见。大堂值班经理立即向总台了解情况。团队抵店时确实提出过叫醒服务，当时总台有三位服务员在为团队办理入住手续，并接受了客人的叫醒服务要求，但三位服务员相互间都以为对方将叫醒服务要求通知了总机，结果谁也没有通知，总机不知该团队有叫醒要求。大堂值班经理向团队陪同诚恳地表示歉意，在与陪同交谈中，得知当天是该团队一位老先生的生日，便立即为老人准备了生日蛋糕和鲜花。当团队客人在大厅集合准备外出用餐时，值班经理代表饭店为生日老人送上了真挚的祝福，并借此机会向全体团队客人表达歉意。生日老人手捧鲜花感动得不知说什么好，团队客人们手拉手一起唱起了生日祝福歌，美好的歌声冲走了那一丝不快，客人们露出了满意的笑容。

资料来源：http://wenku.baidu.com/link? url=fpLYFWfjUa——7ur7OEtmA6k6v3TJ6Sh2lm1N68v48uYuG6EEdqeqvBeBpgaksXKlfgzNCR8M230s2Pyxg2RyIUyNNEZ_8NYbX57IGgoBzzS.

案例点评

在团队型的工作中，分工合作、工作交接等必要的沟通时时存在。案例中三位服务员同时接待团队客人，应做到忙而不乱，互相对接，对客人提出的服务要求逐一询问并

逐一落实，而不是各人自扫门前雪。当然，出了差错后，大堂值班经理利用有利时机，将客人的不满情绪及时化解。最关键的是事后要与前台和总台进行沟通，制定措施，避免类似事情再次发生。

案例阅读2

应届毕业生小A的日记

2013年8月12日，晴。我很幸运，早早找到了一份待遇不错的工作，并且从5月起就开始上班了。那是一家规模不大的股份制公司，年轻、肯吃苦、毕业于名校的我很快就适应了工作环境，老总和副总都在有意无意间对我表示了栽培之意。可时间不长，有老员工悄悄给我递话：“你没看出来啊？老总和副总不合，站哪边，你看着办吧！”刚从学校出来，遇到这种事，我真不知该怎么办。一番思考后，我决定严守中立，“只要干好本职工作，谁能挑我的刺？”

公司小，老总和副总都喜欢越级交代工作。虽然任务压得人喘不过气来，但我宁可自己加班加点，也要做到两边不得罪。几个星期下来，我累得够呛，但两位领导似乎并不领情。他们开始变得热衷于教训我，常常是我前脚迈出总经理室，就被隔壁的副总经理叫去，换个角度、换套说辞再骂一遍。我不知道自己到底做错了什么。部门经理悄悄告诉我：“两边都帮，可就等于谁都不帮啊！”听了部门经理的话，我晕了，我到底应该怎么办？

案例点评

从应届毕业生小A的日记中不难看出，小A处于单位派系斗争中。作为单位新人，要坚持三“不”原则——不介意、不参与、对事不对人。

“对事不对人”是指保持平常心，一切从工作出发，从组织利益出发，按公司的规则和程序来判断、处理工作中的是是非非。

一般来讲，对待领导，下属要服从，而非盲从；要忠诚，而非愚忠。很多时候，领导之间的意见差异只是方法、手段的差异，并非目的不一致。即便目的、手段有分歧，那也应按公司规定的程序，让高层自己去解决。

新人有问题，不必憋在肚子里，最好问问自己的直属上司。如果直属上司的话也令人发晕，那就直接向发令者询问：“老总，您的意见好像跟副总的不大一样，您看我怎么跟他解释呢？要不然您跟他沟通一下行吗？”

案例阅读3

面对攻击，从容以对

星期一早上开公司例会的时候，主管要求大家就某个提案发表自己的意见，李明想客观地表达一点不同看法，可没等他讲完，就听见提案人不阴不阳地说："我觉得这样的讨论不应该让什么人都参加，有的人才来几天啊，就想冒充专家了！"李明气得一时语塞，想不通为什么自己就事论事，她却要这样当众攻击。

资料来源：http://wenku.baidu.com/link?url=b5zhO6HxCYz2X0iXiwm6rMXOS5vL3G2PedDAR1ssPbZZAo1pZVqjcokXcfwtgrchhkxMpoh7oUnjzRqjbt3zi9nbKY31KnXLLn_aF9Sv8MO.

案例点评

我们每个人在团队中都可能遇到过类似的"想不通"的事情：明明没打算跟别人对立，却偏偏有人要专门站到我们的对立面去，有一搭没一搭地向我们"乱放冷箭"。这种时候，我们常以为他们又强悍又无礼，于是要么以牙还牙地回击，要么敬而远之地回避，无法与他们建立轻松正常的关系。

其实，深入了解你会发现：这些人太多脆弱而敏感，他们并不是真的想要攻击谁、伤害谁，只是因为他们比我们更怕受伤，所以才会在感觉到威胁的时候，用"攻击"来防卫自己。所以说，与他们缓和关系的最佳办法，不是反击或回避，而是理解和包容。李明可以以退为进地说："我来没多久，对有些情况确实没有大家熟悉，但这个问题确实是这样的……"

案例阅读4

解决争端，"看人下菜"

话说李逵连夜回梁山泊，到得寨里，来见众头领。朱仝一见李逵，怒从心里，掣条朴刀，径奔李逵，黑旋风拔出双斧，便斗朱仝。晁盖，宋江并头领一齐向前劝住。宋江与朱仝陪话道："前者杀了小衙内，不干李逵之事；是军师吴学究因请兄长不肯上山，一时定的计策。今日既到山寨，便休记心，只顾同心协助，共兴大义，休教外人耻笑。"便叫李逵："兄弟，与美髯公陪话。"李逵睁着怪眼，叫将起来，说道："他直恁般做得起！我也多曾在山寨出气力！他又不曾有半点之功，怎地倒教我陪话！”宋江道：“兄弟，是你杀了小衙内，虽是军师严令。论齿序，他也是你哥哥。且看我面，与他伏个礼，我自拜谢你便了。”李逵吃宋江央及不过，便道：“我不是怕你；为是哥哥逼我，没奈何了，与你陪话！”

李逵吃宋江逼住了，只得撇了双斧，拜了朱仝两拜。朱仝才消了这口气。山寨里晁头领且教安排筵席与他两个和解。

案例点评

李逵虽勇不可当，却是一个典型的莽汉，不太讲理但恩怨分明，很讲情义。当李逵与朱仝起冲突时，宋江劝说李逵给朱仝赔礼，“论齿序，他也是你哥哥。且看我面，与他伏个礼，我自拜谢你便了。”处处含情义，捎带一些事理。而在劝说朱仝时，事理讲清即可。

实训导引

1. 实训任务：小组联系一家优异公司或一个优秀的社团，从团队沟通的角度去进行一次深度访谈。

2. 实训目标：培养和展示团队沟通的口才；了解口才沟通在实际团队建设中的意义、作用、方式等。

3. 实训步骤：

（1）小组代表陈述小组基本分工：统筹策划人（可兼做）、公关联络人、访谈主持人、记录人、现场拍照或拍摄人、PPT 制作（包括视频）人、展示分享人、小组评分人（可兼做）。

（2）小组就项目任务进行相关咨询和答辩。

（3）下次课老师开讲前由任务小组进行展示分享。展示时间控制在 15～20 分钟，评价反思在 10 分钟以内。所拍摄的视频材料需要相关实训室或校内外相关场地的，任课老师协助申请。

4. 实训评价和反思：

任务单

组名		姓名	
工作程序指引及记录内容			完成打“√”
1. 确定本次小组长	小组长姓名：		
2. 明确任务	/		
3. 组员任务分配	/		

4. 小组公关联络访谈组织情况	/	
5. 设计 PPT 及视频	/	
6. 根据小组分工，完成自己分内的任务	/	
7. 班级交流	展示人：	
8. 小组自我评价及反馈		
9. 个人加分点	/	/
写给老师的话		
指导教师评语		签名

任务评价表

课程名称					
实训任务名称					
三方评价成绩					
评分项目	评分内容	配分	自评	小组评分	教师确认
明确任务重点	能利用各种关系进行公关沟通，明确完成访谈的工作要点，确保访谈各项工作能通过沟通有效突破。	20			
感知任务制定计划	是否熟悉你的任务所在，认同工作价值；是否具有执行力；小组计划制定是否合理，具可操作性。	10			
实施任务	与教师、访谈对象、组员之间是否相互尊重、理解、平等；与教师、行业达人、组员之间是否能够保持多向、丰富、适宜的信息交流。	10			
	探究学习，自主学习不流于形式，处理好合作学习和独立思考的关系，做到有效训练；能提出有意义的问题或能发表个人见解；能按要求正确操作；能够倾听、协作分享。	10			
	遵守实训任务要求，实训过程符合目标；训练过程出勤情况和完成工作任务情况；善于多角度思考问题，能主动发现、提出有价值的问题。	10			
展示成果	在展示成果中考核小组工作计划、训练技能是否符合目标与要求；是否获得了团队沟通的实际要领；是否有良好的团队沟通能力。	10			
	在展示成果中发现学习者是否有发现问题、提出问题、分析问题、解决问题、创新问题的能力。	15			
评定反馈	按时按质完成实训任务；较好地掌握了团队口才沟通知识点；具有较强的团队沟通能力。	15			
总分（100）					

评语	自我整体评价		学生签名	
	小组整体评价		组长签名	
	教师整体评价		教师签名	

阅读链接

1. 尹凤芝．沟通与演讲．北京：高等教育出版社，2010.
2. 金圣荣．FBI 沟通术．哈尔滨：哈尔滨出版社，2012.
3. http://image. so. com/i? src=360pic_normal&q.
4. http://b. faloo. com/f/36734. html.

项目十一

主持人口才沟通专题训练

大凡人们较正式的聚会活动，都少不了主持人。主持人不仅指最为常见的广播电视等职业主持人，也包括各种会议或聚会、文艺或娱乐活动、婚礼或典礼、比赛或联谊等活动的职业或非职业主持人。主持人在活动中起着统领、引导、推进活动进程的作用。除其他各种良好的素质之外，卓越的职业口才沟通和演讲能力是各类主持人的“标配”，是活动有声有色、有起有伏的重要保证。

主持人职业口才沟通的总的特点是主要通过话语传播信息、推进活动进程、营造气氛和实现交流。主持人职业口才交际来源于生活又与生活口才交际在语言环境、目的强弱程度、准备过程、声音美感等方面不同，具有交流的多向性、内容的关联性、话语的兼顾性和形式的多样性等特点，其过程可总结为起、承、变、合，即可对应分为开场语、串词、推进语和结束语。现代主持人即便有事先写好的文本，也要把既定性的话语变成即兴性的话语，给大众以“无文本”操作的感觉，西方叫作“talk show”，即“脱口秀”。

任务一　主持人口才沟通训练过程

一般活动主持人在登台之前都做了精心策划和准备，尤其是重要会议或大型活动，怎样开场、怎样串台、怎样穿插、怎样结束，事先都写成了文本，主持人基本是按文本操作。但文本操作的只是关键词语和重要语段，如果一字不漏、一成不变地执行文本，没有灵活的现场话语生成，无“talk show”的表达，就难以成为一个好的主持人。

成为好的主持人，首先需要日常积累，包括经验积累、知识积累、语言积累。

其次，有机会做活动主持前，要充分准备，增强信心和信念。在做准备时，需要明确活动是给受众以某种思想上的启迪和教育，还是给受众以某种情感上的陶冶和满足，或是其他什么目的和宗旨，然后根据活动内容以及受众的认识水平、思维和视听客观规律，准确无误地写出文本；还要了解主持环境，预设可能情况。凡主持一场活动，主持人应提前熟悉主持环境（包括地理环境、人文环境和现场环境），只有做到心中有数，才能从容应对和应变。

最后是调整心态，机智运用。现场话语生成需要主持人冷静沉着，处变不惊，充满自信的良好心态，还要能捕捉话题，调动积累，选择机敏和睿智的表达方式。

案例阅读 1

如何成为一名优秀的婚庆主持人

小张读大学时喜欢做活动主持，工作后有朋友结婚请他做主持，他感觉很好，于是想把婚庆主持人当作自己的“副业”。在这个行业做了许久的李姐教了他几点秘籍。她说，词汇量及语言反应能力是任何主持人都要持之以恒的练习的，她有几个常用的有趣训练方法：

1. 反读法。先从简单的词组开始，反过来朗读，锻炼眼睛→大脑→嘴的快速反应能力，由于正常朗读存在“逻辑联想性”，而反读没有，所以这种方法对锻炼语言快速反应能力非常有效！如：婚庆要创新和时尚→尚时和新创要庆婚。

2. 接龙法。类似行酒令的训练方法，几个人聚在一起，由一人开头，说出一个词或词组，甚至短句，但必须和婚礼有关，后面的人接前者最后一个字（可以谐音），一直接续下去。如：爱情的故事→誓言→眼神→神秘礼物→勿忘我→我爱你……

3. 辩论法。首先设定命题，由几人对等分成正反方，限时辩论，以求精彩纷呈！可以参照正式的辩论比赛规程。如：中式婚礼应当大力推广 PK 中式婚礼不应大力推广。

4. 扑克法。用一副扑克牌，每张写上一个词（和婚礼、爱情、未来有关），洗牌，随机抽取 2 张，用最简单的话把 2 个词连接成句，逐渐增加张数，直到 54 张牌一气呵成！如：戒指＋忘记＋未来……＝这枚戒指中，有我们不能忘记的过去，也有共同面对的未来……

小张按照李姐的“秘籍”训练了一段时间，果然成效非凡。

案例点评

婚礼司仪，也可以称为“婚礼主持人”，他按照中华各民族和地域风俗习惯的不同，依照当地风俗礼仪来主持结婚典礼，因此，婚礼司仪是礼仪学的重要组成部分，反映了具有独特风格、植根于群众沃土中的婚俗文化。

在婚礼中，主持人需要掌控现场，调动、营造气氛，把握主题，推进流程；以爱情、亲情、友情为主线，突出烘托新人，展现新人爱情的闪光点，运用语言把婚礼各环节串联起来，引导新人、家长、证婚人及来宾等共同完成婚礼仪式。婚礼主持人是整个婚礼的灵魂，他控制着整个婚礼现场的情绪和氛围。每一对新人都有着自己与众不同的性格特点、恋爱经历、文化背景，每一场婚礼上的来宾情况以及婚礼现场布置风格也都有所不同，因此对婚礼主持人的要求也就随之而不同。一位优秀的婚礼主持人应该根据具体情况表现出不同的主持风格。同时借助这种浓浓的感情交流，让婚礼的文化底蕴得到升华。由主持人带领新人进行的彩排非常重要；丰富的经验不可或缺；不可喧宾夺主。这种素质和能力不是一蹴而就的，所以资深人士李姐在实践中总结出了一套训练方法，新手小张的训练也是非常必要的。

案例阅读2

参选主持人

一男同学要去参加校园主持人大赛，在微信中向他的“口才沟通与演讲训练”课程老师讨教，老师是这样给他回复的：

作为主持人，一定要记住与现场观众交流！不要光一个人说，自己说开心了，却忘记了观众。记住：主持人大赛选的是主持人，不是演说家，偶尔可以和评委老师或是观众来点小互动！不要硬背开场词，很多时候可根据现场的反应即兴改变主持词，背的东西反而容易把自己框在一个圈子里。

可以选择模拟主持主持人大赛的场景。比如有位参赛选手这样开场：今天又迎来了一年一度的主持人大赛，其实我的心情啊是又激动又紧张。我激动是因为在台下看见许多新朋友；我紧张是因为我们主持的人才是越来越多了，我都不知道明年的这个时候谁会替代我的位置站上这个舞台给大家主持，刚才在台下见了一位小帅哥，叫××（说你自己的名字），他好像表现得有点紧张，但是他告诉我：他特别爱主持，上场前总会很紧张，但是只要台下观众的掌声热烈，他的紧张感就完全消除了，好的，我们现在就把最热烈的掌声送给他，有请我们的××出场！

案例点评

案例中老师给参加主持人大赛的同学的建议有三条，这三条恰恰是初做主持人需要努力突破的。一是要有恰当适宜的互动，和观众恰如其分地互动；二是避免背诵台词或诵读台词，要把既定性的台词和即兴性的表达相结合；三是一定要有创新，包括内容、表达方式、风格等都可以避免模式化和雷同化。

案例阅读3

播音主持人总结的四个训练

晓琳做校园广播站的播音主持人已经三年，在即将“退役”之际，她肩负着培养师弟师妹的责任，她总结了四种播音主持的训练方法：第一种是开展情景再现训练。情景再现是主持人进行播音中最重要的手段，当然，情景再现也是要在稿件提供的原型基础上脱稿讲述。第二种是内在语的训练。内在语其实是指话里有话、弦外之音的训练，当然，要揭示语句本质和语言链条。第三种是对象感的训练。主持人对着话筒或屏幕，虽然是“目中无人”的环境，但是却要做到“心中有人”的状态，这样才能使思想感情处于运动的状态，这也属于联想的技巧。第四种是停连、重音。主持人在语言表达时，一定要有停顿、有连接，这样才能更好地传神达意。除了自己总结的这四种方法外，晓琳还找到了速读法、背诵法、练声法（练气和练声）、复述法、模仿法、描述法、角色扮演法等七种训练方法。

案例点评

播音主持人是广播电视连接听众观众最直接、最能沟通情感的桥梁，是广播电视节目中最积极、最能传情达意的主导人物，从某种意义上说，主持人个人播音形象是否有魅力，直接影响着广播电视节目、频道是否有魅力。

实训导引

1. 实训任务：以小组内的一个同学为范例，小组分析讨论他或她适合做什么类型的主持人；如果他或她尝试去做那种类型的主持人，对于他或她来说，有什么最简洁有效的训练方法。

2. 实训步骤：各小组讨论 10 分钟，然后各组派代表分享讨论结果，代表发言 5 分钟；评委分别给予评价并打分。

实训评价表

总分：

<table>
<tr><td>小组合作
（20 分）</td><td></td><td>对主持人的
了解（20 分）</td><td colspan="2">对范例同学
的分析（20 分）</td><td></td><td>训练方法
（20 分）</td><td></td><td>代表发言
（20 分）</td><td></td></tr>
<tr><td rowspan="3">评语</td><td colspan="2">小组自我评价</td><td colspan="2"></td><td colspan="5">签名</td></tr>
<tr><td colspan="2">其他组代表评价</td><td colspan="2"></td><td colspan="5">签名</td></tr>
<tr><td colspan="2">教师评价</td><td colspan="2"></td><td colspan="5">教师签名</td></tr>
</table>

阅读链接

1. http://blog.sina.com.cn/s/blog_4c355efe0100jkl0.html.

2. http://www.xiuke.com/kehuanli.

3. http://wenda.so.com/q/1364354130066643.

任务二　主持人口才表达技巧训练

社会生活中的聚会活动丰富多彩，主持人的口才交际表达也千姿百态。主持人职业口才交际有相对固定的程式，其中常用语包括开场语、串词、推进语和结束语等，一般正式的聚会活动，采用“半文本操作”或“文本操作”，但在具体场景中的交际表达，主持人既要执行文本，又不能囿于文本，即关键性的话语按文本表达，同时主持人要积极灵活地现场发挥，使主持活动既庄重、严谨、凝练，又生动、活泼、机智。

案例阅读1

校园新春晚会精巧的开场语

各位老师，各位同学：

大家晚上好！我是2015级中文专业的晓云。在缤纷的焰火和欢快的乐曲中，新的一年向我们走来。辞旧迎新之际，我们总是百感交集、思绪万千。在新的一年，我们有许许多多的事情要做，有许许多多的任务要去完成，我们将面临新的挑战和新的机遇。我以最诚挚的心意、用最吉祥的话语祝福我们的老师，也祝福每一位同学，祝老师们身体健康，万事如意！祝同学们美梦成真，学习进步！同学们，新年的阳光将洒在我们的身上，新年的春风将吹在我们的脸上，老师们，请相信，我们在新的一年仍然不会辜负你们对我们深沉和执着的爱，你们对我们殷切的关心和希望！下面请听我们的诗歌朗诵《新年和信念》……

案例点评

这是一个新春文艺晚会的主持人的开场语，其实其他类型的聚会活动的开场语有类于此。开场语都是起先导作用的，为将要展开的活动开头。一场活动真正的主导者或主角不是主持人，无论什么类型的聚会活动，主持人的开场语对活动的内容只到提示即可，不能洋洋洒洒试图代替活动。开场语的主要任务是营造氛围，主持人必须根据活动的整体内容，准确把握好或庄重、或欢快、或热烈、或轻松的感情基调。主持人的开场语，包括称呼、介绍语、宣布主题（或主要活动内容），营造与主题相应的气氛。因此，主持人开场语有实现沟通、营造气氛、确定基调、表明主旨和吸引观众的作用。既要精辟到位，又要巧妙自然。开场语可以先营造氛围，再入题，也可以反之。

案例阅读2

主持人培训开场语

在主持人培训课上，培训师（资深主持人）讲主持人的开场白，强调开场白的“三个环节”和“五个关键点”。“三个环节”包括吸引观众、创设情境、导入主题。如何吸引观众的视线、如何把握观众的心理、怎样导入主题？一是先声夺人，通过对所有来宾的问候，将观众的注意力全部吸引过来；二是对现场和当时情景加以描述，让观众感到熟悉、感到亲切自然，乐于接受；三是要增加主持话语的文化内涵，达到寓教于乐的目的；四是注意对象，增强艺术表现力，比如对少年儿童对象，话语应尽量采用具有少年儿童特征的语言，过分成人化的语言不符合少儿天真的特性；五是借鉴诗词和散文诗的“文艺范儿”，提高主持开场语的艺术感染力，如运用诗词中的对仗、押韵技巧，可以让主持人话语朗朗上口，听起来具有音乐美、节奏美。

案例点评

案例告诉我们，主持人的开场语不仅仅要追求精彩华丽，切合活动主题的开场语才是最动听的旋律。在了解了活动主题以后，主持人通过酝酿，将主题贯穿于所有的活动环节中，从而使活动主题步步深化，丝丝入扣，不断将活动推向高潮。比如，如果活动主题是跨越、征服、挑战之类，展现的是雄心和霸气，那么你的开场白就要用气势磅礴的语言和辞藻去鼓舞大家心中澎湃的热血。豪迈与气势同存才能让你的现场观众慷慨激昂、不畏前行。主持人开场白可以说：“跨越，分秒之内，或许颠覆一个世界，而奇迹——从来只在我们手中”，等等。如果活动主题是携手、团结，突出团队精神，那么你的开场白就要动人，争取触动人们心里某些柔软且温暖的回忆。“一路有你”“因为有你”“携手同行”……都是一些可以突出团队和个体关系的词语和字眼，那么主持人开场白可以说：“走过往昔，奋斗的汗水刚刚拭去。回首旅途，胜利的笑容正在蔓延。携手今宵，高歌这一路荣耀感动。展望明朝，伙伴们，让我们携手同行。”

案例阅读3

主持人说主持的串词

在主持人培训课上，培训师（资深主持人）讲主持人串词，她说，主持人串词有很多种称谓，归根结底就是贯穿在活动整体的语言脉络，穿插在节目之间，可以承上启下，调节气氛，增加氛围，为活动或者晚会锦上添花。好的主持人串词仍然是与主题及活动中心环环相扣的，并在节目的名称和内容上发挥出主持人口才沟通特有的渲染之势。它可以让节目更加生动，活动更加完美。

作为主持人，要了解串词的构成，它包括：思想的深刻性；知识的广泛性；宣传主题的专业性；语言的抒情性；娱乐节目的趣味性等。不同的宣传主题，须运用不同的串词，如建军节宣传，主持人串词就应该熟知中国人民解放军建军以来的大事，而税务宣传，就要求对现在的税务知识有所了解。好的串词要求主持人知识面广，接受能力强。

串词的语言特征包括：抒情重于叙述；多排比、重复句；多运用拟人手法；注重音节，追求朗朗上口、铿锵有力，讲究抑扬顿挫。

串词有一个原则：通俗易懂。因为串词是一次过，观众没有回味的余地，如果太深奥了，观众没法接受到你的信息。

串词要根据整个活动的风格来决定，或庄重、或轻松。如庄重的文艺演出，用词典雅，语言上要求规范，往往就只能放弃诙谐幽默的言语；娱乐性及纯商业性的演出，言语则大可诙谐幽默，让观众愉快就是目的，串词不必太严肃；宣传商品、产品，商家、厂家，则必须围绕这些出资赞助单位来表达串词，亦庄亦谐。

如果是两个人主持，往往是一男一女配对，这种形式是目前公认的比较理想的主持人搭配。一男一女，可考虑声音的特征，一柔美，一阳刚，在串词的设置上可将柔美的话让女主持说，阳刚的话拿给男主持说。比如：（女）天为什么这样蓝？（男）只因战争远离了我们。（女）地为什么这样绿？（男）那是维护和平的人们的辛苦。

也有使用两个同性主持的，这样，阴阳搭配的特征便不复存在。三人的主持不常用，只有在一些大型的演出上才使用这种搭配，其优点在于齐诵，两人，可以是一问一答，而三人则可以一人问两人答。三人主持，可以是一人为主、两人配合，也可以是两人为主、一人配合，或者是一人综合，即这个人的话语总是在总评的位置上。三人主持，最好不要平均分配说串词。多人主持，主要分问答式、呼应式和聊天式。

案例点评

案例中讲到，串词是活动中最能显示活动设计灵活和主持人表达沟通的灵活性的。串词可以预先设计，但更要靠临场发挥。一场活动，一个个内容或环节相对独立，主持人的串词要在把握活动主题的基础上，巧妙地或赞扬、或强调、或生发，将相对独立的内容或环节前后衔接，串成一体，形成活动的整体效果。串连，也不仅仅是把前后内容连接起来，更重要的是在于巧妙点染、开掘、升华；在于凸显精彩之处；在于沟通台上台下，不断营造气氛。和其他的常用语一样，主持人是台上的“主人”，是有机的组织者，但不是台上的主角，其职业口才交际表达不可喧宾夺主、长篇大论，而要点到为止、简短精要。

案例阅读 4

婚礼新人入场的推进语

新人入场：如果说爱情是美丽的鲜花，那么婚姻则是甜蜜的果实，如果说爱情是初春的小雨，那么婚姻便是雨后灿烂的阳光。在这样一个美妙的季节里，一对真心相恋的爱人，从相识、相知到相恋，走过了一段浪漫的爱的旅程。好的，亲爱的朋友们，此时此刻，我想所有的嘉宾和我的心情都是一样的，都是怀揣着万般激动的心情、期待的心情，等待着新郎和新娘的出现，下面就让我们一起把目光都聚焦在幸福之门，并且以最热烈的掌声有请二位新人步入这神圣的婚礼殿堂。

新人进场进行时：音乐在大厅回响，礼花在空中绽放，朋友们，来宾们，让我们祝福的掌声再热烈些，热烈些……

伴随着这美妙的音乐，一对新人正携手并肩向我们走来，他们正接受月下老人的祝福，享受这人生中最美好的时刻，让时间定格在这里，让历史记住今天，公元××年的×月×日，新郎×××、新娘×××缘定今生，真爱永恒！典礼开始：鸣炮。

今天，是他们人生的转折点和里程碑，让我们用热烈的掌声祝贺他们吧。两人手挽着手走上礼台，这一刻是一幅两个人共同撑起的一方天空的风景，像两棵依偎的大树，枝叶在蓝天下共同盛放，树根在地底下相互盘缠。风也罢，雨也罢，每一刻都如此的美好，每一刻都是一首动人的情诗，每一刻都值得用所有的时光去回味……执子之手，与子偕老。这该是一种并肩站立，共同凝望太阳升起、太阳落下的感觉；这该是一种天变地变情不变的感觉。

拜天地：今天是吉祥的日子，我们的王先生和杨小姐怀着两颗彼此相爱的心，终于走上了这庄严神圣的婚礼圣堂！

这正是，才子配佳人，织女配牛郎，花好月圆，地久天长！新郎新娘拜天地——

一拜天地之灵气，三生石上有姻缘；——一鞠躬！

再拜日月之精华，万物生长全靠她；——再鞠躬！

三拜春夏和秋冬，风调雨顺五谷丰！——三鞠躬！

拜完了天地，请新人面对来宾。

案例点评

推进语要设计巧妙。主持人的推进语和串台词往往融为一体，推进语的作用就是把活动推向高潮，把话题扩展深入。无论是婚礼还是会议，或聚会、演讲或辩论、文艺节目或谈话节目等，主持人如果不善于巧妙引导推进活动，就可能场面平淡甚至冷场，如果善于巧妙推进，往往有一石激起千层浪的效果。所以主持人的推进语要考虑如何引发、如何煽情、如何推进，能开能合，不温不火，风趣诙谐。比如案例中是婚礼推进语，全是喜庆、祝福的话。如果是文艺活动推进语，则主持人要营造快乐、轻松、和谐的气氛，要灵活、随和大方，忌呆板单调，摒弃那种“下一个节目”的报幕旧模式。如果是会议的推进语，可以是点将法，点名发言；可以是激将法，“水击石则鸣，人激志则宏”；可以对会议的议题和讨论的话题重新解释一番；可以向大家或某个人提问题。如果是广播节目推进语，要简洁明朗，摒弃那种“请听”“请再听”的简单话语，把推进语和节目内容融为一体，摒弃“读”和“念”的旧模式，运用“说”和“侃”的现代化表达。

案例阅读5

一场会议结尾主持词

主持人：今天上午的会议开得很圆满，也很成功。徐总的总结报告，既对公司一年来的发展进行了全面、客观、公正的总结，也提出了公司第二个五年计划的发展思路，描绘了公司美好的未来。毛董事长的讲话，站得高、看得远，使我们每一个人都能感受到公司的前景光明，更加坚定了我们每个人的信心。这是一个振奋人心、催人奋进的大会！

会后，我们要深入学习、领会这次会议的精神，在毛董事长和徐总的正确领导下，继续坚持“诚信做人，踏实干事”的经营理念和“对公司负责，让员工富裕”的发展方针，团结一心，共同努力，务实开拓，不断创新，共同为公司的美好未来贡献我们的力量和智慧！

案例点评

结束语是主持词的收束。结束语可以总结会议收到的效果，也可以发出号召、邀请，还可以抒情、祝愿，寄托主持者美好的愿望。如：“通过今天对接交流活动的开展，进一步增进了我们之间的友谊……”“最后，祝各位……”。一般活动的结束必须有精彩动人的主持人结束语才算画上完美的句号，因此结束语与开场白遥相呼应是必要的，对整个活动的精彩总评及肯定是必要的，对当下活动的赞颂及灿烂未来的期望也是必要的，还有对于主办单位的祝愿也是必要的。感谢之余，说一些暖人温婉的话语，除了能拉近所有人之间的距离之外，也让人对整个活动回味无穷。

案例阅读6

上海东方电视台《共度好时光》活动第×期“百年风流”特别活动主持人的结束语：

曹可凡：这一期的“共度好时光”活动已接近尾声，在和朋友们说再见的时候，我们也将与这一年说一声再见了！

袁鸣：流光飞转，时间带领我们不断向前！回顾往日，我们也有那么多怀念，因为记忆里，有那么多真挚的笑脸！

曹可凡：时光荏苒，欢乐伴随我们走向新的一年。我们“共度好时光”活动在1995年和观众朋友们相见相识，同乐同欢！就让这一年中我们共同拥有的美好时光，留在我们生命的记忆里，一起走向1996年，明天会更灿烂！

袁鸣：一年又一年，让真情和欢乐伴我们一路同行，直到永远！

合：××年——再见！

案例点评

惜别昨天、迎接明天，眷恋、憧憬在主持人情真意切的一声声“再见”中会和观众产生共鸣，活动在结束的同时再一次走向高潮。

所以，主持人的结束语一定要机智。主持人的结束语只是活动的一个局部，一般只就内容收尾，不同于报告、讲话、讲课等的结尾是整场活动的收尾，结束语既可以包括内容也可以包括活动形式。同时主持人在整个活动中肩负的是统领、引导、串连、推进的任务，不是活动的主体（会议例外），其结束语不可向活动的参与者发号施令，提出要求和号召（会议例外）。主持人的结束语也要简短精练，既不拖泥带水又不草草收场。

实训导引

1. 实训任务：你所在的协会或社团拟举办一场迎新晚会，如果你们小组负责筹办这次晚会，请先设计一些符合主题的虚拟节目和活动，根据这些活动和节目拟写一份完整的主持词。

2. 下次课小组派代表模拟主持展示分享，节目和活动可用 PPT 和微视频辅助展示，以增强模拟主持的效果。展示时间不超过 30 分钟，其他同学和教师分析点评并给予打分，时间为 15 分钟。

实训评价表

总分：

<table>
<tr><td>小组合作
(20 分)</td><td></td><td>主持人状态
(20 分)</td><td></td><td>主持词
(20 分)</td><td></td><td>活动设计
(20 分)</td><td></td><td>PPT
(20 分)</td><td></td></tr>
<tr><td rowspan="3">评语</td><td colspan="2">小组自我评价</td><td colspan="3"></td><td colspan="4">签名</td></tr>
<tr><td colspan="2">其他组代表评价</td><td colspan="3"></td><td colspan="4">签名</td></tr>
<tr><td colspan="2">教师评价</td><td colspan="3"></td><td colspan="4">教师签名</td></tr>
</table>

阅读链接

1. http://baike.so.com/doc/5428920-5667144.html.

2. 曹可凡，王群. 活动主持人语言艺术. 上海：上海人民出版社，2005.

3. 主持人台词. http://www.chaojifanwen.com/s? k.

任务三　主持人口才沟通职业风格及个性

每个主持人的风格不可复制，千人千面，千差万别。

中国传媒大学吴郁教授曾说过："个性是主持魅力的核心。"主持人个性的形成和个人生活环境、工作环境、家庭环境、个人气质等有关，主持人职业口才沟通是展示主持人个性的第一载体，主持人个性化的语言如一个品牌，是其卓尔不群的标志。主持人职业口才要想个性化，首先要热爱交流。在主持活动中，交流是有目的的，具有一定的导向性，并以探讨某个问题为前提，在平等民主的氛围中进行。其次，主持人个性中的平民气息要发挥出来，主持人不应该刻意显出自己与大众不同或高于大众，所讲的话语应尽可能地"生活化和平民化"。不可刻意追求表达华丽、雕琢，也不能为了迎合受众的口味或刺激大众心理而故意出口"惊人"。最后，要做"自我加工"。面对主持词文本，每位主持人都会根据个人喜好、个人思想和个人经历的不同，"说"出不同的感觉。同时，主持人需要在主持活动时找到最适合自己、最自然的语气或语调来处理主持词，以真正打动受众。

案例阅读1

智慧型主持

凤凰卫视某年2月21日，“小莉看世界”的一段主持话语：在发达的西方国家，政府的禁毒法规并不是不完整，缉毒也不是不尽心力，何以毒品势头只增不减？非法种植、加工和走私贩卖毒品的黑社会、恶势力固然是重要因素，但究其根本，还是那支庞大的吸毒群体，它以无尽的需求形成了一个无限的市场。反毒品斗争是长期的，我想我们缺乏的是对吸毒行为的全面抵制，缺乏对吸毒行为深恶痛绝的全民意识和社会气氛，如果能够从自身拒绝毒品，又怎会给走私贩毒集团有可乘之机？

案例点评

主持人在感叹毒品难禁的同时，注意到罪恶之源就是“庞大的吸毒群体”，敏锐地将事物的根本——“毒源”找到了，从而呼吁全社会抵制吸毒行为。这段主持词思维缜密、分析透彻、立意高远，颇显主持人智慧。

智慧型主持人的智慧往往表现在言语推理较强、思维深邃、善于创新。在知识经济的现代社会，智慧型的主持人广受欢迎。

案例阅读2

幽默型主持

主持人凌峰曾经留下了这样一段主持话语：在下凌峰……这两年来，我们大江南北走了一趟，男观众对我的印象特别好，因为他们见到我觉得有点优越感，本人这个样子对他们没有构成威胁，他们很放心，（大笑）他们认为本人长得很中国，（笑声）中国五千年的沧桑和苦难全都写在我的脸上（笑声、掌声）；一般来说，女观众对本人的印象不太良好，有的女观众对我的长相已经到了忍无可忍的地步。（笑声）但是我要特别声明，这不是本人的过错，实在是父母的错误，当初并没有征得我的同意就把我生成这个样子。（笑声、掌声）但是，时代在变，潮流在变，现在的男人基本上可以分为三种。第一种，你看上去很漂亮，看久了也就那么回事，这一种就像我的好朋友刘文正；第二种，你看上去很难看，看久了以后是越看越难看，这种就像我的好朋友陈佩斯；（笑声）第三种，你看上去很难看，看久了以后你会发现，他另有一种男人的味道，这种就是在下我了。（笑声、掌声）鼓掌的都表示同意了！鼓掌的都是一些长得和我差不多的！（笑声）真是物以类聚啊！（笑声、掌声）

资料来源：http://wenku. baidu. com/link? url＝Z35UIZqhKaDxhBTSWHyGIM01LkTrD8lLvq-jEKUBiBI2TffF-I-Hpi3oj-_qWkpTlDnKuuV2panXzYd1_IhY5KL0ehI-TxqQMsnEjXtTyTK.

案例点评

主持人凌峰的幽默诙谐的主持风格体现了他机敏、开朗、豁达的个性，这类主持人还包括崔永元、撒贝宁等。诙谐幽默的主持风格一直备受观众喜欢，不管是引人深思的冷幽默，还是逗人开怀大笑的“热”幽默，人们都很喜欢。

案例阅读3

学术型主持

同志们：

今天，我们十分荣幸地邀请到了中央党校博士生导师王瑞璞教授，为大家作关于“当前中国宏观经济分析与对策及对首都经济影响”的讲座。首先，让我们以热烈的掌声欢迎王瑞璞教授！王教授多年来一直致力于中国经济社会发展和党建工作的研究，在经济学领域久负盛名，同时也是国内著名的党建专家，先后出版了《社会主义改革的理论与实践》《邓小平经济理论的卓越贡献》《中国改革报告》以及长达1 800万字的《中国共产党建设全书》等20余本著作，发表论文250余篇，在国内学术界引起了较大的反响。除了学术方面的高深造诣，王瑞璞教授还经常深入各地调研、授课，为促进地方经济社会发展提出了大量的真知灼见，受到了全国各地学员的一致好评。

通过成功举办奥运会、花博会以及应对国际金融危机的冲击，首都和顺义的发展都站在了新的历史起点上。我们该如何把握当前的宏观经济以及新形势下北京和顺义的发展，相信王教授的讲课能够带给我们启迪和思考。

下面让我们以热烈的掌声欢迎王教授为我们授课！

…………

刚才，王瑞璞教授围绕我国宏观经济发展形势、政策走向以及首都在今后一段时期面临的发展机遇和挑战作了一个很好的报告。更为难能可贵的是，王教授还紧密联系地方发展实际，联系广大干部群众的思想和工作实际，为我们解读了一些普遍关心的问题。我想这对于我区贯彻落实“人文北京、科技北京、绿色北京”发展战略，深刻把握我区发展面临的新课题、新矛盾，制定区域经济和社会发展“十二五”规划，促进我区经济社会平稳较快发展，使顺义重点新城成为首都建设“世界城市”的重要功能区、成为建设“三个北京”的典范有很大的帮助，希望大家在会后继续认真思考，深刻领会。让我们再次以热烈的掌声向王教授的精彩授课表示感谢！

案例点评

案例中的主持人表达体现了深厚的专业知识，表现出学者个性。学术型主持往往会将丰富的知识、深刻的人生哲理、前沿的科学技术信息等融入活动的主持中，无形之中也提高了活动的品位。

案例阅读4

记者型主持

宋祖英的一场美国音乐会在《爱我中华》的歌声中结束，现场观众自发起立，为宋祖英长时间鼓掌。王志在“面对面”节目中就此对话。

王志：您觉得是出于礼貌给您鼓掌呢？还是确实是欣赏到您的高水准的演唱？

宋祖英：首先我觉得这是国际惯例的礼貌，肯定每个人演唱歌曲完了以后都会有掌声，但是这种长时间的掌声吧，我觉得还是有他们发自内心的喜欢。因为从音乐会完了还有一个酒会，很多美国人都参加了这个酒会。从他们的言谈中，我能感受到他们对这场音乐会的理解、喜欢和感动。

王志：音乐会就是中美文化交流的一个部分，他们能不鼓掌吗？能不为中国的文化使者鼓掌吗？

宋祖英：因为演唱的那些作品他们很感动，我觉得这也应该是发自内心的一种掌声吧。

王志：对于这场演唱会，您有什么样的评价呢？

宋祖英：我希望我的音乐会做得很好，这个很好就没有上限，就没有哪个高度是最高，就是做音乐会的永远都会有遗憾，我希望我的音乐会遗憾少一点，但是总有遗憾。

王志：比方说呢？

宋祖英：就比如说我平时在练习的时候，在上课的时候，我会很好，感觉特别好，声音也特别好，完成作品都非常好。也许到那天，音乐会的当天，也许就没有平时好，这样的话就是遗憾，这是没有办法的。不像平时录个歌，这个歌没唱好，声音不到位，或者气息不太好，我可以重来。但音乐会就没有这个可能了，所以音乐会永远是有遗憾的音乐会。

王志：但是从这一次的报道来说，反响比前两次都强烈很多，您认为从效果来说、从水准来说是不是确实？

宋祖英：确实这次比上两次都好，从我们的选曲，从我们的编配，从我们的组织，方方面面都非常好。

案例点评

步步向真相迈进，步步让观众更了解受访者的内心世界：这些都是由主持人的追问完成的。有记者曾经问王志由记者向主持人转型后的感受，王志说："首先我是一个记者，我当然不能接受受访者的回答模棱两可。一个问题你没有说透，我就一定要追问下去，一定要拿到我想要的东西，这是我的底线。"这是很多记者走上主持人之后所体现的记者型主持人风范：既有记者探讨问题的深刻性，又有主持人意识明晰的主导性。

有做过记者的经历的主持人具备双向沟通的交际能力、敏锐的思辨能力、言谈举止的亲和力和丰富生活体验的淡泊致远感。这些主持人大都主持时事性强的新闻节目或谈话节目，有时也到新闻现场进行时事报道。

实训导引

1. 实训任务：举出五个以上的主持人，分析他们的主持风格和个性，然后以本组某位同学为例，说说如果他（她）做主持人，分析他（她）应当追求的风格和个性，并提出对他（她）发展的建设性意见。

2. 实训步骤：小组合作分工，课外把任务做成图文并茂的 PPT（包括视频剪辑），下次课进行展示分享。

实训评价表

总分：

<table>
<tr><td>小组合作
（20 分）</td><td></td><td>主持人分析
（20 分）</td><td></td><td>同学分析
（20 分）</td><td></td><td>建议（20 分）</td><td></td><td>PPT（20 分）</td><td></td></tr>
<tr><td rowspan="3">评语</td><td colspan="2">小组自我评价</td><td colspan="3"></td><td colspan="4">签名</td></tr>
<tr><td colspan="2">其他组代表评价</td><td colspan="3"></td><td colspan="4">签名</td></tr>
<tr><td colspan="2">教师评价</td><td colspan="3"></td><td colspan="4">教师签名</td></tr>
</table>

阅读链接

1. 主持人个性风格. http://www.docin.com/p-379170429.html.

2. 主持人风格比较. http://wenku.baidu.com/view/221b3ad184254b35eefd3410.html.

3. 主持人风格研究. http://www.cnki.com.cn/Article/CJFDTotal-XWTL200803026.htm.

项目十二

演讲沟通专题训练

在西方，演讲有着3 000多年的发展史，不管是古希腊学者宣讲观点，还是古罗马英雄出征前发表誓言，都在通过有鼓动性的语言传播着独特的思想理念。在我国，演讲活动历史悠久，源远流长。据《墨子·兼爱下》记载，早在公元前21世纪，夏禹大举进攻三苗前，举行誓师大会，就曾发表过铿锵有力的演讲："济济有众，咸听朕言，非惟小子，敢行称乱，蠢兹有苗，用天之罚，若予既率尔群封诸君，以征有苗。"如此漫长的演讲学发展史也形成了丰富的演讲技巧，而且，从有声语言到无声语言的巧妙结合，从法庭辩论到政治演说再到学术演讲，演讲这一语言艺术从没有在人类的发展史中消失过，它与每个时代都紧密相连。时代赋予演讲无限的内涵，演讲增强了时代精神。而在今天这个多元化的时代，人们更多地强调演讲的人际沟通价值。

任务一　即兴演讲

顾名思义，"即兴演讲"就是因时因事而发、触景生情的演讲，事先没有准备和演练，没有演讲稿，演讲者就眼前场面、情境、事物、人物临时起兴发表演讲。这种演讲的方式常常在商务接待、办公会议、项目探讨和经验交流等日常工作场合中运用。演讲者通过临时发言，达到提升形象、缓解矛盾、强化沟通和解释说明的效果。这往往也就对演讲者提出高要求，比如：需要迅速寻找话题；即刻确定中心；快速组织材料；用语短促有力。当然，要掌握这些还是需要通过不断练习的。

案例阅读1

急中生智也可以诗意盎然

电影《小时代3》中有这样一个片段：为了帮助南湘准备服装展示，本已结束的活动突然临时增加一个环节，就是邀请嘉宾周崇光做一个即兴演讲，达到拖延时间的目的。一脸无措的周作家在没有任何演讲准备的情况下，在台上说出了这么一段后来被认为是经典的话：“我们活在浩瀚的宇宙里，漫天飘洒着宇宙尘埃和星河光尘，我们是比这些还要渺小的存在。你并不知道生活什么时候就突然改变方向，陷入墨水一般浓稠的黑暗里去。你被失望拖进深渊，你被疾病拉进坟墓，你被挫折践踏得体无完肤，你被嘲笑、被讽刺、被讨厌、被怨恨、被轻视、被放弃。但是我们却总是在内心里保留着希望，保留着不甘心放弃的跳动的心。我们依然在大大的绝望里小小地努力着。而这种不想放弃的心情，它们变成无边黑暗里的小小星辰。我们都是小小的星辰。”

案例点评

即兴演讲对于很多人来讲，是一件有难度的事情，主要还是因为没有提前做好准备而显得手足无措，也是因为心理太过紧张而不能静下心来组织材料、梳理结构，更不能分析听众，达到理想的效果。但是只要经过整理都会发现，即兴演讲的内容无不与现场语言环境有关系，与人生哲理有关联，与听众的倾听需求有关联。所以大可不必紧张心慌，可以学学电影中的这位周作家，在这个毫无准备的情况下，急中生智，不走寻常路，却取得了意想不到的效果。这也正是即兴演讲的魅力所在。正是由于没有准备，也就能打破常规，突破束缚，发挥自己的潜能，完美表现。

其实电影中周作家演讲时也出现了一些小的问题，比如：开始演讲前的静默，讲话过程中的停顿，演讲结束后的表情僵硬。但是完全不知情的听众恰恰以为这些都是为了制造演讲效果的无声语言：静默代表思考和思想在穿越；停顿表示渺小的人类在浩瀚宇宙中的无语；表情僵硬更加指明了这段话所带来的严肃性。我们常说写作是要找灵感的，但是有时候灵感会不期而遇，有如神来之笔。即兴演讲是不是就是这神来之笔呢？

案例阅读2

妙语连珠彰显智慧幽默

总理答记者问的环节每次都会引来中外媒体的热捧，历数这几年的总理新闻发布会，历届总理们的即兴表达可谓精彩纷呈。

1. 1998年3月19日，国务院总理朱镕基与中外记者见面，并回答记者提问。在被问及亚洲经济危机问题时，朱镕基说：“过去的一年我感到非常困难，这个困难超过了我预料的程度。第一，我原来没有估计到亚洲金融危机的影响这么大；第二，我国发生的历史上罕见的特大的洪涝灾害也超出了我的预料。”最后，朱镕基说：“不管前面是地雷阵还是万丈深渊，我都将一往无前，义无反顾，鞠躬尽瘁，死而后已。”

2. 2000年3月15日，国务院总理朱镕基与中外记者见面，并回答记者提问。在被问及两岸关系的问题时，朱镕基说：“回想当年，中国是何等的贫穷积弱，但是，我们还是喊出了‘起来，不愿做奴隶的人们’，并且为此进行了前赴后继的英勇斗争。”“救亡的歌曲，现在我还记得清清楚楚，每逢唱这些救亡歌曲的时候，我的眼泪就要流出来，我就充满了要为祖国慷慨赴死的豪情。”“今天中国人民已经站起来了，我们能够允许自古就属中国领土的台湾从祖国分裂出去吗？绝对不能！”

3. 2003年3月18日，国务院总理温家宝与中外记者见面，并回答记者提问。温家宝说：“我从在大学学地质到从事地质工作整整25年。这期间大部分是在非常艰苦和恶劣的环境中度过的。我深知人生的艰辛，也知道国家建设的艰难。但我也树立了一种信念：一个人、一个民族、一个国家，只要不畏艰险，勇于攀登，一定能达到光辉的顶点。”

4. 2010年3月14日，国务院总理温家宝在北京人民大会堂与中外记者见面，并回答记者提问。那次记者会，温家宝给台湾同胞讲了一个故事：“在元朝有一位画家叫黄公望，他画了一幅著名的《富春山居图》，79岁完成，完成之后不久就去世了。几百年来，这幅画辗转流失，但现在我知道，一半放在杭州博物馆，一半放在台北故宫博物院，我希望两幅画什么时候能合成一幅画。画是如此，人何以堪。”

5. 2013 年 3 月 17 日，国务院总理李克强和副总理张高丽、刘延东、汪洋、马凯在北京人民大会堂与中外记者见面，并回答记者提问。李克强在谈及反腐问题时，即兴说道：“要让人民过上好日子，政府就要过紧日子。”

6. 2015 年 3 月 15 日，国务院总理李克强在北京人民大会堂与中外记者见面，并回答记者提问。李克强被记者问到“网购”问题时，即兴说：“愿为网购、快递和移动的电子商务等新业态做广告。”

资料来源：回顾 19 年来“总理答中外记者问”. http://finance. china. com/comment/11173298/20160317/22081500_4. html.

案例点评

总理召开记者招待会，是政府通过媒体进行政治主张传播的一种方式。尽管在记者招待会召开之前，总理们对于记者可能要提及的问题有所预知，但是面对变化的现场和想要寻求新闻看点的记者时，总理们仍然需要镇定应对、机智巧妙、侃侃而谈。常规的新闻发布会，发言人大都是有准备的稿件，甚至到场的记者们手上可能早就拿到讲稿了，因此突发的提问和尴尬的质问可能不常出现。但是记者招待会不同，由于是直接面对记者，发言人大多是没有准备稿子的，更不可能像做报告那样照着稿子读，对所有的问题回答时都是脱稿或者即兴的。也正是这种即兴的演讲，才出现了许多妙语连珠和精辟形象的表达。这些语言不但体现了演讲者本身深厚的文化底蕴、高超的情商、宽广的情怀和心忧苍生的人生抱负，而且体现了即兴演讲的魅力。

实训导引

1. 根据故事内容，完成即兴表达。该让哪四个人逃生？

在南太平洋的一个小岛上，有十个临时来探险旅游的人：（1）一个 32 岁的未婚女歌星；（2）一个 42 岁的单身汉；（3）一个细菌学家；（4）一个法官；（5）一个同性恋的医生；（6）一个非洲部落的酋长和他怀孕的妻子；（7）一个有四个孩子的父亲，他是个长期失业者，家庭生活一直靠做工的妻子维持；（8）一个 38 岁的寡妇，她独自抚养三个不到 7 岁的孩子；（9）一个离了婚的男子，家中尚有一对 10 岁的孪生儿子；（10）一个美国副总统。

传来预报：当日晚上将发生强烈地震，该岛极有可能沉入海底。当时岛上只有一架可以搭载四人的直升机，并且只能飞出一次，别无其他的交通工具和出路。

请每组一位同学抉择出四个逃生者，并要谈出使人信服的理由，时间在 5 分钟以内。

2. 以下有10个说话练习题目，请你随意说出一个数字，并按照数字所对应题目的内容要求进行3分钟的即兴发言（包括自我介绍）。

（1）我们常会为错过一些东西而感到惋惜，但其实人生的玄妙常常超出你的预料，无论什么时候，你都要相信，一切都是最好的安排，坚持，努力，勇敢追求，那样就有突然的惊喜到你的世界中来。你怎么理解这句话?

（2）从今天开始，帮自己一个忙，不再承受身外的目光，不必在意他人的评价，为自己活着；从今天开始，帮自己一个忙，做喜欢的事情，爱最亲近的人，抛弃伪装的面具，不再束缚情感的空间；从今天开始，帮自己一个忙，卸下所有的负担，忘却曾经的疼痛，抚平心灵的创伤，让自己活得轻松而充盈。你怎么理解这句话？

（3）过去了的事，就让它随风而散吧。我们虽然错过了云，但我们还可以拥有月；错过了风，我们还有雨；错过了昨天，我们还有今天。去做自己生活上的主人，让心为自己指引方向。你怎么理解这句话?

（4）百度董事长李彦宏说，他的整个成长过程，其实就是慢慢学会了欣赏自己。请以“欣赏自己”为题，联系自己的成长感悟做一个3分钟的即兴演讲。

（5）张爱玲女士曾经说过这样一句话：“对于三十岁以后的人来说，十年八年不过是指缝间的事；而对于年轻人而言，三年五年就可以是一生一世。”（选自《十八春》）请以此为话题进行3分钟的即兴演讲。

（6）美国天文学家洛厄尔曾说过：书籍远不只是书籍，它们就是生活，是过去岁月的精华，是人类生生死死的奥秘，是生命的本质与精髓——从这个意义上看，用一生去学习并不为过。又有云：只看自己感兴趣的书，不必上大学。请结合这两句话，以“我看大学生阅读”为题，进行3分钟的即兴演讲。

（7）袁隆平大一时植物学65分，英语93分，可他最终成为“杂交水稻之父”，而不是英语教授或是翻译。温总理年轻时是从事地质研究的优秀工程师，后来却是人们敬仰、百姓眼中的好总理。人生处处充满机遇和不可预见性。请以此为中心思想，联系自己将如何应对未来的机遇和不可预见的事件，做一个3分钟的即兴演讲。

（8）“我从来不是最有希望的候选人。一开始，没有太多资金，也没有得到太多的支持。我们的竞选活动并非诞生于华盛顿的高门华第之内，而是始于得梅因、康科德、查尔斯顿这些地方的普通民众家中。”这是美国总统奥巴马就任之后回首自己竞选之路的感慨。美国首位非洲裔平民总统奥巴马从底层奋斗的传奇经历激励了世界青年。请联系你的未来规划，谈谈你认为把握未来之路上需要具备哪些优良的品质和精神。

（9）在追逐未来的过程中，一门名为“成功学”的新学科渐渐兴起，却少有人探讨“失败学”。人生的道路上，处处可能遇上不可磨灭的创伤。有句话却说：“每一种创伤，都是一种成熟。”你同意这种说法么？请以此为话题进行3分钟即兴演讲。

(10)有人说内向的人不适合练习演讲，也有人说演讲不是练习出来的。更有人说：没有人是天生的演讲家，都是靠后天的练习达到成功的。你对这些说法有怎样的认识，请做3分钟的即兴演讲。

3. 以小组为单位，讨论、总结出一个适合小组或某个同学的即兴演讲的规律，用即兴演讲的方式与大家分享。

即兴演讲评分表 选手姓名：

项目	演讲内容	语言表达	形象风度	时间把握	小计
分值	40	40	10	10	
评分标准	紧扣主题、观点鲜明，结构严谨、构思巧妙，材料典型、内容充实。	普通话标准，声音洪亮、口齿清晰，语速适当、表达流畅，节奏感强、抑扬顿挫，现场感染力强。	仪态端庄大方，举止自然得体，精神面貌良好。	自我介绍1分钟以内，演讲2分钟以内。不足1分钟的扣6分，不足2分钟的扣4分。	
自评（30%）					
互评（30%）					
师评（40%）					
总分					

阅读链接

1. 朱镕基. 朱镕基答记者问. 北京：人民出版社，2009.
2. 陈建军. 演讲理论与赏析. 武汉：武汉大学出版社，2005.

任务二　命题演讲

命题演讲指的是由他人拟定题目或演讲范围，并经过准备后所作的演讲。它包括两种形式：全命题演讲和半命题演讲，分为两种类型：专题演讲和赛场演讲。今天的大学校园中采用的多数为赛场演讲，比赛的演讲题目也多结合时事事件、校园文化、思想政治和学生生活而拟。年轻的大学生演讲也是特点明显：个性鲜明、激情饱满、风格各异、形象得体。但是也有进一步提升自信度、增强深刻性、放慢语速、丰富态势语、讲究情声气合一等需要改进之处。

案例阅读1

我有一个梦想（节选）

我梦想有一天，这个国家会站立起来，真正实现其信条的真谛：“我们认为这些真理是不言而喻的，人人生而平等。”

我梦想有一天，在佐治亚的红山上，从前奴隶的后嗣将能够和奴隶主的后嗣坐在一起，共叙兄弟情谊。

我梦想有一天，甚至连密西西比州这个正义匿迹、压迫成风、如同沙漠般的地方，也将变成自由和正义的绿洲。

我梦想有一天，我的四个孩子将在一个不是以他们的肤色，而是以他们的品格优劣来评价他们的国度里生活。

我今天有一个梦想。我梦想有一天，亚拉巴马州能够有所转变，尽管该州州长现在仍然满口异议，反对联邦法令，但有朝一日，那里的黑人男孩和女孩将能与白人男孩和女孩情同骨肉，携手并进。

我今天有一个梦想。我梦想有一天，幽谷上升，高山下降；坎坷曲折之路成坦途，圣光披露，满照人间。

案例点评

《我有一个梦想》是美国人马丁·路德·金于1963年8月28日在华盛顿林肯纪念堂发表的著名演讲，内容主要关于黑人民族平等，对美国甚至世界影响很大。这一著名的演讲有着缜密的结构、高尚的主题、气势磅礴的排比修辞，再加上演讲者卓越的语言表达能力和激情的演绎，完美地诠释了从文字到声音再到综合形态的语言飞跃。首先是语言表达的多样性，演讲过程中有说话、有喊话、有唱歌，凡是能够表达情感、调动听众情绪的方式都是可以借用的，只要用得恰当，就会收到意想不到的效果。其次就是构思的巧妙。这个可以用下图来说明。最后也是最重要的是，演讲者发自内心的思想感情得到充分体现。马丁热爱演讲，喜爱用公众演讲的方式发表自己的看法，与大家交流自己的思想，进而通过改变大家的思想而改变大家的行动，从而推动社会的发展。

- 第一部分：回顾、肯定《解放黑奴宣言》的重大意义。
- 第二部分：揭示黑人生活的现状，评击美国的社会黑暗，提出自己正当的要求。
  - 揭露事实
  - 讽刺许诺
  - 提出要求
  - 提醒当局
  - 讲究策略
  - 表示决心
- 第三部分：展望前途，预言胜利一定能够到来。

案例阅读2

俞敏洪演讲（节选）

树的精神

人的生活方式有两种，第一种方式是像草一样活着，你尽管活着，每年还在成长，但是你毕竟是一棵草，你吸收雨露阳光，但是长不大。人们可以踩过你，但是人们不会因为你的痛苦而产生痛苦；人们不会因为你被踩了而来怜悯你，因为人们本身就没有看到你。所以我们每一个人，都应该像树一样地成长，即使我们现在什么都不是，但是只要你有树的种子，即使你被踩到泥土中间，你依然能够吸收泥土的养分，自己成长起来。当你长成参天大树以后，遥远的地方，人们就能看到你；走近你，你能给人一片绿色。活着是美丽的风景，死了依然是栋梁之才，活着死了都有用。这就是我们每一个同学做人的标准和成长的标准。

水的精神

每一条河流都有自己不同的生命曲线，但是每一条河流都有自己的梦想——那就是奔向大海。我们的生命，有的时候会是泥沙。你可能慢慢地就会像泥沙一样，沉淀下去了。一旦你沉淀下去了，也许你不用再为了前进而努力了，但是你却永远见不到阳光了。所以我建议大家，不管你现在的生命是怎么样的，一定要有水的精神——像水一样不断地积蓄自己的力量，不断地冲破障碍。当你发现时机不到的时候，把自己的厚度给积累起来，当有一天时机来临的时候，你就能够奔腾入海，成就自己的生命。

案例点评

俞敏洪，新东方教育集团创始人，英语教学与管理专家，担任新东方教育集团董事长、洪泰基金联合创始人、中国青年企业家协会副会长、中华全国青年联合会委员等职。案例中他用树的精神和水的精神鼓励大家，形象生动。他擅长在演讲中以朴实的语言讲述深刻的人生哲理，同时其励志的人生也深受学子的喜爱。他通过长期的历练形成了风趣幽默的演讲风格：坦诚励志、催人奋进的演讲语言；睿智深刻、启人智慧的演讲内容；环环相扣、张弛有度的演讲节奏；良好互动、举止知性的演讲态势。

实训导引

1. 练习编写演讲实用结构图。

具体做法有以下几步：(1) 寻找一个常用演讲主题，如人生；(2) 写出一句主题句，也可以是演讲的标题，如“生命只有一次”；(3) 围绕这个主题句或标题寻找 2～3 个相关联或能相互印证的关键词，用以说明标题的内涵，如“进取”“坚强”“善始善终”；(4) 找到能证明关键词的相关案例，最好是正反案例都有，如“霍金”和“林森浩”；(5) 给每个案例配上一句贴切的名人名言或者经典诗句，如“欲穷千里目，更上一层楼”。见下图示范。

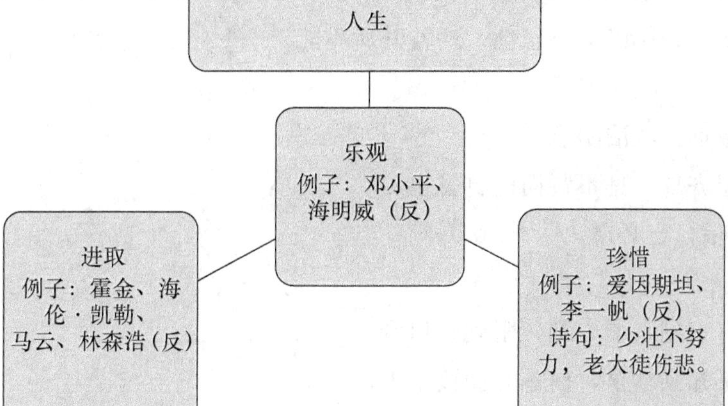

每个同学从“青春、梦想、爱情、职业、学业”等中选择一个为主题，编写自己的演

讲实用结构图，时间为 5 分钟。准备完毕，轮流上台给大家展示分享，老师和代表同学点评，时间为 5 分钟。

2. “功夫在诗外”，演讲作为一门语言的艺术，需要平时对语言有所积累。任选下面一个篇目背诵，看谁背得又快又好。

励志篇

(1) 路漫漫其修远兮，吾将上下而求索。

(2) 吃得苦中苦，方为人上人。

(3) 宝剑锋从磨砺出，梅花香自苦寒来。

(4) 海阔凭鱼跃，天高任鸟飞。

(5) 山重水复疑无路，柳暗花明又一村。

(6) 欲穷千里目，更上一层楼。

(7) 有志者，事竟成，破釜沉舟，百二秦关终属楚。苦心人，天不负，卧薪尝胆，三千越甲可吞吴。

(8) 少壮不努力，老大徒伤悲。

(9) 天行健，君子以自强不息。

(10) 老骥伏枥，志在千里。

修身篇

(1) 纸上得来终觉浅，绝知此事要躬行。

(2) 穷则独善其身，达则兼善天下。

(3) 修身、齐家、治国、平天下。

(4) 业精于勤，荒于嬉；行成于思，毁于随。

(5) 富贵不能淫，贫贱不能移，威武不能屈。

(6) 故天将降大任于是（斯）人也，必先苦其心志，劳其筋骨，饿其体肤，空乏其身，行拂乱其所为，所以动心忍性，增益其所不能。

(7) 生于忧患，死于安乐。

(8) 宁静致远，淡泊明志。

(9) 见贤思齐焉，见不贤而内自省也。

(10) 言必信，行必果。

勤学篇

(1) 读书有三到，谓心到、眼到、口到。

(2) 黑发不知勤学早，白首方悔读书迟。

(3) 读万卷书，行万里路。

(4) 读书破万卷，下笔如有神。

(5) 书到用时方恨少，事非经过不知难。

(6) 博学之，审问之，慎思之，明辨之，笃行之。

(7) 书山有路勤为径，学海无涯苦作舟。

(8) 天行健，君子以自强不息。地势坤，君子以厚德载物。

(9) 少年易学老难成，一寸光阴不可轻。

(10) 一寸光阴一寸金，寸金难买寸光阴。

友情篇

(1) 财富不是真正的朋友，而朋友却是真正的财富。

(2) 近朱者赤，近墨者黑。

(3) 朋友间保持一定的距离，而使友谊永存。

(4) 朋友总是心连心，真正朋友值千金。

(5) 患难见真情。

(6) 桃花潭水深千尺，不及汪伦送我情。

(7) 贫贱之交不可忘，糟糠之妻不下堂。

(8) 海内存知己，天涯若比邻。

(9) 有朋自远方来，不亦乐乎。

(10) 同是天涯沦落人，相逢何必曾相识。

爱情篇

(1) 在天愿作比翼鸟，在地愿为连理枝。

(2) 此情可待成追忆，只是当时已惘然。

(3) 十年生死两茫茫，不思量，自难忘。

(4) 衣带渐宽终不悔，为伊消得人憔悴。

(5) 两情若是久长时，又岂在朝朝暮暮。

(6) 入我相思门，知我相思苦。

(7) 只愿君心似我心，定不负相思意。

(8) 愿得一心人，白头不相离。

(9) 问世间，情为何物，直教生死相许？

(10) 天不老，情难绝。心似双丝网，中有千千结。

阅读链接

1. 王少凯，孔谧编译. 奥巴马演讲精华. 北京：中国书籍出版社，2010.

2. 朱玉红. 心理学与口才技巧. 北京：中国纺织出版社，2014.

任务三 辩论演讲

辩论，是演讲中的一种，又叫论辩。辩就是辩解、辩驳，辨明是非；论就是议论、论理。辩论是由两方或两方以上的人因对某个问题产生不同意见而展开的面对面的口才交锋和智慧较量，如法庭论辩、外交论辩、赛场论辩，还有职场辩论以及生活论辩等。其中职场辩论是指为了明确某个观点、统一某种思想、达成某一个意向或者是贯彻某一个行动，在具体工作中出现辩论的情形。职场辩论具有目标性、证据性和合作性等特点。辩论演讲要求辩手具有学习的能力、合作的态度、倾听的态度、思考的能力和沉默的技巧。要克服在辩论中不自信、退缩和词穷等问题。所有辩论的结果还是为了更好地合作。职场上的交流不用气势逼人，但是迅速的反应、聪明的应对、不留漏洞的措辞是职场辩论中必要的。

案例阅读1

这是辩论还是争吵

2013 年，有媒体报道了“方舟子发起品尝转基因玉米活动”，央视主持人崔永元在微博发表评论，由此引发方舟子和崔永元的一场关于“转基因食品该不该吃”的争论。这本是一场围绕科学命题的公共辩论，却跑偏了。最后，两人从微博转战至法庭，互指对方侮辱诽谤、侵害名誉。从最开始对“转基因”的认识分歧，脱轨到了人身攻击和商业质疑。这无疑已经超出了辩论的范畴，完全不符合辩论的谈吐得体和举止端庄的要求。

由于辩论内容本身存在着争议，自然就会有争辩，而且辩论技巧中本就有诡辩，假如由于分歧大、被刻意激怒或者怕输，就可能出现很多不文明的现象，只能说辩者需要强化自己的内心修养，自我克制。遗憾的是，这样的场景仍然会在今天的很多政治辩论演讲中见到。

案例点评

有人说，“辩论是文明的争吵”。如何辨析辩论和争吵呢？《资治通鉴》记载，战国谋士邹衍路过赵国，平原君让他和公孙龙辩论“白马非马”的观点。邹衍说：“不行。

所谓辩论，应该区别不同类型，不相侵害；排列不同概念，不相混淆；抒发自己的意旨和一般概念，表明自己的观点，让别人理解，而不是困惑迷惘。如此，辩论的胜者能坚持自己的立场，不胜者也能得到他所追求的真理，这样的辩论是可以进行的。如果用繁文缛节作为凭据，用巧言饰词来互相诋毁，用华丽辞藻来偷换概念，吸引别人使之不得要领，就会妨害治学的根本道理。那种纠缠不休、咄咄逼人、总要别人认输才肯住口的做法，有害君子风度，我邹衍是绝不参加的。”在座的人听罢都齐声叫好。所以辩论中辩手应注意谈吐风雅，不可对他人进行人身攻击，而争吵则相反，常常漫无边界、口无遮拦。

案例阅读2

什么是罗伯特议事规则

《罗伯特议事规则》是由亨利·马丁·罗伯特撰写的一直流传到现在的美国开会规则。它专为开会提供发言、辩论、提议、附议和表决的规则。

《罗伯特议事规则》中制定有关于辩论的五大铁律：

（1）文明表达：禁止人身攻击、质疑动机、扣帽子、贴标签。

（2）一时一件：不跑题。

（3）限时限次：不超时，禁止一言堂，比如设定每人只能发言 n 次，每次 m 分钟。

（4）发言完整：不得打断别人的正常发言。

（5）面向主持人：参与者之间不能直接辩论，只能对主持人发言。

案例点评

像议事规则这样的技术细节规定，对于美国这样的多元化而又强调个人言论自由、人人平等发言的国家是非常重要的，也是美国民主政治得以实现的必要条件。否则的话，如果发生意见分歧就互不相让，各持己见，争吵得不亦乐乎，很可能永远达不成统一的决议。《罗伯特议事规则》就像一部设计良好的机器一样，能够有条不紊地让各种意见得以表达，使辩论得以顺利进行。

当然，日常辩论中如果出现下列四种情况，最好是终止辩论：第一，对方逻辑混乱，或者过于激动；第二，对方的观点是基于个人利益；第三，对方纯粹是为面子而战；第四，对方的能力、知识面都不足以给你们的辩论带来价值。

终止辩论最好的办法是用幽默来岔开话题，以恢复轻松和谐的气氛。

案例阅读3

企业竞争的实质是文化的竞争还是人才的竞争

正方：企业竞争的实质是文化的竞争；反方：企业竞争的实质是人才的竞争。

正方陈词：企业文化是社会主义先进文化的重要组成部分，是企业的灵魂和精神支柱，具有强大的导向功能、凝聚功能、激励功能和教育功能。它体现为企业价值观、经营理念和行为规范，渗透于企业的各个领域。通过企业文化的建设和实施，企业人文素质得以优化，归根结底是推进企业竞争力的提高，促进企业经济效益的增长。

正方攻辩：文化不好，留不住人才，还谈什么竞争?

正方论据：首先，企业文化建设是企业赖以生存的法宝；其次，企业文化建设是企业发展壮大的内在驱动力量；最后，企业文化建设是企业核心竞争力的关键因素。

正方结辩：当今企业文化越来越成为企业凝聚力、创造力的重要源泉，越来越成为企业特别是大型企业竞争较量的着力点。美国兰德公司的专家通过对全球优秀企业的研究得出结论：世界500强胜出其他公司的根本原因，就在于这些公司善于给它们的企业文化注入活力。

反方陈词：文化是人创造的，只有优秀的人才，才能创造出优秀的文化。优秀的人才创造文化，文化又在培养人才。就像辩证法上说的，人是主要因素，企业文化只是在发展过程中把好的总结起来的文字说明，人是具体的实施者，没有了人，再好的企业文化也是空谈。理论与实践的关系，企业文化就是理论，人是负责具体实践的主体，企业文化对人只有指导的作用。

反方攻辩：没有人才，谈何文化的创造和实现，企业如何发展？

反方论据：企业竞争的实质是人才的竞争，在这场竞争中取胜的关键在于拥有高素质的人才队伍。

反方结辩：建立以人为本、以绩效为基础的企业文化和考核制度，对表现突出的员工不仅委以重任，更要悉心、耐心、长期培养，不断予以精神和物质激励，是企业战胜对手、永葆成功的重要因素。人才是企业永恒的核心竞争力。拥有一批优秀的管理人才，企业才能在激烈的商战中基业常青。企业产品、服务、技术竞争的核心和实质，归根结底是人才的竞争。

案例点评

上述案例是比赛辩论类型。辩论赛也叫论辩赛，还称作辩论会。它在形式上是参赛双方就某一问题进行辩论的一种竞赛活动，实际上是围绕辩论的问题而展开的一种知识的竞赛、思维反应能力的竞赛、语言表达能力的竞赛，也是综合能力的竞赛。拿到辩题后首先要审题，剖析题目中各类名词的内涵与外延；其次要寻找论点和论据，且注意分析对方能够支撑的论点和论据，做到“知己知彼、百战不殆”；然后要注意提炼数据和例子，并用通俗的语言表达出来；最后还要梳理整个辩论赛需要的逻辑顺序、可能出现的突发情况、查漏补缺。辩论赛最有挑战性的地方可能就是“计划赶不上变化”，辩论现场的情况变化万千，需要辩手做好临场应变和快速反应，调控个人情绪，始终保持冷静的思考，发挥出各种辩论赛技巧，这就更要注意团队合作，做到攻守结合、张弛有道。

实训导引

1. 实训任务：下列几个辩题常困扰面临进入职场中的人。

（1）选择与努力哪个更为重要？

（2）颜值是否会影响工作？

（3）大学生就业，高额工资更重要还是积累经验更重要？

（4）职场新人做事和做人哪个更重要？

（5）初入职场，在大公司工作或小公司工作，哪个更有利于自我发展？

2. 实训步骤：（1）每两个小组组成一个正反双方辩论队，选择其中一个辩题，按照比赛辩论的通常规则进行准备。（2）课后准备，下次课进行展示分享，教师和其他学生点评打分。每个辩论队的辩论时间控制在45分钟。（3）每个小组派出一个代表作为评委。

团体评分表

辩论队	开篇陈词	攻辩	自由辩	总结陈词	配合、辩风（20分）	总分
	破题准确，立论机智；逻辑合理，论证严密；论据得当，引证有力（20分）	提问简明，击中要害，辩护有据，说服有力（20分）	攻防转换有序，把握辩场主动；针对对方论点，进行有力反驳；坚守己方论点，扩大辩战成果（20分）	全面归纳，查漏补缺（20分）		
正方						
反方						

辩手个人评分表

	辩手编号	语言表达	辩驳思路	辩风	综合印象	总分
正方		陈词是否流畅，说理是否透彻（20分）	逻辑性是否强，引用实例是否得当（40分）	提问是否合适，回答是否中肯，反驳是否有力、有理，反应是否机敏，用语是否得体。不能言辞过激，影响对方辩手的情绪，否则适当扣分（20分）	举止是否落落大方，是否能适当地运用身体语言（20分）	
	一辩					
	二辩					
	三辩					
	四辩					

	辩手编号	语言表达	辩驳思路	辩风	综合印象	总分
反方		陈词是否流畅，说理是否透彻（20分）	逻辑性是否强，引用实例是否得当（40分）	提问是否合适，回答是否中肯，反驳是否有力、有理，反应是否机敏，用语是否得体。不能言辞过激，影响对方辩手的情绪，否则适当扣分（20分）	举止是否落落大方，是否能适当地运用身体语言（20分）	
	一辩					
	二辩					
	三辩					
	四辩					

评委：

阅读链接

失落了的民主辩论艺术. http://open.163.com/movie/2011/7/6/I/M78FHHI34_M78FHOC6I.html.

任务四　竞选演讲

随着社会的迅速发展，人与人的竞争也逐渐增强，如何从茫茫人海中脱颖而出，靠的可能是自己独到的眼光和顽强的毅力，而要在竞争激烈的职场中取得机会，很多时候需要参加竞选演讲，这就要掌握一些竞选演讲的技巧。竞选演讲，也叫竞职演讲，指参加竞聘者为了实现竞争上岗，就自我竞聘条件、未来的施政目标和构想所发表的公开演讲。竞选演讲有着目标的明确性、内容的竞争性、主题的集中性、材料的实用性、思路的“程序”性、措施的条理性和语言的“准确”性等特性。在竞选的表达中也要运用态势语和控场语等各项语言表达的技巧。除技巧之外，最重要的还是竞选人的热情和发自内心的真诚，这远比语言文字更能打动人心的。

案例阅读

奥巴马的总统竞选词

我衷心感谢艾奥瓦的公民们!

众所周知，有人说这一天永远不会到来。有人说我们好高骛远。有人说人民异见纷呈，悲观失望，不可能再为了一个共同的目标而众志成城。但在这个一月的夜晚，在这个书写历史的时刻，你们做到了那些愤世嫉俗的人断言我们做不到的事。五天后新罕布什尔州的选民也将完成你们的壮举。在刚刚来到的 2008 年，美国人民也会完成同样的壮举。在学校和教堂，在小市镇和大城市，你们——民主党人、共和党人、无党派人士——熙熙攘攘地走到一起，自豪地宣称：我们是一个国家，我们是一个民族。变革的时刻已经到来。你们还说，华盛顿被冷酷、萎缩和愤怒所淹没，现在是超越这种政治手段、以相加替代分割的时刻，是在红州和蓝州建立变革联盟的时刻。这是因为我们将以此在 11 月取胜，我们也将以此面对我们国家面临的挑战。

我们选择希望，抛弃恐惧；我们选择联合，拒绝分裂；我们向美利坚高声宣布变革就在眼前。

你们宣布，政治说客自以为他们的财富和影响力比公众舆论的威力更大，但是他们并不拥有这个政府。政府是我们的，我们正在把它收回。

人民此刻需要这样一位总统：他能诚实面对机遇和挑战；即使跟人民见解不同也会倾听和了解他们的想法；他不仅要说人民愿意听到的话，更要提供人民需要知道的信息。如果新罕布什尔也给我今晚艾奥瓦给我的机会，我将会是这样一位总统。感谢你们。

我会是这样一位总统：让每个人都能看上病和看得起病。我在伊利诺伊州就通过民主党人和共和党人的携手合作实现了这一目标。

我会是这样一位总统：终止所有把工作运往海外的公司的税收优惠政策，并给美国最值得享受减税的中产阶级减税。

我会是这样一位总统：让农场主、科学家和企业家发挥他们的创造力，使我们国家一劳永逸地摆脱石油的主宰。

最后，我会是这样一位总统：我要结束伊拉克战争并让我们的士兵回家；我要恢复我们的道德地位；我知道“9·11”不是骗取选票的借口，而是使美国和世界联合起来应对 21 世纪这个世界面临的共同威胁：恐怖主义和核扩散，全球变暖和贫困，种族屠杀和疾病。

今晚，因为艾奥瓦公民的选择，我们距离那样的美国蓝图又近了一步。在此，我特别想感谢选举的组织者和各个投票站的站长、志愿者和我的竞选团队的工作人员。没有你们就没有今晚的胜利。

当我站在这里表达谢意时，我想有必要感谢我的至爱，奥巴马家庭的坚实后盾，竞选旅途的殿后者，米歇尔·奥巴马。

我明白你们不是为了我才这样做的。你们这样做，是因为你们坚信一个美国信念，那就是，无论条件多么艰难困苦，相信这个国家的人是可以改变它的。

我明白这一点，是因为虽然我此刻站在这里，我永远也不会忘记我的行程从芝加哥的街头开始。我曾经做过你们为我的竞选和艾奥瓦所有的竞选做过的一切：组织，工作，为了让人民的生活能够得到一点点改善而奋斗。

我知道这样的工作的艰辛，睡眠不足，薪酬低微，大量的自我牺牲，失望常常伴随着我们。但是偶尔，仅仅是偶尔，也会有像今晚这样的时刻，在这样一个夜晚，这样一个我们数年后想起来会自豪地说那个更好的美国就是从那个时刻开始的夜晚。在这样的美国，我们实现了坚信不疑的变革：更多的家庭看得起病；我们的孩子，我的女儿玛利亚和萨沙和你们的孩子会生活在一个更干净和更安全的星球上；世界将以不同的眼光来看待美国，而美国将把自己看作一个更少歧见、更多团结的国家。

这一刻是勇往直前的人击败了华盛顿总是说战无不胜的人的时刻。

这一刻是拆除长久分裂我们的藩篱，让不同党派和不同年龄的人为了一个共同的目的联合起来，并给那些从不过问政治的人们一个关心政治的理由的一刻。

这一刻是我们终于击退恐惧、疑虑和犬儒主义政治的一刻，是我们用国家携手向上替代政客相互践踏的政治的一刻。这是我们期待的那一刻。数年后，遥想往事，你们也许会说，就是这一刻，在这个地方——美国人民记起希望究竟意味着什么。

几个月以来，我们因为谈论希望而遭到挖苦，甚至嘲弄。

但我们一直认为，希望不是盲目的乐观主义。希望不是忽视未来的艰巨任务或横亘在我们前行道路上的障碍。希望不是置身事外或从拼斗中退缩。希望是我们心中坚守一种东西：它告诉我们，不管遭遇多少艰难险阻，只要有勇气去争取，只要愿意付出努力和艰辛，更好的东西就会等待我们。

我在一个来自樟泉（Cedar Rapids）的年轻女士的眼中看到了希望：她白天全天在大学上课，晚上加夜班，但却仍然不能负担生病的妹妹的医疗费；但她仍相信这个国家会提供她实现梦想的机会。

我从一个来自新罕布什尔州的妇女的声音中听到了希望：她告诉我自从她的侄子奔赴伊拉克战场她就一直感到气短，但是她每晚睡觉前都要为侄子的安全回归祈祷。

希望引领一群殖民者揭竿而起反对一个帝国；希望引领我们伟大的祖先解放了一个大陆，复活了一个民族；希望引领青年男女为了自由围坐在（不向黑人提供服务）

的餐桌旁，引领他们勇敢地面对高压水龙头，穿越（阿拉巴马州的）塞尔玛和蒙哥马利。

希望，希望引领我今天来到这里，——我的父亲来自肯尼亚，母亲来自堪萨斯，这样的故事只可能发生在美利坚合众国。希望是美利坚民族的基石，希望是我们执着的信仰：我们的命运不是被人写就，而是要由我们自己写就，由那些不愿意勉强接受这个世界并信心百倍地按照它应该变成的蓝图去改造它的男男女女们写就。

这就是我们从艾奥瓦开始的开拓，这也是我们要向新罕布什尔州和其他州传达的信息。我们顺利的时候没有忘记它，失利的时候也没有忘记它。这个信息可以帮助我们一块砖一块砖地、一条街道一条街道地、一只接一只布满老茧的手地去改变这个国家。团结起来，普通人也能铸就宏图伟业，因为我们不是红色的州或蓝色的州的组合，我们是美利坚合众州。在此刻，在这次选举中，我们乐于再次相信。谢谢，艾奥瓦。

资料来源：http://wenda.so.com/q/1367122074065411? src=140.

案例点评

奥巴马的竞选演说：一是体现了竞选者真诚热情、豁达公正的竞选态度。职位竞争的优胜者往往是真心热爱这份职位，真心愿意通过这一职位为单位、为大众做点有意义的事情的。奥巴马热爱美国，热爱家人，热爱对手，正是这份热爱让选民信任他、家人支持他、对手包容他。人们也有理由相信一个人是会为自己所热爱的事业竭尽全力的，因为所有的坚持都源于热爱。二是排除分歧，表明立场。竞选中要如何用语言或者思想征服那些不投票给自己的选民呢？求同存异这个方法在此竞选演讲中得到运用，不管美国选民投票给谁，是自己还是对手，无非都是想帮助美国选出那个热心为美国服务的人，为美国人民谋福祉的人，能推进美国前进的人。美国总统的身份不过是实现美国人民共同目标的一个媒介。就是这个共同的目标让各类选民走到一起。大家的目标是一致的，所有的分歧都是可以克服的。三是故事感人，口号精辟。要把一群选择标准不一样的人组织到一起，要让大家朝着同一个方向前进，就要统一思想。统一思想就需要统一口号，能选作口号的当然是简单且有号召力的。“是的，我们能（yes，we can!）”无疑是最佳的选择，同时，这句话也成为奥巴马的经典名言，被人们广为传诵。在这个演讲中，演讲者挑选了一个个颇具代表性的人物，他们的故事不但能够引起每个美国人的共鸣，也在他们的执着、坚持和奋斗的精神感召下，每个选民都积极投入到参与政治、关爱祖国的行动中来。

竞选演讲是一种极具挑战性的演讲，很多演讲者都注重工作构想和初步计划，许下承诺，从这些方面博得选民的认同。但是从奥巴马的竞选成功的演讲来看，不管是怎样的表达技巧，不管运用怎样的身姿语言，都需要一颗强大的内心作为支撑，这其中最重要的是要有真诚热爱的态度、积极主动的行动与充满希望和哲理的思想。

实训导引

1. 阅读下面的竞选演讲稿，然后分小组讨论，并打分。

尊敬的老师、亲爱的同学们：

大家好！

今天，我能站在这里参加学生会干部的竞选，很高兴也很激动！首先我介绍一下自己吧，我是××系××班的××，我要竞选的职位是学生会副主席。在此之前身为班干部的我，本着认认真真、兢兢业业的负责精神，一直以来都是尽己所能地把班会工作做到最好，并得到了老师和同学们的认同。

这里高手如云，我要取胜是一件不容易的事情。但是，我抱着“思想有多远，人就可以走多远”“心有多大，舞台就有多宽”的信念来参加竞选，况且，我也有足够的实力与大家公平竞争，我坚信，我会脱颖而出的。

君子藏器于身，待时而动。成功者，并不是那些嘴上说得天花乱坠的人，也不是那些把一切都设想得极其美妙的人，而是那些脚踏实地去干的人。以前，我只会按老师要求办事，现在，我能独立策划、组织各种活动，经历了一个由不会到会，从不好到好的过程。在学校就读的两年多以来，我积极地参加各项活动，不断从中总结经验来提高自己的综合能力。作为学校的一名优秀的学生和一名光荣的共青团员，我每天都努力拼搏，在精英荟萃的环境中勇于竞争、敢于竞争、善于竞争，不断奋斗、不断创新更是我一往无前的信念。

当然了，“人非圣贤，孰能无过”。我在工作中也出现过一些错误，但我敢于面对。以人为镜可以知得失。通过老师、同学的批评、帮助及自己的努力来改正，决不允许自己在同样的地方跌倒两次。正是由于在胜利面前不骄傲，在失败面前不低头，我才会在奋斗中迅速地成长和提高。

假如我竞选成功，我的第一个打算就是让每一个同学充分享有自己的民主权，大家可以向学生会提出自己的意见，我会谦虚接受所有良言和建议，使学生会的工作做到最好。一个好汉三个帮，我更需要同学们的信任与支持。在同学、老师们的协助下，我相信我可以把学生会的工作做好、做出色！

梦，需要自己去追，路，需要自己去走，选择了远方就必须风雨兼程。我相信自己的实力，也相信自己的能力，更加相信自己能把学生会副主席一职做好，我认为，我能行！

最后，请在座的各位支持我，相信我，我一定会把学生会工作做好的！

谢谢大家。

竞选演讲评分标准表

项目	细则	得分
开头自然（5分）		
主体（30分）	自我介绍针对性强（10分）	
	竞职条件充分（10分）	
	目标、构想和方案清晰且操作性强（10分）	
结尾表明态度（5分）		
主题突出（30分）	主题集中（10分）	
	凸显个人竞职优势（10分）	
	语言得体（10分）	
结构完整（20分）	标题规范（5分）	
	礼貌称谓（5分）	
	正文完整（10分）	
符合要求（10分）	实事求是、明确具体、有的放矢、谦虚诚恳（10分）	

2. 小组自创一个情景模拟训练，推举某位同学参与某社团部长、公司副总或办公室主任等竞选。

实训步骤：(1) 编写竞职演讲稿，在竞选团队帮助下反复训练；(2) 择机上台进行模拟竞选演讲，时间不超过5分钟。(3) 演讲结束后由选民（同学）进行现场投票，票数高者取胜。选民可根据下列表格进行评分。同时，老师和同学代表点评打分。

竞选演讲评分标准表

内容	仪表风范（10分）	主题内容（30分）	语言表达（20分）	时间掌握（5分）	现场感染力（5分）	回答问题（30）	小计
自评分数							
互评分数							
师评分数							
总分							

竞选演讲票数统计表格

选手名称	1	2	3	4	5
票数					
优胜者					

阅读链接

1. 第57届美国总统竞选演讲和辩论实录. 北京：世界知识出版社，2013.

2. 英国竞选演讲视频. http://baidu. ku6. com/watch/4774481084814980089. html?page=videoMultiNeed.

参考文献

[1] 演讲与口才杂志社. 演讲与口才 [N], 2012, 2013, 2014, 2015, 2016, 各期.

[2] 欧阳谋. 口才学大全 [M]. 北京: 中国城市出版社, 2006.

[3] 杨凡用. 好口才是练出来的 [M]. 北京: 中国城市出版社, 2006.

[4] 徐为达. 好口才好办事 [M]. 北京: 新世界出版社, 2006.

[5] 唐树芝. 口才与演讲 [M]. 北京: 高等教育出版社, 2006.

[6] 戴尔·卡耐基. 推销的艺术 [M]. 北京: 中国城市出版社, 2007.

[7] 国家教育委员会师范教育司. 教师口语训练手册 [M]. 北京: 北京师范大学出版社, 2005.

[8] 方位津. 实用口才训练教程 [M]. 北京: 首都经济贸易大学出版社, 2005.

[9] 陈竹. 节目主持人实用口语训练教程 [M]. 杭州: 浙江大学出版社, 2006.

[10] 曾致. 节目主持技能训练 [M]. 银川: 宁夏人民教育出版社, 2004.

[11] 曹希波. 好思维决定好口才 [M]. 北京: 中国致公出版社, 2006.

[12] 陈黎明. 创新思维训练 [M]. 北京: 新世界出版社, 2006.

[13] 傅春丹. 案例式演讲与口才 [M]. 广州：广东教育出版社，2006.

[14] 高耀华. 青少年演讲与口才课 [M]. 哈尔滨：哈尔滨出版社，2005.

[15] 郑远汉. 言语风格学 [M]. 武汉：湖北教育出版社，1990.

[16] 李华军. 口才学 [M]. 武汉：华中理工大学出版社，1996.

[17] 颜永华. 演讲艺术与实践 [M]. 北京：海潮出版社，2002.

[18] 邵守义. 演讲学 [M]. 长春：东北师范大学出版社，1991.

[19] 李仲华. 即兴演讲的艺术 [M]. 长沙：湖南科学技术出版社，1995.

[20] 梅雨霖，等. 点击就业 [M]. 广州：暨南大学出版社，2006.

[21] 李强. 魅力口才——李强口才法则 [M]. 北京：中国华侨出版社，2005.

[22] 吴一夫，等. 面试通 [M]. 重庆：西南财经大学出版社，2005.

[23] 陈利平，等. 新课程背景下的教师课堂教学语言 [M]. 北京：高等教育出版社，2005.

[24] 李德付. 主持人外部语言基础 [M]. 北京：中国广播电视出版社，2003.

[25] 徐历，毕凤飞. 主持人口语表达艺术 [M]. 北京：中国广播电视出版社，2003.

[26] 曹可凡，王群. 活动主持人语言艺术 [M]. 上海：上海人民出版社，2005.

[27] 李敬一. 活动主持概论 [M]. 武汉：华中科技大学出版社，2004.

[28] 蔡长虹. 主持人的个性化语言 [M]. 北京：中国经济出版社，2004.

图书在版编目（CIP）数据

口才沟通与演讲实用教程/王光华，赵国宏主编. —北京：中国人民大学出版社，2017.2
21世纪高职高专规划教材. 公共课系列
ISBN 978-7-300-24048-0

Ⅰ.①口… Ⅱ.①王…②赵… Ⅲ.①口才学-高等职业教育-教材②演讲-高等职业教育-教材 Ⅳ.①H019

中国版本图书馆CIP数据核字（2017）第021580号

21世纪高职高专规划教材·公共课系列
口才沟通与演讲实用教程
主　编　王光华　赵国宏
副主编　王丽娇　肖红艳　阎　伟　尹　莹　卢文丰　尹喜艳
Koucai Goutong yu Yanjiang Shiyong Jiaocheng

出版发行	中国人民大学出版社		
社　　址	北京中关村大街31号	**邮政编码**	100080
电　　话	010－62511242（总编室）		010－62511770（质管部）
	010－82501766（邮购部）		010－62514148（门市部）
	010－62515195（发行公司）		010－62515275（盗版举报）
网　　址	http://www.crup.com.cn		
经　　销	新华书店		
印　　刷	固安县铭成印刷有限公司		
开　　本	787 mm×1092 mm　1/16	**版　　次**	2017年2月第1版
印　　张	14.25	**印　　次**	2024年1月第9次印刷
字　　数	285 000	**定　　价**	32.00元